Wilhelm Molitor

Die decretale Per venerabilem von Innocenz III

Und ihre Stellung im öffentlichen Rechte der Kirche ; kanonistische Studie

Wilhelm Molitor

Die decretale Per venerabilem von Innocenz III
Und ihre Stellung im öffentlichen Rechte der Kirche ; kanonistische Studie

ISBN/EAN: 9783743671461

Hergestellt in Europa, USA, Kanada, Australien, Japan

Cover: Foto ©Suzi / pixelio.de

Weitere Bücher finden Sie auf **www.hansebooks.com**

Die Decretale

Per venerabilem

von Innocenz III,

und ihre Stellung im öffentlichen Rechte der Kirche.

Kanonistische Studie

von

Dr. Wilhelm Molitor,

Domcapitular zu Speyer.

Sicut contra et supra et praeter naturalem et humanam rationem Filius Dei incarnatus et natus est, sic jurisdictio spiritualis, quam Ecclesiae reliquit, contra et supra et praeter naturam jurisdictionis trahit ad se principalem jurisdictionem temporalem, si id, quod de jurisdictione spirituali est, in ea incidat.
Hostiensis in Summa aurea Lib. IV. Qui filii sint legitimi.

Mirum est, quod Pontifices loquantur moderate de potestate iis data, et quidam doctoreuli sine aliquo vero fundamento volunt adnlando eos quasi aequiparare Deo.
Turrecromata in c. 2. Caus. XXIV. quae. 2.

Münster.
Adolph Russell's Verlag.
1876.

Dem

Päpstlichen Geheimen Kämmerer

Rudolph Freiherrn von Obercamp,

Domcapitular zu München,

zum Zeichen treuer Verehrung

gewidmet.

Inhalt.

		Seite
	Einleitung	VII
§ 1.	Die Decretale Per venerabilem	1
§ 2.	Das Factum und Petitum	7
§ 3.	Die Entscheidung und deren Gründe	11
§ 4.	Der kanonistische Standpunkt von Innocenz III in der Legitimationsfrage. Die sich hieraus entwickelnde Doctrin	29
§ 5.	Der kanonistische Standpunkt von Innocenz III in der Frage von den beiden Gewalten	43
§ 6.	Temporalia. Die casualiter vom Papste ausgeübte Jurisdiction in temporalibus	61
§ 7.	Die Decretale Novit und die Extravagante Unam sanctam in ihrem Verhältnisse zur Decretale Per venerabilem	70
§ 8.	Die kanonistische Doctrin über das Verhältniß der beiden Gewalten. Gegensätze und Irrthümer. Das dreifache Reich Christi nach Bellarmin	111
§ 9.	Fortsetzung. — Die sogenannte Lehre von der indirecten Gewalt. Bellarmin, Molina, Suarez	151
§ 10.	Fortsetzung. — Die Lehre von Bellarmin bis hinauf in das dreizehnte Jahrhundert	166
§ 11.	Fortsetzung. — Das Decretalenrecht	177

		Seite
§ 12.	Fortsetzung. — Das Decret Gratians. Gregor VII	190
§ 13.	Fortsetzung. — Das beginnende Mittelalter. Papst Nicolaus I. Papst Gregor II. Papst Symmachus. Papst Gelasius	202
§ 14.	Fortsetzung. — Die Zeit der Väter. Das Argument der geschichtlichen Thatsachen. Die Autorität der hl. Schrift	213
§ 15.	Leitende Grundsätze	223

Einleitung.

Zu allen Zeiten hat es in der Wissenschaft zwei Richtungen gegeben, welche bald schärfer hervortreten, bald wieder weniger ausgeprägt erscheinen. Richtig aufgefaßt widerstreiten sie sich keineswegs, sondern sie ergänzen sich vielmehr gegenseitig. Wo sie sich gänzlich von einander scheiden, und zu Schulen werden wollen, welche sich in schroffen Controversen entzweien, hat die Wissenschaft selber wenig Nutzen davon. Wenn sich dagegen beide Richtungen wechselseitig unterstützen, indem sie die Gegensätze nicht zum Ausgangspunkte unfruchtbaren Wortgezänkes gebrauchen, sondern zur Begründung der Principien benützen, und für die klarere Fassung ihrer Lehrsätze und deren praktische Anwendung verwerthen, dann hat die Wissenschaft unfehlbar Fortschritte zu verzeichnen. Man kann diese beiden, stets nebeneinander laufenden wissenschaftlichen Bestrebungen füglich die speculative und die praktische nennen. Denn die eine vertieft sich mehr in die Principien und sucht die letzten höchsten Wahrheiten zu gewinnen; die andere steht mehr mitten im Leben, und bestrebt sich zwischen diesem und den Doctrinen die Vermittelung zu finden, und die Anwendung der letztern zu ermöglichen. Jene geht mehr darauf aus, das innere Gesetz aus der Mannigfaltigkeit der äußern Erscheinungen zu erforschen; diese verschmäht die Principien nicht, aber sie dringt darauf, daß man den nothwendigen Ausgleich mit den einmal gegebenen Verhältnissen im Auge behalte; jene wissenschaftliche Richtung dient mehr den idealen, diese mehr den realen Zwecken. Bei dem Stückwerk menschlichen Erkennens kann eine ohne die andere nicht bestehen, ohne auf Abwege zu gerathen und die wahre Wissenschaft zu schädigen.

Es ist naturgemäß, daß sich in Zeiten wie die unsrigen diese beiden Wege der Wissenschaft kräftiger charakterisiren, gleich wie zur Kriegszeit in der Schlacht, wo sich die eine oder die andere Waffe in ihrer Eigenthümlichkeit mehr hervorthut und besser erprobt als in den Scheingefechten des Uebungslagers zur Friedenszeit. Auch ist es selbstverständlich, daß sich nach der individuellen Eigenart die Geister die ihnen zusagende Kampfesweise wählen, und daß sie, je mehr die Gefahr des Kampfes steigt, desto entschiedener auf dem Gebrauche der einmal erwählten und liebgewonnenen Waffe bestehen, und mehr oder weniger an jenen ihrer Mitkämpfer auszusetzen haben. Aber sicherlich ist es nicht ersprießlich, wenn man mit einer gewissen Ausschließlichkeit auf seiner Kampfesweise besteht, dieselbe als die einzig und allein berechtigte ausgibt und zum Gegner an dem Kampfgenossen wird, der uns zur Seite für dieselbe gute Sache und mit demselben guten Willen streitet, welchen wir uns selber nicht absprechen lassen.

In ein solches Stadium ist gegenwärtig die Besprechung der Frage nach dem eigentlichen Verhältnisse der Kirche zum Staate getreten. Unbestritten wird es wohl feststehen für alle jene, welche gewohnt sind den Gang der Weltgeschichte nicht nach den kleinen Ereignissen des Tages zu bemessen, daß diese Frage eben jetzt nicht durch die Spitzfindigkeit einer gelehrten Laune, oder durch Vorwitz unruhiger Köpfe auf die Tagesordnung gesetzt worden ist. Konnte man in der jüngsten Vergangenheit darüber noch im Unklaren sein, so sind die neuesten Zeiten doch hinlänglich darnach angethan, den letzten Zweifel hierüber zu benehmen. Die Krankheiten des Körpers, wie die Verirrungen der Völker, haben ihren naturgemäßen Verlauf, wenn nicht eine höhere Hand, dort als allmächtiger Arzt, und hier als unbeschränkter Lenker der Geschicke eingreift, und die Zeit der Leiden und der Prüfungen abkürzt. So mußten auch die Pläne jener, welche in unsern Tagen die Worte des zweiten Psalmes zu verwirklichen unternommen haben, reifen, und gereift einen schneidenden Gegensatz, einen unversöhnlichen Zwiespalt herbeiführen, wie er größer, folgenreicher und verhängnißvoller noch nicht in der Geschichte des Christenthums aufgetreten ist.

Nun theilten sich in dem Lager jener, welche die ewigen Principien der Wahrheit und das göttliche Recht der Kirche zu vertreten haben, die Meinungen in ziemlicher Schroffheit. Von der einen Seite mahnte man nicht nur zur Vorsicht und Behutsamkeit, sondern man betonte es scharf, daß es fast ein Verrath an der guten Sache sei, vollendete Thatsachen nicht als solche anerkennen zu wollen, und Schwerthiebe in die Luft zu führen, während wir bereits Fuß an Fuß mit dem andringenden Feinde zu ringen haben. Ganz nahe liegt es einer solchen Auffassung der Dinge, wenn man nur noch einen Schritt weiter geht, sich so rasch als möglich in das Unvermeidliche zu fügen und sofort nach einem erträglichen modus vivendi umzusehen. Auf der andern Seite rief man laut die Principien aus, drang auf deren ungescheute Verkündigung nicht nur, weil sie die Wahrheit sind, sondern auch, weil wir nicht in der rechten Weise für die Folgerungen aus denselben einstehen können, wenn wir sie selbst nicht gründlich und genau genug erkannt haben[1]). Vor allem aber sprach man sich mit Entschiedenheit gegen jedes Compromiß aus, indem man behauptete, daß ein solches dennoch zu keinem Ziele führen und die Lage nur verschlimmern würde.

Sicherlich ist jener erstere Standpunkt zu ehren, zumal da wir sehen, welche edeln Kräfte, mannhaft und opfermuthig, auf demselben kämpfen. Aber die letztere Richtung hat darum nichts destoweniger ihre Geltung und Berechtigung. Nach unserer Ansicht sind beide Stellungen an und für sich einseitig, und nothwendig auf einander angewiesen, wenn eine große Sache würdig und schließlich mit Erfolg vertreten werden soll.

Daß aber die Principien zu besprechen sind, und daß es

---

[1]) Balmes, der Protestantismus, Cap. 54. „Man muß die Wahrheit sagen, wie sie ist, ganz und gar; denn eben darum weil sie Wahrheit ist, kann ihre Kundgebung und Verbreitung nichts schaden. Es ist nothwendig, daß die Menschen von unbefangenem Sinne und geradem Herzen auch wissen, woran sie sich zu halten haben in den politischen Schwankungen."

nicht länger genügen kann, sich lediglich auf dem praktischen Boden zu bewegen, und den leitenden Grundsätzen, soviel als möglich auszuweichen, geht schon aus einer Thatsache hervor, welche, wie es scheint, gerne ignorirt wird, aber dennoch nicht geläugnet zu werden vermag. Sind es doch die Gegner selbst, welche uns von Stunde zu Stunde mehr auf diesen Boden der Principien drängen und uns nöthigen, ihnen Antwort zu stehen. Denn sie halten uns nicht nur ihre falschen Principien, mit welchen wir uns nun und nimmermehr versöhnen können und dürfen, mit siegreicher Miene vor, sondern viele derselben zeigen auch eine nicht geringe Kenntniß und ein klares Verständniß unserer Principien, welchen sie höhnisch jede und alle Berechtigung absprechen.

So lange man uns nur die Afterprincipien vorgehalten hat, war Schweigen immerhin noch möglich; ja wir geben zu, daß es, selbst bei den Commentaren, welche man durch die rücksichtslose Praxis solchen Theorien gab, in vielen Fällen von der Klugheit geboten war, zu schweigen. Wenn man uns aber die Principien, welche wir als die richtigen anerkennen müssen, wie das nunmehr zu geschehen pflegt, mit herausforderndem Hohne vor die Augen hält, und uns fragt, ob wir uns wirklich dazu bekennen: so ist doch sicherlich die Zeit gekommen, Antwort zu geben.

Man wende hier nicht ein, daß es eine Unmöglichkeit sei, die historisch gewordenen und vorübergegangenen Zustände früherer Jahrhunderte wieder zurückzuführen. Wir wissen das recht gut, und sind uns der menschlichen Ohnmacht wohl bewußt, den christlichen Staat wieder herzustellen. Aber sind denn die geistigen Waffen so gering anzuschlagen, welche wir gewinnen, wenn wir zu der richtigen Erkenntniß über das Verhältniß von Staat und Kirche gelangt sind? Ist nicht schon viel gewonnen, wenn endlich einmal unsere eigenen Vorurtheile über die äußere Machtstellung der Kirche im Mittelalter gründlich beseitigt werden, und wir in dem höchsten Richteramte des Papstes etwas anderes erkennen, als ein mehr oder weniger entschuldbare Usurpation hierarchischer Herrschergelüste? Und stellt sich nicht täglich mehr die unabweisbare Verpflichtung für uns dar, so viel an uns ist, die Wissenschaft des Völkerrechtes und des Staatsrechtes auf christlicher Grundlage zu restauriren? Wird dies etwa mit halben Principien gelingen? Wir werden in dem Kampfe, in welchem wir gestellt sind, die Principien unmöglich in entsprechender Weise vertheidigen können, wenn wir selber darüber noch im Unklaren sind. Wir werden nimmermehr für die Rechte der Kirche in geziemender Weise eintreten, wenn wir in Beziehung auf diese Rechte, ihren Ursprung und ihre Ausdehnung noch immer mehr oder weniger den Zeitströmungen huldigen. Wer sein Recht selber nicht gründlich kennt, ist ein schlimmer Anwalt für dasselbe [1]).

Es läßt sich nun selbstverständlich die Frage nach dem Verhältnisse des Staates zu der Kirche in mannigfacher Weise behandeln. Wer ein katholisches Staatsrecht schriebe, würde sich ohne Zweifel um Staat und Kirche gerade in der jetzigen Zeit sehr verdient machen. Denn das Bedürfniß der Restauration der Staatswissenschaft, wie wir soeben bemerkt haben, liegt am Tage. Unser sehnlichster Wunsch wäre es in der That, daß irgend eine berufene Hand die Feder ergriffe, um ein solches Werk zu Stande zu bringen und den großen Gegenstand glücklich erschöpfte. Dann wären aber die Gesichtspunkte, von welchen aus man das weite Gebiet dieser Materie ins Auge fassen könnte, die verschiedenartigsten, und sie alle zugleich vollständig zu beherrschen, erschiene als keine geringe Aufgabe. Die speculative Wissenschaft hat hier ein ebenso großes und wichtiges Feld, als die historische; und wiederum bietet das positive Recht eine fast eben so unabsehbare Menge von Normen und Bestimmungen, als die naturrechtliche Seite des Gegenstandes mehr als ein Problem zu lösen gibt.

Dieser Schrift ist eine engere, ganz besondere Aufgabe gesteckt. Wir versuchen aus den Bestimmungen einer päpstlichen Entscheidung, welche in das Decretalenrecht Aufnahme gefunden hat, die leitenden Grundsätze jener Materie zu entwickeln. Wir

---

[1]) Holtgreven, Verhältniß zwischen Staat und Kirche nach den Quellen des kanonischen Rechtes. Berlin 1875.

sind dabei freilich zunächst in den engen Rahmen dieser Decre=
tale eingeschränkt; aber wir haben den Vortheil, daß wir auf
einem ganz sichern positiven Rechtsboden stehen. Außerdem
finden sich Anknüpfungspunkte genug, um einen weiteren Ge=
sichtskreis zu gewinnen und wenigstens die Hauptfragen, welche
hierher gehören, zu beleuchten.

Uebrigens bleibt die Schrift eine Studie, welche den Gegen=
stand nicht erschöpfen will und kann. Sie verweilt länger bei
Nebenpunkten, wie das bei einer solchen Arbeit wohl vergönnt
ist, oder erlaubt sich Wiederholungen, wenn es nur dazu dien=
lich ist, in angemessener Weise helleres Licht über den Gegen=
stand zu verbreiten; sie berührt anderes nur im Vorübergehen,
weil sie glaubt die Kenntniß davon voraussetzen zu dürfen.
Ihr Zweck ist weniger, ein abschließendes Urtheil abzugeben,
als zur weitern Forschung auf einem so wichtigen und lehr=
reichen Gebiete anzuregen.

§ 1.

Die Decretale Per venerabilem.

Die Vermuthung liegt nahe, daß ein kanonistischer Versuch, wie der vorliegende, bei manchem nicht geringes Befremden hervorrufe. Abgesehen von dem Inhalte, gegen dessen Opportunität von vielen Seiten immerhin große Zweifel aufsteigen mögen, wird man sich schon mit der Eigenart der formellen Behandlung nicht befreunden können, welche nachgerade auf den längst überwundenen Standpunkt der Commentatoren des kanonischen Rechtes zurückzukehren scheint.

Solche Vorurtheile gegen die hier gebotene Schrift, wenn sie wirklich entständen, müßten wohl zunächst auf Rechnung der ungünstigen Anschauungen gesetzt werden, welche noch immer über das Decretalenrecht vielfach verbeitet sind. Freilich haben wir in der kirchlichen Gesetzgebung keine der modernen legislativen Arbeiten vor uns, deren bedenklichste Seite unter vielen andern nicht sehr erfreulichen sicherlich jene ist, daß sie die Gesetze nicht aus dem lebendigen Rechtsbewußtsein im Volke ableiten, sondern todte Formeln nach doktrinären Theorien schaffen. Die Gesetzgebung der Kirche zeichnet sich, abgesehen von ihrer übernatürlichen Grundlage in dem positiven göttlichen Gesetze, vor allem durch ihren universellen Charakter aus. Sie ist nicht für diese oder jene Nation, sondern für den ganzen christlichen Erdkreis bestimmt, und wird gerade durch die Mannigfaltigkeit der nationalen Eigenthümlichkeiten, welchen sie gerecht werden muß, auf einen höhern Standpunkt und zu einem weitern Gesichtskreise erhoben. Ein unendlich reicher Schatz praktischer Erfahrung, welchen die Jahrhunderte zusammengebracht haben, steht ihr dabei zu Gebote. Zugleich aber bewirkt der echte conservative Geist, welcher das kirchliche Leben durchdringt, daß in der kanonischen Gesetzgebung das Gesetz in naturgemäßer Weise zu Stande kommt. Es ist dies um so mehr der Fall, je sicherer ihre ersten Principien in dem positiven göttlichen Rechte niedergelegt, und in der Verfassung der Kirche ausgeprägt sind. So können wir in den einzelnen Materien des Kirchenrechtes jene stäte gesunde Entwickelung wahrnehmen, welche die beste Gewähr guter Gesetze bleibt. Das kanonische Recht hat es mehr für seine Aufgabe erkannt, die Rechtsgewohnheit, welche sich bewährt gefunden hat, zu sanctioniren, und den Mißstand, welchen die bestehende Rechtsbestimmung hervorgerufen, durch weise Beschränkung des Gesetzes zu beseitigen, als Codex über Codex mit endlosen Paragraphen und verwirrenden Distinctionen zu redigiren, wobei nicht selten die gesunde Rechtsanschauung des Volkes und die bewährte Jurisprudenz der Laune einer neuen völlig unerprobten Theorie weichen muß. Mehr als tausend Jahre der Kirchengeschichte gingen darüber hin, bis man zur Promulgation eines eigentlichen Gesetzbuches schritt.

Faßt man das kanonische Recht und namentlich die Decretalen-Sammlung Gregors IX in diesem Lichte auf, so gewinnt nicht nur das Ganze dieser kanonischen Gesetzgebung, sondern fast jede einzelne Decretale eine Bedeutung von der größten Tragweite. Es sind Rechtsentscheidungen, welche, wenn sie auch in der Regel durch den einzelnen Fall veranlaßt worden sind, den engen speciellen und particularen Charakter völlig abgestreift, und universelle Geltung erlangt haben. Es sind Normen, welche aus dem lebendigen Rechtsbewußtsein der Kirche entsprungen sind, und vielleicht seit Jahrhunderten im ungeschriebenen Rechte, welches sich naturgemäß aus den gegebenen Principien unter den dazu getretenen Verhältnissen gestaltete, Geltung gehabt haben. Vielleicht auch wurden sie zuerst, ihrem praktischen Werthe entsprechend, von einer christlichen Nation zur andern durch die gesetzgebende Thätigkeit der Synoden fortgepflanzt, bis sie endlich vom höchsten kirchlichen Gesetzgeber angenommen und zum Canon für die ganze Kirche erhoben wurden. So hat wohl fast ein jedes Capitel des Decretalenrechtes seine eigene, oft sehr merkwürdige und lehrreiche Geschichte; seine volle Bedeutung hat es aber dadurch erhalten, daß es von der höchsten gesetzgebenden Gewalt in der Kirche in das eigentliche Gesetzbuch aufgenommen, und somit feierlich als Rechtsnorm erklärt wurde, welche für die ganze Kirche zu gelten hat[1]).

Was aber die Decretale Per venerabilem[2]) betrifft, so kann wohl behauptet werden, daß das eben Gesagte von ihr in erhöhtem Maaßstabe gelte. Sie ist von Innocenz III erlassen, jenem Papste, welcher in der Theologie, wie in der Rechtswissenschaft im höchsten Ansehen bei seinen Zeitgenossen stand, und mit seiner ausgebreiteten, gründlichen wissenschaftlichen Bildung einen klaren, praktischen Blick und eine gestählte Thatkraft verband. Das Pontificat erschien ihm als eine Macht, wie sein berühmter Biograph sagt[3]), „welche dem Mißbrauch der Gewalt, der „Zertretung göttlicher und natürlicher Gesetze ein Ansehen „entgegenstellt, welches höher und heiliger ist, als jeder richterliche „Ausspruch; die bald sanft belehrend, bald freundlich erinnernd, „dann aber auch ernst zurechtweisend, vor den Obersten der „Welt auftrat und darüber wachte, daß nicht der Schwächere „von dem Mächtigeren unterdrückt, der freie Sohn zum Knechte „werde; die es den Herrschern zur Pflicht machte, Wittwen und „Waisen und Verlassenen vor geistlichem, darum freiem und „parteilosem Gerichte Rede zu stehen; die gegen Könige in das „Verhältniß eines Vaters zu seinen Kindern trat und durch Bitten, „Schelten, Drohen, durch weisen Rath und wohlgesinnte Mahnung „ihr Ansehen, ihre Ehre zu bedenken sie erinnerte, und die „sich keine schönere Benennung beilegen konnte, als die Schutz= „wehr aller Unterdrückten; die auf die Sitten der Reichen sah, „daß sie nicht in ihrem Uebermuth, im Vertrauen auf Reichthum „und Ansehen über jeden höheren Willen sich dürften erhaben

---

[1]) So ist, um nur ein Beispiel zu erwähnen, das unscheinbare c. Ut quisque 3. X. de vit. et hon. cler. (III. 1.) offenbar von großer Bedeutung für die Geschichte der Volksschule. Vergl. Gonzalez Tellez, Comm. perp. h. c. Es ist uns unbekannt, ob davon schon irgendwo der entsprechende Gebrauch gemacht worden ist.

[2]) C. 13. X. Qui filii sint legitimi. Compil. tertia h. t. c. 2. Die voll= ständige dem Jahre 1202 angehörige Decretale von Innocenz III geben wir, nach Migne CCXIV p. 1130—1134, im Anhange.

[3]) Hurter, Geschichte des Papstes Innocenz III und seiner Zeitgenossen. Dritter Band. Seite 74.

„glauben; die es versuchte, dem Unglücklichen Schutz gegen hart=
„herzige Habgier, und den Völkern Sicherheit vor willkürlicher
„Bedrückung zu verschaffen; welche mit der Zusicherung ewigen
„Heils den Völkern für die Gegenwart Gesittung, dem Einzelnen
„Erleichterung gewährte, und deren Träger bei seinem Verfahren
„in Allem und gegen Jedermann erklären durfte: er würde auch
„gegen einen leiblichen Bruder mit gleichem Ernste auftreten."

Von diesem Papste, welcher von der Schule als der papa
legislator gefeiert wurde, rührt jene Decretale her, deren Be=
leuchtung wir uns hier zur Aufgabe gesetzt haben. Sie trägt
auch ganz das Stilgepräge der kanonischen Entscheidungen des
großen Papstes, welche sich durch die Klarheit der Gedanken
und die ungekünstelte, präcise, echt juristische Ausdrucksweise
auszeichnen.

Aber nicht nur der Urheber dieser Decretale macht dieselbe
zu einer bedeutenden legislativen Urkunde, sondern es ist auch
ihr Inhalt, wodurch sie die Aufmerksamkeit der Canonisten mit
allem Rechte auf sich zieht. Nach dem ersten Anscheine sollte
man zwar gerade auf das Gegentheil schließen. Der flüchtigere
Leser kann wohl zu dem Glauben geführt werden, als habe er
hier ein Capitel des Decretalenrechtes vor sich, welches nach der
Aufführung einiger unentschieden bleibenden Rechtsanalogien
und nach einer scharfsinnigen Unterscheidung zwischen zwei Fällen,
in welchen es sich um die legitimatio per rescriptum principis
handelt, zu einer uns ganz befremdlich klingenden Beweisführung
aus der heiligen Schrift übergeht [1]), um schließlich in einer
fast überraschenden Weise die Entscheidung abzugeben, welche
die nachgesuchte Legitimation versagt [2]). Aber bei genauerer
Prüfung stellt sich die Decretale in einem ganz andern Lichte
dar. Sie wirft nicht nur sehr interessante Fragen des kirchlichen
und weltlichen Rechtes auf, welche sie allerdings unentschieden
läßt, sondern sie zieht auch die berühmte Legitimation der Kinder
des Königs Philipp August von Frankreich in den Kreis ihrer

---

[1]) Vergl. Hergenröther, Katholische Kirche und christlicher
Staat Seite 401 Anm. 3.

[2]) — solemnem decretalem obscure decidentem, quod principaliter intendit, dixit Butrius. Gonzalez Tellez. Comm. perpet. ad h. c. not. z.

Erwägungen, und bietet dem Papste Veranlassung, in klaren Worten sich über die Grenzen der päpstlichen Gewalt gegenüber den weltlichen Fürsten zu äußern, und hiemit einen Grundsatz des kanonischen Rechtes auszusprechen, welcher als das Fundament des christlichen Staatrechts angesehen werden kann, und der praktische kanonische Ausdruck für jene Wahrheit zu sein scheint, welche die Scholastik des Mittelalters in allegorischer Weise unter dem Bilde der beiden Schwerter darzustellen und zu behandeln pflegte [1]).

Es kann daher nichts weniger als befremden, wenn wir sehen, daß diese Decretale von jeher die Aufmerksamkeit der Kanonisten auf sich zog. Innocenz III selber hatte sie schon in die gemäß seinem Auftrage von Petrus Collivacinus gemachten Sammlung seiner Decretalen aufnehmen lassen, in die sogenannte dritte Compilation [2]), und die Glossatoren und Commentatoren widmeten derselben ihr eifriges Studium. Wie schon das Summarium des Capitels nach dem Vorgange des Panormitanus sagt, ist dasselbe ebenso berühmt wegen seines Inhaltes als schwierig wegen seiner Auslegung [3]). Aber auch die spätern Kanonisten stehen den ältern darin nicht nach; sie scheinen vielmehr die Bedeutung der Decretale fast in erhöhtem Maaße zu würdigen und deren Tragweite zu erkennen [4]).

---

[1]) Als erster Schriftsteller, bei welchem man die Theorie der beiden Schwerter findet, wird Gottfried von Angers, Benediktinerabt zu Wendome, genannt. Bossuet schrieb sie dem hl. Bernhard zu, wurde aber durch Leroy und Fleury widerlegt. Hergenröther a. a. O. S. 379. Anm. 1.

[2]) Compilatio III. Qui filii sint legitimi c. 2.

[3]) „Difficile et multum famosum caput." Panormitanus, Comm. in h. dec. „Et est caqut difficile et multum famosum." Summ.

[4]) Gonz. Tellez l. c. „Exstat in hoc textu elegans Innocentii III rescriptum, quod difficile et famosum merito appellat Abbas (Nicolaus de Tudeschi, Panormitanus) hic: solemnem decretalem obscure decidentem quod principaliter intendit, dixit Butrius: celeberrimam constitutionem vocat Cujacius — et certe celebris est et argumentorum subtilitate inter omnes hujus voluminis prima et materiae sublimitate nulli secunda." — Cuiacius, Ad libr. IV Decr. Greg. IX recitationes solemnes, ad h. c. „Celeberrima est haec, constitutio." — Antonius de Butrio, Lectura super quinque libros decretalium ad h. c. „Haec solemnis decretalis obscure decidens quod principaliter intendit: ipsam declarabo juxta possibilitatem mihi a

Nach unserem Dafürhalten nimmt auch die Decretale Per venerabilem unter allen andern des kanonischen Rechtsbuches, welche sich mit der Frage nach dem Verhältniß der beiden Gewalten befassen, weitaus die bedeutendste Stelle ein. Sie spricht nicht nur den obersten leitenden Grundsatz in dieser kirchlichen Materie deutlich aus, sondern sie beweist auch, wie uns bedünkt, unwiderlegbar, mit welcher Umsicht der apostolische Stuhl bei der Ausübung seiner höchsten jurisdictionellen Gewalt zu verfahren bestrebt war. Die berühmte Decretale Novit[1]) ist zwar offenbar von demselben Geiste der Umsicht und Mäßigung getragen, sowie auch aus ihr deutlich zu entnehmen ist, wie klar sich Innocenz III über das eigentliche Princip in dieser Frage gewesen ist. Aber der Papst stellt sich dennoch dort, wenn wir uns so ausdrücken dürfen, nicht auf jenen höchsten Standpunkt, auf welchem er in der Decretale Per venerabilem seine Gewalt über das Zeitliche behauptet. In der Decretale Novit nimmt er eigentlich und unmittelbar nur das Sittengericht in Anspruch und behauptet die geistliche Competenz über den Eid, welche damals unbestrittener Maaßen anerkannt war. Die gleichfalls hier einschlägige Decretale Venerabilem[2]) bewegt sich zu sehr auf dem historischen Rechtsgebiete, als daß man aus ihr das Princip ohne Schwierigkeit zu entwickeln vermöchte. Denn es handelt sich darin von der Kaiserwahl und von dem Rechte des Papstes bezüglich derselben gegenüber den deutschen Fürsten, deren bereits damals hergebrachte Wahlbefugniß ausdrücklich vom Papste anerkannt wird. Die Decretale Solitae[3]), ebenfalls von Innocenz III, spricht nur im Allgemeinen von dem Vorrange des Priesterthumes, was sich um so leichter erklärt, wenn man das Verhältniß Roms zu der orientalischen Kirche ins Auge faßt. Was endlich die so viel besprochene und von dem Vorurtheile und der Leidenschaft maßlos angefeindete

---

Deo concessam." — Altaserra, Innocentius III. Comm. perp. in sing. decretales hujusce Pontificis. Celeberrima est species hujus capituli, quae valde illustratur a Zurita in Jndicibus Aragon. ad annum 1214.

[1]) c. 13 X. de judiciis (II. 1.)
[2]) c. 34 X. de electione (I. 6.)
[3]) c. 6. X. de majoritate et obedientia (I. 33.)

Bulle Unam sanctam von Bonifaz VIII betrifft [1]), so ist dieselbe, wenn wir uns so ausdrücken dürfen, mehr dogmatisch als kanonistisch und bei ihrem idealen Gehalte hat man ihr, freilich mit Unrecht, zum Vorwurfe gemacht, daß sie aus ihren Erwägungsgründen einen zu dürftigen Schluß ziehe, und bei einem allgemeinen Satze stehen bleibe [2]).

So scheint die Decretale Per venerabilem vor allen übrigen hier berührten den Vorzug zu haben, daß wir an ihrer Hand uns besser zurecht finden, wenn wir auf die Erforschung der richtigen Grundsätze bezüglich des Verhältnisses der beiden Gewalten ausgehen. Wir versuchen im Folgenden die Erörterung, indem wir zunächst die Veranlassung und den Inhalt der päpstlichen Entscheidung darlegen [3]).

§ 2.
Das Factum und das Petitum.

Ein Edelmann aus Languedoc, Wilhelm von Montpellier, ließ im Jahre 1202 durch den Erzbischof von Arles dem Papste Innocenz III ein Bittgesuch um Legitimation seiner unehelichen Kinder vortragen, um diesen die Erbfolge zu verschaffen. Derselbe besaß unter anderm ein Lehen von der bischöflichen Kirche von Magelone, welches diese wiederum lehensweise vom heiligen Stuhle erhalten hatte [4]). Nach der Darstellung von Petrus de Marca [5]) mögen die dortigen Lehensverhältnisse verwickelter Art

---

[1]) c. 1. Extrav. comm. de maj. et ob. (I. 8.) — Wir werden später (§ 7) Anlaß haben, in diese Vergleichung näher einzugehen.

[2]) Porro subesse Romano Pontifici omni humanæ creaturæ declaramus, dicimus, definimus et pronuntiamus, omnino esse de necessitate salutis. Ibid. in fine.

[3]) Wir benützen dabei die vollständige Decretale, wie sie in dem Register Innocenz III enthalten ist. Die partes decisæ erläutern lediglich, mit Ausnahme des Schlußsatzes, worauf wir zu sprechen kommen werden.

[4]) . . . tu nobis et in spiritualibus et in temporalibus es subjectus, quum partem terræ tuæ ab Ecclesia Magalonensi possideas, quam ipsa per sedem apostolicam temporaliter recognoscit, quare Magalonensi Ecclesia mediante nobis idem Archiepiscopus asserebat (te) temporaliter subjacere. — c. Per venerabilem.

[5]) De concordia sacerdotii et imperii Lib. II, Cap. III. III.

gewesen sein. Raimund von Toulouse wenigstens nöthigte gegen den Ausgang des zwölften Jahrhunderts den Wilhelm von Montpellier zum Vasalleneide für ein Lehen, welches dieser von dem Bischof von Magelone trug; und unter Ludwig dem Heiligen kam es zu einer damals wieder beigelegten Streitfrage zwischen Frankreich und dem römischen Stuhle über das Gebiet der benachbarten Grafschaft von Melgueil, welche im elften Jahrhundert dem hl. Stuhle als aufgetragenes Lehen anfiel, und von diesem später lehensweise an die bischöfliche Kirche von Magelone überlassen wurde. Wie dem aber auch sein mag, jedenfalls machte Wilhelm von Montpellier seine Lehensabhängigkeit vom heiligen Stuhle für sich geltend, um sich als einen Untergegebenen desselben zu bekennen, und dadurch die Behauptung der päpstlichen Zuständigkeit in seiner Sache zu unterstützen[1]). Das Ge=

---

[1]) Wir möchten glauben, daß das fragliche feudum die „terra" sei, von welcher in einer Decretale des Papstes Innocenz III vom Jahre 1212 (Reg. Inn. XV. 104.) an die Königin Maria von Aragonien, die Tochter unseres Bittstellers und Schwester des Bastards Wilhelm von Montpellier, die Rede ist. Dieser hatte gegen sie Klage wegen Usurpation jener „terra" erhoben. „Gravem dilecti filii nobilis Wilelmi de Montepessulano fratris tui, filia regina, recepimus questionem, quod possessionem villae Montepessulani ac alterius terrae jure ad ipsum hereditario pertinentis, quam ipse pridem pacifice noscitur habuisse, contra justitiam detinetis et restituere denegatis eidem. Cum igitur terrae ipsius jurisdictio ad nos spectare noscatur, volentes praedicto Wilelmo in suo jure adesse, qui sumus omnibus in justitia debitores, discretioni vestrae per apostolica scripta mandamus, quatenus vel dictam possessionem restituatis eidem, vel usque ad festivitatem Omnium Sanctorum proximo venturam per responsales idoneos nostro vos conspectui praesentetis, exhibituri et recepturi justitiae complementum. Alioquin ex tunc in ipso negotio, quantum de jure poterimus, auctore Domino procedemus. Datum Laterani VIII. Idus Junii Pontificatus nostri anno quinto decimo." Wir unterscheiden zwischen „villae Montispessulani" und „alterius terrae". Denn die „villa" war nach Petrus de Marca Afterlehen der französischen Krone. Jene „terra" aber kann eine Besitzung gewesen sein, welche Wilhelm von Montpellier von der Kirche von Magelone, und diese wieder vom hl. Stuhle zu Lehen trug, so daß Innocenz III die lehnsherrliche Jurisdiction in Anspruch nahm. Der Kläger, der uneheliche Sohn, wurde übrigens abgewiesen, und die Königin, die rechtmäßige Tochter, im Besitze aufrecht erhalten. Gonzalez Tellez, Comm. perpet. ad c. Per venerabilem, nota a. Petrus de Marca l. c. Hurter, 1. Band, Buch VI, S. 452. 4. Band, Buch XXII., S. 451.

schlecht des Bittstellers, dessen Schwester die Königin von Aragonien war [1]) scheint einige Verdienste um die Kirche gehabt zu haben [2]). Nichts desto weniger aber hatte sich Wilhelm von Montpellier ein ahndungswürdiges Vergehen zu Schulden kommen lassen, wofür er mit kirchlicher Strafe belegt worden war [3]). Er hatte seine Gemahlin Eudoxia, welche eine Tochter des byzantinischen Kaisers Emmanuel Komnenus I war, und ihm eine Tochter geboren hatte, wegen ihres unbändigen Stolzes im Jahre 1187 verstoßen und mit Agnes von Aragonien eine Verbindung eingegangen, welche aber weder von dem Papste Cölestin III, dem Vorgänger Innocenz III, noch von diesem selbst jemals als Ehe war anerkannt worden. Mit Agnes erzeugte er mehrere Kinder, darunter zwei Söhne, Wilhelm und Thomas, um deren Legitimation er nunmehr den Papst anging [4]).

Der Erzbischof von Arles hatte für seinen Clienten vorgebracht, es sei Thatsache, daß der apostolische Stuhl natürlichen Kindern, und selbst im Ehebruch erzeugten, Dispense ertheile behufs Erlangung geistlicher Würden. Daraus müsse geschlossen werden, daß der Papst um so mehr für weltliche Verhältnisse legitimiren könne, da er das Größere könne; namentlich aber müsse dies in allen jenen Fällen angenommen werden, wo der zu Legitimirende unter keiner andern Obrigkeit stehe, welcher das Recht zukomme, die Legitimation zu ertheilen [5]). Zu

---

[1]) Gonzaglez Tellez, Comm. perp. in c. Per venerabilem. nota 1.

[2]) „Ut super hoc filiis tuis gratiam faceremus ob tua et progenitorum tuorum merita, qui semper in devotione sedis apostolicae perstitistis." c. Per ven.

[3]) „Sed tu in contemptum Ecclesiae aliam superinducere attentasti, propter quod ipsa in te gladium exercuit ecclesiasticum ultionis." Ibid.

[4]) Petrus de Marca l. c. — Gonz. Tell. l. c. — Hurter, Geschichte des Papstes Innocenz III und seiner Zeitgenossen. VI. Buch, Band I, S. 451. XIII. Buch, Band II, S. 279.

[5]) Allem Anscheine nach entnahm das Gesuch dieses Argument der noch weiter zu besprechenden Legitimationsurkunde für die Kinder des Königs Philipp August von Frankreich und Agnesens von Meran. Dort heißt es: Apostolica Sedes, quae Deo disponente, cunctorum fidelium mater est et magistra, praedecessorum nostrorum temporibus diversis causis inspectis cum quibusdam minus legitime dispensavit genitis, etiam ex adul-

gleichem Schlusse komme man, wenn man die Analogie gewisser
Rechtsbestimmungen herbeiziehe, so befreie die Erhebung zur
Bischofswürde von der väterlichen Gewalt [1]) und der zum Prie=
ster geweihte Unfreie gewinne die Freiheit [2]). Dann aber glaubte
sich der Bittsteller auf eine Legitimation berufen zu können,
welche Papst Innocenz III selber in der jüngsten Zeit vorge=
nommen hatte, ein Ereigniß, welches im Stande war, großes
Aufsehen zu machen, und die nächste Veranlassung zu dem Ge=
suche des Dynasten aus der Languedoc gewesen zu sein scheint [3]).
Auf das Anstehen Königs Philipp August von Frankreich hatte näm=
lich der Papst im Jahre 1201 die beiden Kinder, welche jener nach
der Verstoßung der Königin Ingeburge mit Agnes von Meran
erzeugt hatte, legitimirt, und zwar auch für die weltlichen Rechts=
verhältnisse [4]). Die Sache aber liege, so meinte das Gesuch,
für Wilhelm von Montpellier um so günstiger. Denn dieser
besitze außer den natürlichen Kindern keine männlichen Nach=
kommen, während der König von Frankreich von seiner ersten

terio procreatis, quos ad actus speciales legitimans, in pontifices quoque
promoveri concessit. Cum igitur major idoneitas in spiritualibus, quam in
saecularibus requiratur, dubitari non debet, quin ipsa tales ad actus legitimare
valeat saeculares, praesertim ad petitiones eorum, qui praeter Romanum
Pontificem alium inter homines superiorem minime recognoscunt, habentem
hujus potestatem.

[1]) Auth. Sed episcopalis. C. de episcopis et clericis (I. 3.)
— Nov. 81. — c. Si servus 20. Dist. LIV. — Gonzalez Tellez
Comm. perp. h. l. not. f.

[2]) Gonz. Tellez, Comm. perp. in c. 1. 2. X de servis non ordi=
nandis (I. 18), wo auch die weitläufige Controverse ausgeführt ist. Die
Grundsätze der geschichteten Streitfrage, welche immer unpraktischer
wurde, bei Reiffenstuel u. Schmalzgrueber h. t.

[3]) Hurter a. a. O.

[4]) Nos igitur attendentes in eo (sc. rege) devotionis constantiam et fidei
pietatem quam a progenitoribus ex Romana Ecclesia quasi quodam here=
ditario jure contraxit, ut tam honori regiae dignitatis, quam utilitati et ne=
cessitati regni Francorum provide consulamus, praedictos puerum et puellam
de speciali gratia legitimationis titulo de communi fratrum nostrorum con=
silio decoramus, ut nullus eis in natalibus defectus obsistat; ita videlicet,
ut per hoc nullum eidem Regi et praefatae Reginae (sc. Ingeburgae) in ma=
trimoniali causa praejudicium generetur. Die Legitimationsurkunde ist zu
Anagni am 2. Nov. 1201 ausgefertigt. Opp. Petri Blesensis, Editio
Paris. 1667. p. 794. Littera Innocentii Papae pro legitimatione prolis Do=
mini Regis. E veteribus chartis D. d'Herouval.

verstorbenen Gemahlin Isabella einen Sohn und rechtmäßigen
Nachfolger habe; überdieß sei der König von Frankreich dem
Papste nur in geistlichen Dingen untergeben, der Edelmann aus
Languedoc dagegen sei Unterthan des Papstes im Geistlichen
und Weltlichen [1]).

Das waren, soviel sich aus der Decretale entnehmen läßt,
die Gründe, welche der Erzbischof von Arles für das Bittgesuch
um Legitimation der unehelichen Kinder Wilhelms von Montpellier bei dem apostolischen Stuhle vorbrachte.

Wie entschied nun Innocenz III dieses Gesuch, und auf
welche Gründe stützte er seine Entscheidung in der berühmten
Decretale Per venerabilem?

§ 3.

Die Entscheidung und deren Gründe.

Die Decretale berührt in ihren Erwägungsgründen zuerst
die Folgerungen, welche in der Frage nach der päpstlichen Competenz zu einer solchen Legitimation aus andern Bestimmungen des kanonischen und des römischen Rechtes gezogen werden
können[2]). Sie berührt diese Argumente; aber sie läßt deren Werth
unentschieden. Innocenz III tritt hierin sogar von der Ansicht zurück, welche in der Legitimationsdecretale der Kinder des
Königs Philipp August geltend gemacht wird. Dort ist es als
zweifellos hingestellt, daß dem Papste die Gewalt zustehe, für
den Bereich des bürgerlichen Rechtes zu legitimiren, da er ja

---

[1]) Præsertim cum major id necessitas suaderet et tu nobis specialius
sis subjectus: si quidem rex Francorum ex inclytæ recordationis regina
Francorum olim legitimum suscepit hæredem, qui ei optatur et creditur in
regni solio successurus; tu vero ex legitima conjuge masculinum non habes
hæredem, qui tibi et in devotione nostra et propria hereditate succedat.
Insuper, quum rex ipse in spiritualibus nobis subjaceat, tu nobis et in
spiritualibus et in temporalibus es subjectus, quum partem terræ tuæ ab
Ecclesia Magalonensi possideas, quam ipsa per sedem apostolicam temporaliter recognoscit etc. c. Per vener.

[2]) Ueber die kanonische Legitimation vergl. die erschöpfende historische Darstellung bei **Philipps**, Kirchenrecht § 52.

unbestrittener Maaßen in geistlichen Dingen dazu befugt sei¹). In der Decretale Per venerabilem dagegen wird diese Machtvollkommenheit des apostolischen Stuhles zwar nicht unbedingt in Abrede gestellt; aber es wird in Zweifel gelassen, ob dieser Schluß a majori ad minus hier zutreffe, und eine solche Competenz der Kirchengewalt in der That bestehe ²).

Vergleicht man die beiden Decretalen, jene Legitimationsurkunde und das cap. Per venerabilem, so wird es alsbald klar, daß Innocenz III bei der Entscheidung des Gesuches, welches Wilhelm von Montpellier bezüglich der Legitimation seiner unehelichen Kinder bei dem apostolischen Stuhle anbrachte, seine eigne Decretale, worin er die Legitimation der Kinder Philipp Augusts aussprach, vor Augen hatte; so wie sich auch der Bittsteller ohne Zweifel auf die Entscheidungsgründe dieser letzteren Decretale berief. Denn es ist nicht nur dasselbe Argument, welches in den beiden Decretalen wiederkehrt, sondern es werden auch theilweise sogar die nämlichen Ausdrücke gebraucht. Bei dieser Sachlage erscheint der Schluß gerechtfertigt, daß Innocenz in der Decretale Per venerabilem den Standpunkt der Entscheidungsgründe, welchen jene Legitimationsdecretale enthält, verlassen habe, und eben deßwegen

---

¹) Apostolica Sedes, quæ Deo disponente cunctorum fidelium mater est et magistra, prædecessorum nostrorum temporibus diversis causis inspectis cum quibusdam minus legitime dispensavit genitis, etiam ex adulterio procreatis, quos ad actus speciales legitimans, in Pontifices quoque promoveri concessit. Cum igitur major idoneitas in spiritualibus, quam in sæcularibus requiratur, dubitari non debet, quin ipsa tales ad actus legitimare valeat sæculares, præsertim ad petitionem eorum, qui præter Romanum Pontificem alium inter homines superiorem minime recognoscunt habentem hujus potestatem. Legitimationsdecretale a. a. O.

²) Quod autem super hoc apostolica sedes plenam habeat potestatem, ex illo videtur, quod diversis causis inspectis, cum quibusdam minus legitime genitis, non naturalibus tantum sed adulterinis etiam, dispensavit, sic ad actus spirituales illos legitimans, ut possint in episcopos promoveri. Ex quo verisimilius creditur et probabilius reputatur, ut eos ad actus legitimare valeat sæculares, præsertim si præter Romanos Pontifices inter homines superiorem alium non cognoscant, qui legitimandi habeat potestatem: quia cum major in spiritualibus tam providentia, quam auctoritas et idoneitas requiratur, quod in majori conceditur licitum esse, videtur et in minori. c. Per venerabilem.

auch die Entscheidungsgründe für die Abweisung des Gesuches von Wilhelm von Montpellier in einer solchen Ausführlichkeit gebe. Betrachtet man das cap. Per venerabilem von diesem Gesichtspunkte aus, auf welchen wir später näher eingehen müssen, so wird dessen ganze Fassung erklärlich, und die Ansicht, welche Antonius von Butrio über dessen Redaction, wie wir bereits vernommen haben, ausgesprochen hat, dürfte weniger in die Wagschale fallen [1]. Innocenz III weist nämlich in der Decretale Per venerabilem nicht nur das Gesuch des Edelmanns aus der Languedoc ab, sondern er hält auch mittelbar seine Entscheidung bezüglich der Legitimation der französischen Königskinder aufrecht, indem er sie eingehender in faktischer und rechtlicher Beziehung begründet, wie wir weiterhin sehen werden.

Wir sind also der Ansicht, daß Innocenz hier das Argument, welches aus dem Vorrange der geistlichen Gewalt gezogen wird, so wie auch die beiden folgenden Argumente aus der Analogie lediglich **anführt**, ohne sie eingehender zu untersuchen, und unmittelbar für seine Entscheidung zu benützen. Er ertheilt einfach Urkunde, daß er diese Argumente wohl kenne; aber er will sie weiter nicht berücksichtigen. Dafür haben wir einen Gewährsmann, welcher in jeder Beziehung geeignet ist, den Ausschlag zu geben, den Papst Innocenz IV, den berühmtesten Commentator der Decretalen Gregors IX [2]. Er erklärt, daß Innocenz III hier lediglich eine Meinung anführe [3]. Sofort aber stellt er den Satz auf, daß, wenn auch einige das Gegentheil behaupten, dennoch das hier angeführte Argument nicht zu Recht bestehe. Denn Weltliches und Geistliches seien ganz

---

[1] „Hæc solemnis decretalis obscure decidens, quod principaliter intendit."

[2] Vita Inn. IV. (Thoma Diplovatatio autore.) Apparatus Inn. IV. in prooem.

[3] Allegando loquitur „App. Inn. IV. in h. decr." Auch die Glosse spricht von Allegation „quam hic ponit dominus Papa." — Inn. III. in c. 13. X. h. t. imploratus a comite montis Pesulani Wilhelmo, ut per rescriptum papale legitimaret filium, quem ex pellice vivente uxore legitima procreaverat, varia pro desiderio suo promovendo momenta in curia Romana allegaverat, quæ loco rationum dubitandi adducit pontifex. Böhmer, Jus eccl. Lib. IV. tit. 17, § 30. (Das Anakoluth kommt auf Rechnung des Autors.)

verschiedene Dinge und verschiedenen Richtern unterstellt, und keiner von diesen habe die Befugniß, sich in die Zuständigkeit des andern einzumischen¹). Dem stimmt auch die Glosse bei²). Mag daher die Interpretation dieser Stelle in der Decretate Per venerabilem von einigen Commentatoren und von spätern Kanonisten anders aufgefaßt worden sein, die Entwicklung der Doktrin dieser Materie zeigt dennoch, daß die sententia communis bei der Auffassung Innocenz IV stehen blieb, was noch ein Commentar des 17. Jahrhunderts mit einer Klarheit beweist, welche nichts zu wünschen übrig läßt ³).

---

¹) Alii dicunt, quod sic sit in veritate; non tamen verum est. Nam temporalia et spiritualia diversa sunt et diversos judices habent; nec unus judex habet se intromittere de pertinentibus ad alium, licet se ad invicem juvare debebunt. 96 dist. Quum ad (c. 6.). Sup. eod. Lator (5 X. IV. 17). Sup. de judiciis Novit (13 X. II. 1). App. Inn. IV l. c.

²) Indem sie die entgegengesetzte Ansicht verwirft: „— sed contrarium credo scilicet, quod Papa non possit legitimare aliquem quantum ad hoc, ut succedat in haereditate tamquam legitimus haeres, qui non sit. Dico de sua jurisdictione temporali; sic enim esset mittere falcem in messem alienam et usurpare alienam jurisdictionem, quod esse non debet etc." Die Glosse führt dann noch die Ansichten einiger Glossatoren an, welche hier unterscheiden, und der Legitimation quoad actus spirituales die rechtliche Wirkung beilegen, daß dadurch die Fähigkeit ad honores saeculares erlangt werde, z. B. zum Richteramte.

³) Wagnereck, Comm. exegeticus Sacrorum Canonum in. h. c. Not. II. Etsi Pontifex argumenta a nobili allata recenseat, neque ad omnia directo respondeat, non tamen ideo ea probare, quod maxime intelligendum de illo fundamento, ex quo cetera pendent, quod in majori conceditur, etiam licitum videri in minori. Hoc enim non habere locum in dispensationibus cum Molina tr. 2. de justitia dist. 191. et aliis censet Sanchez l. 8. d. 1. n. 32. Alii in dispensationibus favorabilibus, qualis etiam est legitimatio, hoc admittunt, non item in odiosis; alii distinguunt inter dispensationem, quam censent odiosam et inter potestatem dispensandi quam dicunt esse favorabilem et in illa valere, ut qui potest dispensare in majori, possit etiam in minori. Sed cum Pontifex potestatem suam legitimandi in hoc casu unice in eo fundet, quod ex institutione Christi casualiter extendatur in causis difficilibus et ambiguis etiam ad temporalia ubivis locorum emergentia, ex ipso hanc regulam non videtur agnoscere saltem universim etsi non prorsus rejiciat. S. Paulus enim loco, quam allegat, ex eo quod fideles sint angelos judicaturi, a majori ad minus concludit, quod multo magis possant judicare saecularia. (S. am Schlusse des c. Per venerabilem.)

Das Bittgesuch hatte außerdem, wie bereits erwähnt worden ist, Rechtsanalogien herangezogen, und zwar jene der Bischofsweihe, welche von der väterlichen Gewalt befreie, und der Priesterweihe, welche dem Leibeigenen die Freiheit gebe. In gleicher Weise, so wurde geschlossen, muß auch jener, welcher kirchlich legitimirt worden ist, dadurch auch von selbst der Vortheile der bürgerlichen Legitimation theilhaftig werden[1]). Anderes anzunehmen sei eine Ungeheuerlichkeit[2]). Der Papst beschränkt sich in der Decretale ebenfalls darauf, diese beiden Argumente aufzuführen, ohne sich über deren Gewicht auszusprechen. Scheint es auch in einem Satze, als ob Innocenz den fraglichen Analogien Geltung zuspreche[3]), so zeigt doch sofort der folgende Satz, daß auch hier lediglich eine Folgerung ausgesprochen wird, welche gezogen werden kann, aber um deßwillen noch nicht wirklich zu Recht besteht. Denn Innocenz beschränkt darin die freie Ausübung der päpstlichen Gewalt auf den Kirchenstaat, wo der Papst zugleich Souverain ist[4]). Ebenso zeigt der folgende Schlußsatz dieses ersten Theiles der Decretale, daß Innocenz diese Argumente nur anführt, aber über deren Haltbarkeit und Anwendbarkeit sich nicht ausspricht, wodurch sie offenbar im Zweifel belassen werden[5]).

---

[1]) Per simile quoque id videtur posse probari, quum eo ipso quod aliquis ad apicem episcopalis dignitatis attollitur, eximitur a patria potestate. Praeterea etiam si simplex episcopus scienter servum alterius in presbyterum ordinaret, licet ordinator satisfacere domino juxta formam canonicam teneretur, ordinatus tamen jugum evaderet servitutis. C. Per venerabilem.

[2]) Videretur siquidem monstruosum, ut qui legitimus ad spirituales fieret actiones, circa saeculares actus illegitimus remaneret. Ibid.

[3]) Unde, quum in spiritualibus dispensetur, consequenter intelligitur in temporalibus dispensatum c. Per venerabilem.

[4]) Id autem in patrimonio beati Petri libere potest apostolica sedes efficere, in quo et summi Pontificis auctoritatem exercet, et summi principis exsequitur potestatem. Ibidem.

[5]) Quum ergo videatur ex his legitimandi auctoritas non tantum in spiritualibus sed in temporalibus etiam penes Romanam ecclesiam residere, ut super hoc filiis tuis gratiam faceremus ob tua et progenitorum tuorum merita, qui semper in devotione sedis apostolicae perstitistis, humiliter ex parte tua idem archiepiscopus requirebat. C. Per. venerabilem. Die Glosse führt einen Glossator an, welcher diese Analogie zuließ,

Nun aber wendet sich Innocenz zu jenem Argumente des Bittgesuches, welches als das hauptsächlichste und gewichtigste erscheinen mußte, wie es denn auch offenbar dem Dynasten von Montpellier die eigentliche Handhabe zur Anbringung seines Gesuches beim apostolischen Stuhle geliefert hat. Es war die Thatsache der an den Kindern des Königs Philipp August kurz vorher vollzogenen Legitimation, wodurch Wilhelm von Montpellier ermuthigt wurde, auch seinerseits die Legitimation seiner unehelichen Kinder nachzusuchen [1]). Dazu aber glaubte er um so mehr berechtigt zu sein, als nach seiner Ansicht bei ihm der Fall weit dringlicher war, und er selbst zu dem römischen Stuhle in einem besondern Abhängigkeitsverhältnisse stand [2]). Denn der König von Frankreich hatte aus seiner ersten Ehe einen rechtmäßigen Nachfolger, den nachmaligen König Ludwig VIII; Wilhelm von Montpellier aber besaß außer seinen unehelichen Kindern keine männlichen Nachkommen; Philipp August von Frankreich war Souverain [3]), jener dagegen dem Papste auch im Weltlichen untergeben und zwar als Vasall der Kirche von

---

und eine indirecte Legitimation quoad temporalia vermittels der kirchlichen Legitimation lehrte: „Ad hoc dixit Joannes, quod dominus Papa non habet potestatem legitimandi in temporalibus, sed eo ipso quod legitimat aliquem quoad spiritualia, per consequens legitimat eum quoad temporalia, quae sunt minus digna. Et sic legitimat per consequentiam, sed non directe: saepe enim permittitur aliquid indirecte, quod non permittitur directe etc. etc."

[1]) Videbatur autem ex eo trahere majorem audaciam postulandi, quod non longe petere cogebatur exemplum, sed in favorem petitionis hujusmodi quod nos ipsos in causa simili fecisse dicebat poterat allegare. c. P. v.

[2]) Quum enim carissimus in Christo filius noster Philippus rex Francorum illustris carissimam in Christo filiam nostram I(ngeburgam) reginam illustrem dimiserit, et ex alia postmodum superducta puerum susceperit et puellam, et tu similiter exclusa legitima superduxeris aliam, ex qua filios suscepisti: sicut cum filiis regis ejusdem, sic cum tuis credebatur de benignitate apostolicae sedis dispensandum, praesertim, quum major id necessitas suaderet, et tu nobis specialius sis subjectus. c. Per ven.

[3]) Die Ausführungen bei den Commentatoren bezüglich der Frage, in welt der König von Frankreich dem Kaiser untergeben sei, werfen ein interessantes Licht auf die idealen Tendenzen des mittelalterlichen Staatsrechts. Die Glosse trifft in kurzem Ausspruch das Richtige, indem sie zu den Worten „quum rex superiorem in temporalibus minime recognoscat" bemerkt, de facto, de jure tamen subest Romano imperio.

Magelone, welche wiederum diese Besitzungen von dem heiligen Stuhle zu Lehen trug [1]).

Bei diesen Anführungen, welche der Erzbischof von Arles im Namen Wilhelms von Montpellier vor dem apostolischen Stuhle geltend zu machen suchte, begnügt sich aber der Papst nicht mit einer einfachen Erwähnung; er läßt sich vielmehr darauf ein, deren Unangemessenheit darzulegen, indem er die beiden Fälle, welche der Bittsteller mit einander verglichen hat, um seine, wie er meinte, weitaus günstigere Lage zu beleuchten, in den Ausschlag gebenden Punkten scharf einander gegenüber hält. So führt er seinen Satz durch, daß die beiden Fälle gänzlich verschieden sind [2]).

Der König von Frankreich war von dem apostolischen Legaten, dem Erzbischof zu Rheims, durch förmlichen Richterspruch von Ingeburge geschieden; Wilhelm von Montpellier hatte seine Gattin eigenmächtig verstoßen [3]). Der Fürst war zu einer neuen Ehe geschritten, bevor ihm dagegen ein Verbot des kirchlichen Richters zugekommen war; der Edelmann trotzte

---

[1]) Siquidem rex Francorum ex inclytae recordationis regina Francorum olim legitimum suscepit haeredem, qui ei optatur et creditur in regni solio successurus; tu vero, ex legitima conjuge masculinum non habes haeredem, qui tibi et in devotione nostra et propria hereditate succedat. Insuper, quum rex ipse in spiritualibus subjaceat, tu nobis et in spiritualibus et in temporalibus es subjectus, quum partem terrae tuae ab ecclesia Magalonensi possideas, quam ipsa per sedem apostolicam temporaliter recognoscit, quare Magalonensi ecclesia mediante, nobis idem archiepiscopus asserebat te temporaliter subjacere. c. Per ven. Der Erwägungsgrund bezüglich der Nachkommenschaft Philipps Augusts lautet in der Legitimationsdecretale: „Quoniam igitur carissimus in Christo filius noster Philippus Rex Francorum praeter primogenitum suum, quem de conjuge prima suscepit, aliam prolem non habeat, nisi puellum et puellam, quos ei nobilis mulier, quondam filia nobilis viri Ducis Meraniae peperit, de sua posteritate providere cogitans a nobis humiliter postulavit, ut eos legitimare per favorem sedis apostolicae curaremus.

[2]) Verum si veritas diligenter inspicitur, non res similis sed valde dissimilis invenitur. c. Per ven.

[3]) Nam rex ipse a praedicta regina per bonae memoriae Remensem archiepiscopum apostolicae sedis legatum, fuit per sententaim separatus. Tu vero uxorem tuam a te, sicut dicitur, temeritate propria separasti. c. Per venerabilem.

offen der Kirche und verstrickte sich durch die unerlaubte Verbindung in die Excommunication[1]). Philipp August hatte vor dem geistlichen Gerichte die Ungültigkeit seiner Ehe wegen des Impediments der Affinität behauptet und dafür Zeugen erbracht, wonach die Nichtigkeitserklärung der Ehe erfolgte, welche allerdings von dem apostolischen Stuhle, aber nur Formfehlers halber, cassirt wurde, unter der Auflage an den Kläger, die Königin wieder aufzunehmen, worauf durch andere delegirte Richter die Entscheidung erfolgen sollte; Wilhelm von Montpellier dagegen konnte keinen kanonischen Grund aufbringen, wonach auf Nullität seiner Ehe zu erkennen war[2]). Die Frage nach der Legitimität der Kinder, welche Agnes von Meran ihm geboren hatte, war demgemäß so lange in Schwebe, als nicht durch rechtskräftigen Richterspruch über das Vorhandensein der angeblichen Affinität entschieden war[3]); daß dagegen die Kinder,

---

[1]) Ipse quoque (sc. rex) priusquam ad eum prohibitio de non contrahendo cum altera pervenisset, aliam superduxit, ex qua prolem geminam noscitur suscepisse; sed tu in contemptum Ecclesiae aliam superinducere attentasti, propter quod ipsa in te gladium exercuit ecclesiasticae ultionis c. Per venerabilem. In der Decretale der Legitimation heißt es: — vehementer affirmans (scil. rex) quod postquam venerabilis frater noster Guielmus Remensis Archiepiscopus S. Sebastiani Cardinalis tunc Apostolicae Sedis Legatus inter eum ac carissimam filiam nostram Ingeburgam Reginam Francorum illustrem divortii sententiam promulgavit, licet ipsa sententia per sedem Apostolicam protinus fuerit revocata propter judiciarium ordinem non servatum, nulla tamen ad ipsum de alia non ducenda prohibitio facta pervenit.

[2]) Praeterea rex ipse praedictae reginae contra matrimonium impedimentum affinitatis objecit et coram praefato Archiepiscopo testes induxit, cujus sententia quia cassata fuit solummodo propter judiciarium ordinem non servatum, nos ei post restitutionem praefatae reginae super hoc alios cognitores duximus deputandos. Tu vero uxori tuae nihil quod divortium induceret, sicut asseritur, objecisti, quum, etsi fides tori sit unum de tribus bonis conjugii, non tamen ipsius violatio conjugale vinculum violasset. c. Per venerabilem. In der Decretale der Legitimation heißt es: „Et propter probationes affinitatis exhibitas coram eodem Archiepiscopo, quas idem rex veras esse credebat, inter eum ac praefatam nobilem putabat esse vinculum conjugale: quamquam nostra fuerit auctoritate compulsus, ut et ipsum dirimeret et reginam reciperet memoratam." Hurter, Geschichte Innocenz III. und seiner Zeitgenossen. 1. Band. S. 166 ff.

[3]) Dieser Spruch kam nie zu Stande. Den Austrag der gerichtlichen Verhandlung zu Soissons im Jahre 1201 schnitt der König selbst da-

welche Wilhelm von Montpellier nach Verstoßung der byzantinischen Kaiserstochter mit Agnes von Aragonien erzeugte, unehelich waren, blieb von vornherein gewiß, und das Gegentheil wurde selbst vom Vater nie behauptet [1]).

Endlich aber hatte der Souverän von Frankreich in weltlichen Dingen niemanden über sich, vor welchem er sich zu verantworten gehabt hätte. Der Vasall der Kirche von Magelone dagegen stand zwar im Verhältnisse des Afterlehnsmannes zu der römischen Kirche, welcher die Oberlehnsherrlichkeit des fraglichen Feudums zukam; er konnte jedoch außer seinem Allod noch sonstige Feudalverpflichtungen haben, stand aber jedenfalls unter der landesherrlichen Gewalt des Königs von Frankreich. Der Souverän konnte sich, ohne irgendwie dem Rechte eines Dritten zu nahe zu treten, der Jurisdiction des apostolischen Stuhles unterwerfen, wobei noch die Frage offen blieb, ob der König nicht selber in seiner Eigenschaft als Landesherr seine natürlichen Kinder zu legitimiren befugt war [2]). Der Dynast von Montpellier dagegen konnte es nicht, weil er sonst jedenfalls die landesherrliche Gewalt, sofern diese nicht einstimmen würde, beeinträchtigte; geschweige denn, daß er die Befugniß gehabt hätte, wie etwa der König, den Act der Legitimation selber vorzunehmen [3]).

Nachdem Innocenz in solcher Weise dargelegt hat, daß diese beiden Legitimationsgesuche, welche hier zur Sprache kommen,

---

durch ab, daß er erklärte, Ingeburge anerkennen zu wollen. Die wirkliche Aussöhnung erfolgte erst 1213.

[1]) De filiis ergo ejusdem regis, utrum legitimi vel illegitimi fuerint, quamdiu pendet quaestio affinitatis objectae, potest non immerito dubitari. De tuis vero, quod sint legitimi nati, nec tu ipse proponis nec ulla praesumitur ratione. c. Per ven.

[2]) Ueber diese Controverse siehe Gonz. Tellez Comm. perp. in h. c. not. O.

[3]) Insuper cum rex ipse superiorem in temporalibus minime recognoscat, sine juris alterius laesione in eo se jurisdictioni nostrae subjicere potuit et subjicit, in quo forsitan videretur aliquibus, quod per se ipsum non tanquam pater cum filiis, sed tanquam princeps cum subditis potuit dispensare. Tu autem nosceris aliis subjacere: unde sine illorum forsan injuria, nisi praestarent assensum, nobis in hoc subdere te non posses, nec ejus auctoritatis exsistis, ut dispensandi super his habeas facultatem. c. Per ven.

von ganz verschiedenen thatsächlichen und rechtlichen Voraussetzungen begleitet seien, und daß weit mehr zu Gunsten des Königs Philipp Augusts als für Wilhelm von Montpellier spreche, erklärt der Papst, daß diese Sachlage ihn bewogen habe, dem König die fragliche Gnade zu erweisen [1]. Er fügt dabei ausdrücklich hinzu, daß er es auf das gestellte Gesuch hin gethan habe [2].

Den eigentlichen Rechtsgrund aber, woraus die Gewalt entspringt, eine solche Legitimation vorzunehmen, leitet der Papst weder aus den erwähnten rechtlichen, von ihm unentschieden gelassenen Erwägungsgründen, noch aus dem allerdings in die Wagschale fallenden Umstande ab, daß sich der König von Frankreich mit einem solchen Bittgesuch an ihn gewendet habe. Er begründet seine Competenz aus der wesentlichen Stellung des Papstes in der Christenheit, und erörtert diese päpstliche Zuständigkeit für den vorliegenden Fall mit Schrifttexten aus dem alten und neuen Testamente [3].

Der Grundsatz des öffentlichen kanonischen Rechtes, welcher von Innocenz hier angewendet und mit Schriftstellen belegt wird, ist kein anderer, als jener: daß das Oberhaupt der Kirche nicht nur im Patrimonium Petri, wo ihm die volle weltliche Souveränität zukömmt, sondern auch in den übrigen Ländern der Christenheit in Anbetracht gewisser Verhältnisse für den einzelnen Fall außerordentlicher Weise eine Jurisdiction im Weltlichen ausübe [4].

---

[1] Rationibus igitur his inducti regi gratiam fecimus. c. Per ven.

[2] — „requisiti" — c. Per ven. Auch in der Decretale der Legitimation heißt es: „Praesertim ad petitionem eorum, qui praeter Romanum Pontificem alium inter homines superiorem non recognoscunt habentem hujus potestatem."

[3] Causam tam ex veteri quam ex novo testamento trahentes — c. Per ven. Baronius liest (ad annum 1202): cautum tam ex veteri quam ex novo testamento tenentes, was den gleichen Sinn gibt, nur noch verstärkter.

[4] Quod non solum in Ecclesiae patrimonio, super quo plenam in temporalibus gerimus potestatem, verum etiam in aliis regionibus, certis causis inspectis, temporalem jurisdictionem casualiter exercemus. c. Per ven. Varianten zu casualiter sind causaliter und carnaliter. Sie lassen sich im

Damit übrigens keine Unsicherheit darüber walten könne, wie Innocenz diesen Satz versteht, und welche Ausdehnung er demselben gibt, fügt er alsbald bei, daß es sich hier um keinen Uebergriff in fremde Rechte handeln, und von keiner ungebührlichen Anmaßung der Gewalt die Rede sein könne. Ausdrücklich führt er sodann die Worte des Heilandes an, welche beweisen, wie zwischen geistlicher und weltlicher Gewalt zu unterscheiden sei, und daß die erstere sich nicht mit Dingen der letztern zu befassen habe: „Gebt dem Kaiser, was des Kaisers ist, und Gott, was Gottes ist." „Wer hat mich zum Richter über euern bürgerlichen Erbschaftsstreit gesetzt¹)?"

Was aber vorbildlich im alten Bunde von Gott angeordnet worden ist, das hat im neuen Bunde seine Erfüllung erhalten. Wie dort das Volk Israel an seinen Hohenpriester gewiesen war, um durch ihn jegliche schwierige und zweifelhafte Frage, auch der weltlichen Ordnung und des bürgerlichen Verkehrs, entscheiden zu lassen, so ist im neuen Bunde, in der Kirche, die Christenheit an den apostolischen Stuhl gewiesen, um von ihm alle verwickelten und zweifelhaften Fälle von Bedeutung, auch in weltlichen Angelegenheiten, entschieden zu sehen²).

---

nämlichen Sinne deuten; von carnaliter ist spiritualiter der Gegensatz; causaliter heißt im spätern Latein: aus Ursachen, aus gutem Grunde. Die Glossatoren und Commentatoren lesen übrigens wohl durchwegs casualiter.

¹) Non quod alieno juri praejudicare velimus, vel potestatem nobis indebitam usurpare, quum non ignoremus Christum in Evangelio respondisse: Reddite quae sunt Caesaris, Caesari et quae sunt Dei, Deo: propter quod postulatus, ut hereditatem divideret inter duos, quis, inquit, constituit judicem me super vos? c. Per ven.

²) Sed quia sicut in Deuteronomio continetur: „Si difficile et ambiguum apud te judicium esse perspexeris, inter sanguinem et sanguinem, causam et causam, lepram et lepram, et judicium inter portas tuas verba videris variari: surge et ascende ad locum, quem elegerit Dominus Deus tuus, venies ad sacerdotes Levitici generis, et ad judicem, qui fuerit illo tempore, quaeresque ab eis, qui indicabunt tibi judicii veritatem, et facies quaecumque dixerint, qui praesunt loco, quem elegerit Dominus, sequerisque eorum sententiam nec declinabis ad dexteram vel ad sinistram. Qui autem superbierit nolens obedire sacerdotis imperio, qui eo tempore ministrat Domino Deo tuo, decreto judicis morietur et auferetur malum de Irael." — „Sane quum

Diese Befugniß erstreckt sich bezüglich der Materien eben so weit, als überhaupt die Rechtsfragen der bürgerlichen und staatlichen Ordnung zu gehen vermögen; aber der Fall muß seine Schwierigkeiten haben, und die Lösung der wichtigen Frage nicht anders ermöglicht werden können [1]). Die Anerkennung dieser höchsten allgemeinen Richtergewalt des apostolischen Stuhles ist Pflicht für einen jeden Gläubigen [2]).

Das ist offenbar der Sinn der hierher gehörigen Stelle der Decretale Per venerabilem. Man zerreißt willkürlich den mit meisterhafter Sicherheit und Klarheit durchgeführten Gedankengang derselben, wenn man in der Anführung jener Stelle aus dem Deuteronomium (XVII 8—12) nichts anderes finden will, als eine schwächere theologische Motivirung eines Concipienten, welcher vielfach dem Geschmacke der Zeit huldigt [3]), während es

---

Deuteronomium lex secunda interpretatur, ex vi vocabuli comprobatur in hoc, ut quod ibi decernitur in novo testamento debeat observari. Locus enim, quem elegit Dominus, apostolica sedes esse cognoscitur sic, quod eam Dominus in se ipso lapide angulari fundavit." c. Per ven.

[1] „Non nisi ex causis multum arduis." Summarium. c. Per venerabilem.

[2] — in quibus, quum aliquid fuerit difficile vel ambiguum, ad judicium est sedis apostolicae recurrendum, cujus sententiam, qui superbiens contemserit observare, mori praecipitur et auferri malum de Israel, id est, per excommunicationis sententiam, velut mortuus, a communione fidelium separari. c. Per venerabilem.

[3] So Hergenröther, Kath. Kirche und christl. Staat. S. 401. Anders allerdings Barbosa: Collectanea Doctorum, in Jus Pontificium, ad h. c.: „Ex hac Deuteronomii auctoritate cap. 17, quam eleganter et erudite explicat, Pontifex in praesenti colligit infra, in verbo medium, causas difficiles, ambiguas, seu dubias ad judicium Sedis Apostolicae, cui Romanus Pontifex praeest, esse, deferendas etc. Wir schwanken keinen Augenblick, der Ansicht und Auffassung Barbosas beizutreten. Je mehr man in dieses „caput difficile et multum famosum" eindringt, desto mehr steigt die Achtung vor dem „Concipienten", welcher nach unserer Ansicht, was Klarheit, Feinheit und Bestimmtheit des Ausdruckes und die vollständige Beherrschung des Stoffes betrifft, nichts zu wünschen übrig läßt. Sagt doch schon Hostiensis in seinem Apparatus an diesem Orte: „q. d. non recurrimus hic ad mendicata suffragiorum, ad fabulas, non ad exempla, non ad jus positivum, quod ponitur et deponitur: et est saepe pro ratione voluntas. Sed fundamus intentionem nostram super jus naturale, immo divinum, cui nulla consuetudo contradicere potest, nulla

ein bedeutsames Argument der Decretale ist. Innocenz verfährt hier in der That, wie der gewiegte praktische Jurist, welcher sich in seiner Beweisführung nicht in das Gebiet der Speculation und Rechtsphilosophie verirrt, sondern sich der positiven Beweismittel, wie sie ihm zu Gebote stehen, bedient, um an der Hand derselben anschaulich, klar und bündig seinen Rechtssatz zu erhärten, dessen tiefer gehende Begründung und erschöpfende Behandlung allzu weit in das Bereich des Abstracten und auf den unsichern Boden des Subjectiven führte[1]). Die päpstliche Vollgewalt, wie sie in der kirchlichen Ueberlieferung festgehalten war, und in dem Wirken des apostolischen Stuhles von Jahrhundert zu Jahrhundert lebendig sich ausprägt, stand klar vor dem großen Geiste eines Innocenz III, welcher in das Erbe

---

constitutio, nulla praescriptio, nullum vinculum etiam juramenti, nulla alia ratio praejudicare potest. Molina De justitia Tract. II. Disp. 29 gebraucht ebenfalls diese „schwächere theologische Motivirung" als Argument für die potestas indirecta.

[1]) Die Analogie zwischen dem mosaischen Gesetze und dem Kirchenrechte ist jedenfalls vollständig zutreffend. Cornelius a Lapide Comm. in Pentat. h. l. — Bonfrerius, Pentateuchus mosaicus. ibid. Respondeo, apud Judaeos duplices fuisse causas et controversias, quasdam in qua de religione, de ceremonialibus, de lege ejusve sensu et interpretatione controvertebatur, et hae tamquam supremi capitis ac judicis summi sacerdotis erant, easdemque causas per se vel cum summo senatu, qui vel sacerdotibus, vel aliis in lege peritis, constabat, definiebat, mortis sententiam in sontes ferebat etc. Reliquæ, quae ad civilem administrationem, politicam pacem, bella pertinebant, quæ de contractibus, possessionibus, furtis, homicidiis, aliis injuriis, erant Regum et saecularium judicum ...... Itaque non ita intelligendi Josephus et Philo, quasi omnino omnes causæ ad sacerdotes ac Pontificem devolverentur, Rex nihil ageret; sed, ut dixi, causæ dumtaxat sacræ, ad Deum, caeremonias, religionem, legem spectantes, Sacerdotum essent. Addo tamen, etiam causas fere reliquas, alioqui per se civiles, aliquo modo Sacerdotibus subjectas fuisse, et videri mixti fori fuisse; siquidem Rex non suis legibus Judaeorum rempublicam administrabat, sed divinis: itaque in gubernando et judicando non suas sed leges divinas, quae judiciales dicebantur, attendere debebat. Itaque vel in his praevenire poterat Pontifex causam ad suum tribunal trahendo vel certe, si quid vel in jure, vel in facto obscuritatis esset, quae alias exhauriri non posset, ipsis judicibus laicis atque adeo et ipsi Regi recurrendum erat ad Pontificem, ut difficultatis exortae solutionem acciperent etc.

eines Gregor VII, Calixtus II und Alexander III eingetreten war. In der Bescheidung des Bittgesuches von Wilhelm von Montpellier handelte es sich darum, gerade weil dieser sich auf die Legitimation der Kinder Agnesens von Meran berufen hatte, die hier geübte Gewalt des Papstes eingehender zu erörtern, als dieß in der Decretale der fraglichen Legitimation geschehen war, deren Motivirung wenigstens eine genauere Fassung zu erfordern schien. Dazu benützt der Papst auch jene Vorschrift des mosaischen Gesetzes; er stellt sich damit auf den Boden der positiven göttlichen Gesetzgebung, hat jedoch offenbar nichtsdestoweniger nicht die Absicht, die päpstliche Gewalt in weltlichen Dingen ausschließlich und förmlich aus jenem alttestamentlichen Gebote zu begründen. Denn diese stützt er in der nachdrücklichsten Weise durch die gewichtige und ausreichende Autorität jener Worte des Stifters der Kirche zu Petrus, nachdem er das der Synagoge entnommene Vorbild als vollständig in der Kirche erfüllt nachgewiesen hat[1].

Bei dieser Auffassung wird man auch das aus dem Leben des heiligen Petrus herangezogene Ereigniß nichts weniger als ungehörig finden[2]. Es erscheint vielmehr ganz dazu geeignet, die durch die Providenz getroffene Wahl Roms, als des Platzes, wohin Petrus und seine Nachfolger gehören, in sprechender Weise zu bekräftigen. Um dieses einzusehen, bedarf es nur der Vorurtheilslosigkeit, sich auf den gläubigen Standpunkt des Mittelalters zu versetzen, und von ihm aus das Argument zu

---

[1]) Sunt autem Sacerdotes Levitici generis fratres nostri, qui nobis jure Levitico in executione sacerdotalis officii coadjutores exsistunt. Is vero super eos sacerdos sive judex exsistit, cui Dominus inquit in Petro „Quodcunque ligaveris super terram, erit ligatum et in coelis, et quodcunque solveris super terram, erit solutum in coelis" — ejus vicarius, qui est sacerdos in aeternum secundum ordinem Melchisedech, constitutus a Deo judex vivorum et mortuorum. cap. Per ven.

[2]) Quum enim Petrus urbem fugiens exivisset, volens eum Dominus ad locum, quem elegerat, revocare, interrogatus ab eo: „Domine quo vadis", respondit „venio Romam iterum crucifigi", quod intelligens pro se dictum, ad locum ipsum protinus est reversus. c. Per ven. Es ist die bekannte Ueberlieferung, welche zu Rom an der alten appischen Straße bis heute durch eine Kirche lebendig erhalten wird.

würdigen. Dazu kömmt, daß jene uralte Tradition der Kirche von Rom hinreichende Beglaubigung hat [1]). Daß die Deutung, welche mit dem Namen Deuteronomium versucht wird [2]), keine glückliche zu nennen sei, kann unbedingt zugestanden werden; es bedarf hier auch derselben nicht, da im Allgemeinen das Typische des alten Bundes bezüglich der Kirche feststeht. Dem mystischen Geschmacke des Mittelalters sagte eine solche Auslegung in demselben Maaße zu, als sie der rationalistischen Ernüchterung unseres Zeitalters widersteht. Wir geben aber sogar zu, daß dieser Satz selbst in der Redaktion nicht die Durchsichtigkeit und Bestimmtheit zeigt, welche diese Innocenzianische Decretale, wie so viele andere dieses großen Papstes, auszeichnet.

Innocenz verläßt diesen Gegenstand nicht, ohne vermittels der Stelle des Deuteronomiums auch noch über den Umfang dieser Zuständigkeit des päpstlichen Stuhles Andeutungen gegeben zu haben [3]). Es sind nicht nur die kirchlichen Straffachen

---

[1]) Der bedeutendste Gewährsmann bleibt der hl. Ambrosius: Sermo contra Auxentium de basilicis tradendis, Migne, Patrol. XVI. pag. 1007: „Idem Petrus postea, victo Simone, cum præcepta Dei populo seminaret, doceret castimoniam, excitavit animos gentilium. Quibus eum quærentibus Christianæ animæ deprecatæ sunt, ut paulisper cederet. Et quamvis cupidus esset passionis, tamen contemplatione populi precantis inflexus est: rogabatur enim, ut ad instituendum et confirmandum populum se reservaret. Quid multa? Nocte muro egredi cepit et videns sibi in porta Christum occurrere, urbemque ingredi, ait — Domine quo vadis? Respondit Christus." Venio iterum crucifigi. Intellexit Petrus ad suam crucem divinum pertinere responsum. Christus enim non poterat iterum crucifigi, qui carnem passione susceptæ mortis exuerat. Quod enim mortuus est, peccato mortuus est semel, quod autem vivit, vivit Deo. (Rom VI. 10.) Intellexit ergo Petrus, quod iterum crucifigendus esset Christus in servulo. Itaque sponte remeavit, interrogantibus Christianis responsum reddidit, statim correptus per crucem suam honorificavit Dominum Jesum. S. Greg. M. in Ps. 4. poen. Baronius, Annales. ann. 69. Gonz. Tellez. Comm. perp. in c. Per ven. not. t. Don Gueranger, Sainte Cécile et la société romaine aux deux premiers siècles. Pag. 90. 91.

[2]) Sane cum Deuteronomium lex secunda interpretetur, ex vi vocabuli comprobatur in hoc, ut quod ibi decernitur in novo testamento debeat observari. cap. Per ven.

[3]) Ueber die verschiedenen Auslegungen von Deuteronomium XVII. 8.

und alle Fragen über kirchliche Rechte, mögen sie Personen oder Sachen betreffen, sondern es ist eben auch das ganze Gebiet des weltlichen Civil= und Strafrechtes [1]). So haben von den Glossatoren an [2]) die Kanonisten diese Stelle der Decretale verstanden und daraus die Nothwendigkeit des Recurses an den apostolischen Stuhl in allen schwierigen und zweifelhaften Fragen des Rechts abgeleitet [3]).

Fragen des öffentlichen und des Völkerrechtes scheinen hier ausgeschlossen. Aber sie bleiben offenbar nur unberührt, da es sich zunächst im gegebenen Falle um ein civilrechtliches Ver= hältniß handelte.

Dann bekräftigt Innocenz diese Vollgewalt des Papstes noch mit dem kurzen Hinweis auf das rügende Wort des Apo= stels Paulus an die Corinther, welche ihre Rechtshändel vor die heidnischen Gerichte brachten, während der Apostel diese

---

Siehe Bonfrerius Pentateuchus Mos. und Cornelius a Lapide Comm. in Pent. ad h. v.

[1]) Tria quippe distinguit judicia: primum inter sanguinem et sanguinem, per quod criminale intelligitur et civile, ultimum inter lepram et lepram, per quod ecclesiasticum et civile notatur, medium inter causam et causam, quod ad utrumque refertur, tam ecclesiasticum, quam civile, in quibus, quum aliquid fuerit difficile vel ambiguum, ad judicium est sedis apostolicae recurrendum. c. Per ven.

[2]) So schon Innocenz IV. und Hostiensis h. l.

[3]) Zusatz zur Glosse dieser Decretale aus dem Apparate des Jo= hannes Andreä. Ad hoc: Medium inter causam — nota, quod ista tria judicia sic clarissime secundum Hostiensem possunt exponi. Primum inter sanguinem et sanguinem: istud est criminale et civile sive saeculare; quod idem est hic, ut quia accusator dicit esse probatum, quod reus sanguinem fudit, intellige aliquid criminale commisit, puta homicidum, adulterium, furtum, vel aliquod aliud simile. Ultimum inter lepram et lepram, quia accusator dicit, reum esse infectum lepra haeresis, vel simoniae, vel sacrilegii, vel alterius ecclesiastici criminis et reus negat. Medium inter causam et causam, quia actor dicit, quod reus tenetur sibi in centum ex mutuo vel commodato, vel alia civili actione, vel etiam teneris mihi ad decimas praestandas, vel habeo jus patronatus in ecclesia ista vel alia simili actione ecclesiastica et reus negat. In his enim omnibus, si quid difficultatis remanserit, est ad sedem apostolicam recurrendum. Supra de app. (II. 28) c. Ut debitus (60) et supra de baptismo (III. 42) c. Majores (3).

Streitsachen lieber durch die Geringsten der Christengemeinde geschlichtet wissen will¹).

Nachdem Innocenz in solcher Weise die Zuständigkeit des apostolischen Stuhles in der Angelegenheit der Legitimation des französischen Prinzen und seiner Schwester, als einer schwierigen und zweifelhaften Sache, begründet hat²), weißt er sofort unter Bezugnahme auf die Strenge des mosaischen und kanonischen und nicht minder des bürgerlichen Rechtes gegen die aus dem Ehebruch erzeugten Kinder das Gesuch Wilhelms von Montpellier ab³).

Nach dem Capitel Per venerabilem ist die Abweisung eine unbedingte, und diese Fassung nimmt für sich die Gesetzeskraft in Anspruch, weil sie den Text in der Decretalen-Sammlung bildet. Nach der ursprünglichen Decretale, wie sie an Wilhelm

---

¹) Paulus etiam, ut plenitudinem potestatis exponeret, ad Corinthios scribens ait: nescitis, quoniam Angelos judicabitis quanto magis saecularia (I. Cor. VI. 3). Der folgende Satz, eine pars decisa, insofern er nicht eine corrumpirte Lesart bietet, könnte dem Wortlaut nach nur auf den Apostel Paulus bezogen werden. „Porro saecularis officium potestatis interdum et in quibusdam per se, nonnunquam autem et in nonnullis per alios exsequi consuevit." Andere nehmen Sedes Apostolica als Subject (Hergenröther Kath. Kirche und christl. Staat. Seite 402). Von einer wesentlichen Bedeutung ist derselbe nicht.

²) Ant. de Butrio. Lectura in h. c. .... immo etiam in terris Imperii potest (Papa) exercere jurisdictionem in certis casibus, inter quos est unus, quando casus est difficilis et super eo sunt probabiles dubitationes, quod probat ex auctoritatibus veteris testamenti, quas declarat hic. Etiam an Papa posset dispensare in terris imperii, sunt dubitationes istae: ergo potest declarare papa, et hic erit casus, quo possit legitimare in terris Ecclesiae et Imperii. Hic autem, an filius regis esset legitimus vel non, poterat probaliter dubitari, et variae erant opiniones. Merito propter casus difficultatem, etiamsi casus alias spectaret ad imperatorem, in terris imperii potuit adiri Ecclesia et Papa.

³) Licet igitur cum filiis saepe dicti regis Francorum, de quibus, an fuerint legitimi ab initio dubitatur, duxerimus dispensandum: quia tamen tam lex Mosaica, quam canonica sobolem susceptam ex adulterio detestatur, testante Domino, quod manzeres et spurii usque in decimam generationem in Ecclesiam non intrabunt, canone vero vetante tales ad sacros ordines promoveri, saecularibus quoque legibus non solum repellentibus eos a successione paterna, sed negantibus ipsis etiam alimenta: petitioni tuae non duximus annuendum. c. Per ven.

von Montpellier erging, war das Gesuch nicht schlechthin abgeschlagen, sondern die Entscheidung hinausgeschoben und unter Umständen ein günstigerer Spruch in Aussicht gestellt[1]). Ein solcher kam aber nie zu Stande[2]). Gerade in den Bedingungen für die Wiederaufnahme des Gesuches sind die Gründe der Abweisung zusammengefaßt[3]). Es ist einerseits die Größe der Schuld, welche auf dem Bittsteller lastet, der seine rechtmäßige Ehegattin verstoßen und eine ehebrecherische Verbindung eingegangen hatte, und andererseits das Bedenken, welches bezüglich der Jurisdiction besteht, da Wilhelm von Montpellier zwar Afterlehnsträger des Papstes, aber zugleich Unterthan des Königs von Frankreich war. Die Beistimmung des Landesfürsten erschien jedenfalls nothwendig, wenn der Papst in dem gegebenen Falle zu dem verlangten Gnadenacte schreiten wollte[4]).

So viel geht aber aus dieser bedingten Abweisung hervor, daß Innocenz die Ansicht hatte, daß ihm unter gewissen Umständen eine solche Jurisdiction zustehe.

---

[1]) Supersedendum adhuc duximus petitioni prædictæ, nec ad præsens super hoc tuis precibus adnuendum, donec si. fieri poterit et culpa levior et jurisdictio liberior ostendatur: licet personam tuam specialis dilectionis brachiis amplexemur et in quibus cum Deo et honestate possumus, specialem tibi velimus gratiam exhibere. Innoc. Reg. Brequigni V. 128. Migne Patrol. CCXIV. pag. 1139 Baron. Ann. ad annum 1202.

[2]) Wilhelm von Montpellier setzte testamentarisch seine unehelichen Kinder zu Erben ein. Aber das Testament, welches übrigens von der gläubigen Gesinnung des Erblassers zeugte, ward als ungültig erklärt, und das einzige eheliche Kind Wilhelms, seine Tochter Maria, als rechtmäßige Nachfolgerin anerkannt. Hurter, Geschichte des Papstes Innocenz III, 4. 450 S. ob. S. 8 Anm. 1.

[3]) — donec si fieri poterit et culpa levior et jurisdictio liberior ostendatur. c. Per ven. Baronius (Ann. ad annum 1202) liest statt jurisdictio juris ratio, was an sich prägnanter erscheint, aber weniger mit liberior zusammengeht.

[4]) Tu autem nosceris aliis subjacere. Unde sine ipsorum forsan injuria, nisi præstarent assensum, nobis in hoc subdere te non posses. c. Per ven. Der letztere Satz ist pars decisa.

§ 4.

Der kanonistische Standpunkt Innocenz III in der Legitimationsfrage. — Die sich hieraus entwickelnde Doctrin.

In unserer Erörterung haben wir es schon berührt, und die ganze Sachlage läßt kaum einen Zweifel darüber aufkommen, daß zwischen der Decretale der Legitimation der französischen Königskinder, welche dem Jahre 1201 angehört, und der Decretale Per venerabilem, welche im folgenden Jahre 1202 an Wilhelm von Montpellier erging, und dessen Gesuch um Legitimation seiner unehelichen Kinder abschlug, ein gewisser Zusammenhang besteht. Nicht nur der Gesuchsteller und sein Anwalt, der Erzbischof von Arles, hatten Kenntniß von jener Legitimationsurkunde, und fußten auf derselben in dem angebrachten Gesuche, sondern auch der Papst beschied dieses Gesuch, indem er seine eigene frühere Decretale vor Augen hatte, und mit ganz besonderer Absicht darauf. Beides dürfte wohl kaum in Abrede gestellt werden, wenn man die beiden Urkunden, welche sogar theilweise in denselben Ausdrücken sprechen, mit einander vergleicht. Gibt man aber diese Wechselbeziehung zu, so verschwinden fast alle Schwierigkeiten, welche sich nothwendig ergeben müssen, wenn man die Decretale Per venerabilem ihrem ganzen Zusammenhange nach lediglich aus sich selbst erklären will. Die Absicht des Papstes stellt sich dann in klarem Lichte dar. Er erkennt die rechtliche Nothwendigkeit, das Gesuch des Edelmannes von Montpellier abzuweisen, eine Nothwendigkeit, welche durch die Rücksicht auf die Aufrechterhaltung der guten Sitten nur gesteigert wird. Zugleich aber ist er in die Lage versetzt, die Decretale, vermittels welcher er die Legitimation der Kinder des Königs von Frankreich vorgenommen hatte, sowohl den erhobenen Einwänden gegenüber aufrecht zu erhalten, als den daraus gezogenen Folgerungen gegenüber näher zu erklären. So wird die Decretale Per venerabilem nicht nur die Grundlage der kanonischen Materie über die legitimatio per rescriptum principis, sondern auch die Quelle, woraus die kanonistische Doctrin vorzugsweise die Norm des richtigen Verhältnisses zwischen den beiden Gewalten, der päpstlichen und der weltlichen, schöpfte. Verweilen wir zuvörderst bei dem erstern Gesichtspunkte.

Die Legitimation der Kinder, welche König Philipp August mit Agnes von Meran erzeugt hatte, machte, wie uns die Geschichte erzählt, das größte Aufsehen, und erregte selbst Unwillen unter den Großen und dem Volke Frankreichs[1]). Denn dieses wußte fast nichts an seinem Könige zu tadeln, als dessen Ungerechtigkeit und Härte gegen seine rechtmäßige Gemahlin, die Königin Ingeburge, deren hohe Tugend und herbes Schicksal alle Herzen für sich gewonnen hatten[2]). Man konnte in dieser Legitimation, besonders wenn man in der Sache Partei ergriffen hatte, leicht eine Beeinträchtigung und Hintansetzung der Fürstin finden, welche ihr königlicher Gemahl, ohne daß sie es verdiente, wie eine Gefangene behandeln ließ: obgleich der Papst in der Legitimationsurkunde selbst alle rechtlichen Ansprüche der Königin bezüglich der noch obschwebenden Ehesache ausdrücklich vorbehielt[3]). Außerdem aber mochten sich auch Rechtsbedenken gegen diesen päpstlichen Legitimationsact erheben.

Aus dem Capitel Per venerabilem, sowie aus der Decretale jener Legitimation geht deutlich hervor, daß der Papst selbst das Recht des weltlichen Fürsten zur Legitimation unehelicher Kinder als bestehend voraussetzt und als gültig anerkennt[4]).

---

[1]) Hurter, Geschichte Innocenz III, I. Band, 5. Buch, Seite 405.
[2]) Ebendaselbst II. Band, 17. Buch, Seite 478.
[3]) — „ita videlicet ut per hoc nullum eidem Regi et praefatae Reginae in matrimonali causa praejudicium generetur."
[4]) Ex quo verisimilius creditur et probabilius reputatur, ut (sc. apostolica sedes) eos (sc. filios illegitimos) ad actus legitimare valeat saeculares, praesertim si praeter Romanos Pontifices inter homines superiorem alium non cognoscant, qui legitimandi habeat potestatem. c. Per ven. Praesertim ad petitionem eorum, qui praeter Romanum Pontificem alium inter homines superiorem minime recognoscant, habentem hujus potestatem. Decretale der Legitimation.

Ob dieses Recht germanischen Ursprungs sei¹), oder vermittelst des römischen Rechtes sich in den germanischen Staaten eingebürgert habe, mag dahin gestellt bleiben. Auf der einen Seite läßt sich diese Befugniß des Landesherrn, wie auch die Legisten nicht minder als die Kanonisten thun²), leicht aus dem Begriffe des souveränen Gesetzgebers, welcher Dispensation zu gewähren, Privilegien zu ertheilen vermag, ableiten; auf der andern Seite mochten selbst von der Kirche die hierher gehörigen Bestimmungen des Justinianischen Rechtes³) um so mehr begünstigt werden, je schroffer germanische Sitte und Recht die

---

¹) Heineccius Antiquitates Germanicæ, Tom II, Pars II, Cap. XVII No. XVII. Per rescriptum principis sæpe sublatam fuisse maculam natalium, eo minus est dubitandum, quo magis constat, jam inde ab antiquis temporibus Palatino, aliisque quibusdam principibus privilegio tributam esse facultatem spurios legitimandi. Der Sachsenspiegel weiß nichts von einer Legitimation; dagegen kennt der Schwabenspiegel (Art. 376, 378) und das Longobardische Lehensrecht (II *f* 26 § 10) die beiden Legitimationsarten des römischen und canonischen Rechtes. In andern, namentlich in nordischen Quellen, erscheinen eigenthümliche symbolische Acte behufs der Legitimation. (Normann, De legitimatione secundum jus patrium tam antiquum quam hodiernum Hafniæ 1823.) Grimm, deutsche Rechtsalterthümer S. 462 ff. In dem sogenannten Appendix Marculfi (Cap. 52 u. 53) wird die Anweisung gegeben zu einer Legitimation, wie sie bei den Franken vor Gericht beurkundet wurde. Heineccius (a. a. O.) sagt von ihr: unusquisque videt eum nec romanum esse nec germanicum, sed ex legibus romanis male intellectis efformatum. Vergl. Dieck, Beiträge zur Lehre von der Legitimation durch nachfolgende Ehe. Erste Abh. Ueber die Lehensfolgefähigkeit der Mantelkinder § 3.

²) „Ratio est, quia, cum supremi Principes leges omnino abrogare et novas condere possint — utique etiam ordinare possunt, quod leges suæ contra illegitimos latæ hunc vel illum non ligent. Quod autem hi soli legitimare valeant, ratio est, quia inferiores in lege superioris dispensare nequeunt —: unde præfati Doctores cum Baldo in l. 1, Dig. De jure aur. ann. observant, legitimandi potestatem esse unam de reservatis supremo principi. Nov. 89, cap. 9 et l. 3 Dig. De natalium rest." Reiffenstuel, Jus can. IV, 13, § II, 52.

³) Erst Justinian führte die Legitimatio per rescriptum gesetzlich ein. Vorher war sie einige Male nur vorübergehend gestattet. L. 6, 7. Cod. De nat. lib. (V. 27.) Nov. 74. c. 1, 2. Nov. 89, c. 9. Nov. 74, c. 2. Nov. 89, c. 10. Das alte römische Recht hatte nur die Adoption und Arrogation.

Makel der unehelichen Geburt auffaßten[1]). Ohne Zweifel aber war beim Beginn des 13. Jahrhunderts und namentlich in Frankreich, in dessen südlichem Theile das römische Recht fortwährend in Geltung blieb, die fragliche Legitimationsgewalt des Fürsten eine unbestrittene Sache, so wenig als im Allgemeinen die Gewalt des Papstes, zu legitimiren, in Zweifel gezogen wurde[2]).

Es konnte also wohl geschehen, daß man in jenem Legitimationsacte des Papstes Innocenz III einen Uebergriff in das königliche Recht erblickte, wenn man das letztere einseitig betonte, und vielleicht gerade in der Legitimationsdecretale die Handhabe gefunden zu haben glaubte, um die in Anspruch genommene päpstliche Competenz in Zweifel zu ziehen und zu entkräften. Darauf scheint auch jene Stelle der Decretale Per venerabilem hinzuweisen, wo sich Innocenz dagegen verwahrt, daß er fremdes Recht beeinträchtige, und erklärt, daß er wohl wisse, was Gottes und was des Kaisers ist[3]). Die deßfallsigen Vorwürfe gegen den apostolischen Stuhl konnten um so lauter und heftiger werden, je weniger man sich auf den erhabenen Standpunkt des großen Papstes zu versetzen wußte, obwohl aus der Decretale der Legitimation selber zur Genüge hervorgeht, welche höhern Rücksichten den Statthalter Christi bewogen, die bei ihm nach-

---

[1]) Heineccius l. c. N°· XIV. Philipps, Deutsches Privatrecht. Bd. 1, § 35, Bd. 2, § 175.

[2]) Hostiensis, Summa Aurea. Qui filii sint legitimi. Der Schwabenspiegel stellt ganz einfach (c. 47) den Satz auf: „Gewinnet aber ein man ein sun unelichen, den mag de pabest wol zeinem Kind machen, und och der kaiser." Das war also die Rechtsanschauung in Deutschland im 13. Jahrhundert. Ueber den Unterschied zwischen Legitimation und Dispensation, Philipps Kirchenrecht I. Bd. § 52, S. 534 f.

[3]) Non quod alieno juri præjudicare velimus vel potestatem nobis indebitam usurpare, cum non ignoremus, Christum in Evangelio respondisse: Reddite, quæ sunt Cæsaris, Cæsari, et quæ sunt Dei, Deo. Propter quod postulatus ut hereditatem divideret inter duos, quis, inquit, constituit me judicem super vos. In gleicher Weise lehnt er in der Decretale Novit den ihm von Seite Frankreichs gemachten Vorwurf ab, als beeinträchtige der Papst die königliche Landesherrlichkeit. Non ergo putet aliquis, quod jurisdicionem aut potestatem illustris Regis Francorum perturbare aut minuere intendamus etc.

gesuchte Gnade zu gewähren. Es war die Bedachtnahme auf die Stellung Frankreichs in der Christenheit und auf die gläubige Gesinnung des französischen Fürstenhauses, und die Hoffnung, den dankbaren König um so inniger der Kirche zu verpflichten [1]). Dabei betonte er, wie auch später in der Decretale Per venerabilem, ausdrücklich die Versicherungen, welche König Philipp August bezüglich seines guten Glaubens in der Angelegenheit gegeben hatte [2]). Gerade hierin leuchtet gegenüber der Leidenschaftlichkeit des verblendeten Königs, welcher mit seinem Stolze und seiner Sinnlichkeit einen jahrelangen Kampf zu bestehen hatte, die Milde und Nachsicht des geistlichen Richters, der nichts anderes als die Wahrung des göttlichen Gesetzes beabsichtigte, um so siegreicher hervor. Agnes von Meran war inzwischen dem irdischen Gerichte durch den Tod entzogen. So wollte Innocenz sicherlich auch den Beweis geben, daß sein Eifer nicht gegen Personen, sondern gegen Thaten gerichtet sei und daß der Tod Alles versöhne [3]).

Bei dieser Sachlage dürfte wohl für den Papst Innocenz selbst ein Anlaß, welcher ihm Gelegenheit bot, auf die canonische Begründung jenes Gnadenactes der Legitimation zurückzukommen, nicht unerwünscht gewesen sein. Es mußte dies namentlich der Fall sein, wenn sich etwa canonische Bedenken gegen jenes Argument der Legitimationsdecretale erhoben hatten, wodurch

---

[1]) Nos igitur attendentes in eo devotionis constantiam et fidei pietatem, quam a progenitoribus ex Romana Ecclesia quasi quodam hereditario jure contraxit, ut tam honori Regiæ dignitatis, quam utilitati et necessitati Regni Francorum provide consulamus. Decret. der Leg.

[2]) Vehementer affirmans (sc. Rex Francorum), postquam venerabilis frater noster Guilelmus Senonensis Archiepiscopus S. Seb. Cardinalis, tunc Apostolicæ Sedis legatus, inter eum ac carissimam filiam nostram, Ingeburgam, Reginam Francorum, illustrem divortii sententiam promulgavit, licet ipsa sententia per sedem apostolicam protinus fuerit revocata, propter judiciarium ordinem non servatum, nulla tamen ad ipsum de alia non ducenda prohibitio facta pervenit; et propter probationes affinitatis exhibitas coram eodem Archiepiscopo, quas idem Rex veras esse credebat, inter eum ac præfatam nobilem putabat esse vinculum conjugale, quamquam nostra fuerit auctoritate compulsus, ut et ipsum dirimeret et Reginam reciperet memoratam. Ibid.

[3]) Hurter, a. a. O., Band 1. Buch V. S. 405.

die unbestrittene päpstliche Gewalt, innerhalb des kirchlichen Rechtsgebietes, eine Legimation unehelicher Kinder auszusprechen, auch auf das weltliche Gebiet ausgedehnt wurde [1]). Freilich war hier diese Competenz des höchsten kirchlichen Richters nur in jenem besonders hervorgehobenen Falle in Anspruch genommen, wo derselbe um eine solche Gnade von einem Fürsten angegangen wurde, welcher kein weltliches Oberhaupt über sich anerkannte [2]). Aber jener Satz war nichtsdestoweniger in seiner unbestimmten Allgemeinheit ausgesprochen, in welcher er, wenn man ihn an der gewöhnlichen Lehre von der Gesetzesinterpretation, der Dispensation und dem Privilegium prüfte, und obendrein die Ansprüche der weltlichen Gewalt erwog, allerdings zum größten Bedenken Anlaß bieten konnte [3]). Angenommen, daß die Sache in solcher Weise lag, so kann dies nicht auffallend erscheinen, wenn man bedenkt, wie unermeßlich groß das Feld nicht nur der richterlichen Entscheidungen, sondern auch der legislatorischen Arbeiten dieses Papstes gewesen ist, welcher ja gerade unter denselben mit Auszeichnung der „Gesetzgeber" genannt wird; wie eben in jener Periode an die Kirche die Aufgabe herantrat, das canonische Recht theils zu fixiren, theils zu sichten und in eine bestimmtere Form zu bringen, theils von den Antinomien zu befreien, wie das Gregor IX in der Bulle Rex pacificus Eingangs der Decretalen selber andeutet [4]). Dazu

---

[1]) Cum igitur major idoneitas in spiritualibus quam in saecularibus requiratur, dubitari non debet, quin ipsa (sc. sedes apostolica) tales ad actus legitimare valeat saeculares. Decret. der Leg.

[2]) Praesertim ad petitionem eorum, qui praeter Romanum Pontificem alium inter homines superiorem minime recognoscunt habentem hujus potestatem. Ibid.

[3]) Vergl. Reiffenstuel, Jus canonicum, De interpretatione legum. Lib. I. Tit. II. § XV. seqq. De dispens. legum, ibd. § XVIII. De privilegiis Lib. V. Tit. XXXIII. § 5.

[4]) Sane diversas constitutiones et decretales epistolas praedecessorum nostrorum, in diversa dispersas volumina, quum aliquae propter similitudinem et quaedam propter contrarietatem, nonnullae etiam propter sui prolixitatem, confusionem inducere videbantur, aliquae vero vagabantur extra volumina supradicta, quae tanquam incertae frequenter in judiciis vacillabant, ad communem et maxime studentium utilitatem per dilectum filium, fratrem Raimundum, capellanum et poenitentiarium nostrum, illas in unum

kommt, daß nicht nur zu Zeiten Innocenz III, sondern auch noch später viele Kanonisten, Hostiensis an der Spitze, jenes Argument der Legitimations-Decretale mehr oder weniger vertheidigten, wie wir bald sehen werden. Gab es doch auch Analogien im kanonischen Rechte: denn es hat wenigstens den Anschein, als ob man mit demselben Rechte, womit man alle Fragen, worin ein Eid in Mitte lag, sowie alle Testamentssachen vor das geistliche Forum zog, auch die Legitimation unehelicher Kinder, als Matrimonialsachen der kirchlichen Jurisdiction, und zwar ausschließlich, hätte zuweisen können. Innocenz III aber hatte die Schwierigkeiten dieser Rechtsmaterie erkannt, welche schon damals, namentlich auch bezüglich der Frage nach dem Erbrechte der Legitimation, nicht gering waren[1]). Er verhehlt sich nicht, daß es nur Verwirrungen bereiten und die Kirche auf ein Gebiet des bürgerlichen Rechtes hinüberziehen würde, wo sie, vielleicht ohne allen Erfolg, mit Schwierigkeiten der verschiedensten Art zu kämpfen hätte, wenn man die Materie der Legitimation in staats- und civilrechtlicher Beziehung ohne weiteres zu der kirchenrechtlichen Competenz rechnete. Er erachtet es übrigens nicht für geeignet, durch eine legislatorische Bestimmung die Controverse über diesen Gegenstand abzuschneiden, sondern überläßt vor der Hand die Streitfrage der Doctrin. In der Aufrechterhaltung der Gesetzmäßigkeit jener Legitimation aber, welche er den Kindern des Königs von Frankreich angedeihen ließ, zieht er sich auf den Standpunkt zurück, wonach das Recht des Landesherrn zur legitimatio per rescriptum in temporalibus vollkommen anerkannt, und dem Papste nur in Ausnahmsfällen eine desfallsige Jurisdiction zugesprochen wird.

Den Anlaß, sich hierüber auszusprechen, vielleicht auch die Rechtsfrage erst neuerdings zu untersuchen, bietet dem Papste das Gesuch Wilhelms von Montpellier. Es bietet denselben in um so bestimmterer Weise, als es sich geradezu auf den päpstlichen Gnadenact der Legitimation der Kinder Philipp Augusts bezieht,

---

volumen resecatis superfluis providimus redigendas. **Philipps Kirchenrecht** I. Bd., § 184, Seite 253.

[1]) **Dieck** a. a. O., § 4 ff., Seite 10 ff.

und ohne Zweifel das dort gebrauchte Argument benützt, sowie es überdies zu beweisen sucht, daß die persönlichen Verhältnisse des Edelmanns aus Languedoc fast noch mehr Berücksichtigung verdienten, als jene des französischen Königshofes.

Daß das Gesuch abzuweisen sei, war dem unbefangenen Blick des Papstes wohl von vornherein klar, und es bedurfte an und für sich keineswegs einer Erörterung der Rechtsfrage bezüglich der Competenz. Abgesehen davon, daß eine Vervielfältigung solcher Gnadenacte einen schlimmen Rückschlag auf die Sitten überhaupt haben könnte, liegt, wie wir wissen, der Fall von Montpellier ganz anders, als jener des französischen Fürsten. Ist auch, da wie dort, Leidenschaft, Weltsinn und Sinnenlust im Spiele, so steht doch dem Könige von Frankreich immerhin noch das Urtheil eines geistlichen Gerichtes zur Seite, und die Einrede, daß ihm rechtzeitig kein Verbot zugegangen sei, zur zweiten Ehe zu schreiten. Wilhelm von Montpellier dagegen, vielleicht schwerer gekränkt als Ehemann, muß es hinnehmen, wenn man ihn der frevelhaften Verletzung des göttlichen Gesetzes und der offenen Auflehnung gegen die geistliche Gewalt zeiht.

Es hätte demnach zu dem Zwecke der einfachen Abweisung des Gesuches von Montpellier genügt, den Unterschied zwischen beiden Fällen, wie es in der That geschah, nachzuweisen und dadurch die Unstatthaftigkeit des Gesuches zu motiviren. Aber die Decretale Per venerabilem bleibt nicht dabei stehen; sie führt außerdem die Rechtsargumente an, welche für die Zuständigkeit der obersten geistlichen Gewalt in dieser Sache sprechen. Sie beschränkt sich aber wieder darauf, dieselben zu berühren ohne über deren Werth zu entscheiden, und über deren Gültigkeit oder Ungültigkeit sich auszusprechen. Sie läßt dieselbe offenbar fallen, und begründet dann, ohne daß es zur Entscheidung des vorliegenden Falles eigentlich nöthig gewesen wäre, die Zuständigkeit des apostolischen Stuhles zur Legitimation quoad temporalia mit jener Jurisdictionsgewalt, welche dem Papste auch in Bezug auf die zeitlichen Rechtsverhältnisse unter gewissen Umständen ausnahmsweise zusteht [1]).

---

[1]) Wird die Decretale so aufgefaßt, so empfiehlt sich die Lesart, welche wir bei Baronius (S. o. S. 20 A. 3) finden: cautum tam ex veteri

So wird die Decretale, welche das Gesuch Wilhelms von Montpellier abweisend bescheidet, zu einer förmlichen Rechtfertigung der durch den Papst an den Kindern Philipp Augusts vollzogenen Legitimation, das in die Decretalensammlung aufgenommene Capitel Per venerabilem aber zu einem wirklichen legislatorischen Act. Es entscheidet nicht mehr lediglich den einzelnen Fall, es wendet nicht nur Rechtsnormen auf eine gegebene Streitfrage an, sondern es stellt ein großes Princip auf, welchem es sofort den legislativen Ausdruck gibt [1]).

Zugleich wird aber auch diese Decretale, deren meisterhafte Fassung wir nur bewundern können, wenn wir sie in solcher Weise, wie wir denken, richtig auffassen, zur Grundlage der kanonistischen Lehre über die Zuständigkeit des Papstes bezüglich der Legitimation per rescriptum principis, welche sich nun zu entwickeln beginnt. Wie die Controverse nach zwei Jahrhunderten stand, entnehmen wir füglich aus dem Commentare des Panormitanus, welcher die verschiedenen Ansichten, theils aus der Glosse, aufführt. Die eine, welcher auch Panormitanus sich zuneigt [2]), spricht dem Papst das Recht ab, direct in temporalibus außerhalb des Kirchenstaates zu legitimiren; aber sie gibt zu, daß indirect die päpstliche Legitimation quoad spiritualia auch jene quoad temporalia nach sich ziehe [3]). Die zweite An-

---

quam ex novo testamento tenentes. Die Jurisdiction erscheint hinlänglich verbürgt durch das göttliche Gesetz.

[1]) Non solum in Ecclesiae patrimonio, super quo plenam in temporalibus gerimus potestatem, verum etiam in aliis regionibus certis causis inspectis temporalem jurisdictionem casualiter exercemus. c. Per. ven.

[2]) Comm. Panorm. in h. c. Post Abbatem Joannes Andreae summat sic: Papa non legitimat in temporalibus alienae jurisdictioni subjectos. Ego vero latius hic sic summo secundum intellectum, qui mihi plus placet: In terris Ecclesiae potest Papa libere illegitimos legitimare, in terris vero alienis non nisi ex causis multum arduis, vel nisi in spiritualibus: tunc tamen indirecte et per quandam consequentiam intelligitur legitimare etiam quoad temporalia. Hoc tamen ultimum non est sine scrupulo. Hieraus entstand auch das Summarium des c. Per ven.

[3]) Prima opinio, quae ponit, quod Papa non legitimat principaliter in temporalibus in terris imperii, sed legitimando quem ad spiritualia per quandam consequentiam legitimat quoque ad temporalia.

sicht, jene Bernhards, des Verfassers der glossa ordinaria, behauptet, daß in den weltlichen Territorien die Legitimation des Papstes sich nur auf geistliche Dinge beziehe [1]). Die dritte Ansicht, nach der Glosse unter Andern jene Tancreds, unterscheidet wieder anders. Wer quoad spiritualia legitimirt ist, wird es dann implicite auch bezüglich aller weltlichen Ehrenrechte, abgesehen von der Erbfolge. Zu jenen Ehrenrechten wird unter anderm auch das Richteramt gezählt [2]). Die vierte Ansicht ist jene des Hostiensis, welcher das Recht zu legitimiren ausschließlich dem Papste zuspricht, weil die Legitimation in das Gebiet des Eherechtes einschlage [3]). Eine fünfte Ansicht, von Johannes Andreä, unterscheidet zwischen den Fällen, wo gar keine Ehe in Frage steht oder dieselbe durch göttliches Gesetz verboten wird, und den Fällen, wo ein sonstiges kanonisches Ehehinderniß vorliegt. In den erstern Fällen wird dem Papste jede Befugniß

---

[1]) Ibid. Secunda opinio est Bernardi Glossatoris asserentis, quod in terris imperii Papae legitimatio se non extendit nisi ad actus spirituales.

[2]) Ibid. Sed tertia opinio ponitur in fine glossae, quod qui legitimatur quoad spiritualia censetur legitimatus quoad alios honores saeculares inherentes personae, puta ut possit esse judex, et habere alias dignitates illegitimis interdictas: non autem quoad hereditatem. Et ratio diversitatis potest esse secundum Hostiensem, quod primo casu non tractatur de praejudicio alterius; sed secundo sic, quod aufertur hereditas venientibus ab intestato.

[3]) Ibid. Quarta opinio, quam Hostiensis ponit dicens, quod nedum directe sed etiam indirecte et principaliter potest Papa legitimare ubique, et quod ad eum proprie pertinet legitimatio, et non ad alium, quia illegitimitas provenit ex defectu matrimonii. Papa autem solus est, qui potest super matrimonio disponere; non autem imperator: ut in c. Tuam, de ord. cognitionum. Unde sicut in principali, ita et in accessorio spectat ad eum dispensatio. Videmus enim, quod Papa inducit illegitimationem per suas constitutiones impediendo matrimonium. Nam filii duorum fratrum licite contrahunt de jure divino (infra de divortiis in c. Gaudemus et in c. De infidelibus, supra de consanguinitate et affinitate); sed lex Papae impedit et alios legitimos facit illegitimos ex tali matrimonio susceptos. Sicut ergo potest illegitimare, quod est odiosum, sic legitimare, quod est favorabile. Haec opinio videtur colorata, sed nullum bonum habet fundamentnm, quia illegitimando disponit super matrimonio, quod spectat ad jurisdictionem suam. Sed legitimare principaliter non suscipiendo a radice matrimonii est disponere de temporalibus principaliter, quorum exercitium non pertinet ad eum in terris imperii ut in c. Causam supra eodem. Eine scharfsinnige Widerlegung und klare Scheidung der beiden Gewalten

zu legitimiren abgesprochen; in den letztern dagegen seine Gewalt in dieser Beziehung anerkannt und sogar auf das Gebiet des weltlichen Rechtes ausgedehnt [1]). Man sieht, daß hier die Gewalt, zu legitimiren, und jene, die Ehe in radice zu sanctioniren, nicht gehörig auseinander gehalten ist.

Wie sehr aber auch die Meinungen hierüber auseinandergehen, in einem Punkte sind die Glossatoren und Commentatoren völlig einverstanden, daß es nämlich gewisse Fälle gebe, wo dem apostolischen Stuhle die Gewalt zustehe, die Legitimation auch für das Gebiet des weltlichen Rechtes zu ertheilen [2]).

Der gelehrte Erzbischof von Palermo erkennt übrigens ganz wohl, wo der auch schon von uns berührte Ausgangspunkt solcher verschiedenen Meinungen zu finden sei. Es sind die

---

[1]) Ibid. Joannes Andreae ponit quintam opinionem et satis notabilem. Dicit enim, quod aut Papa vult legitimare prolem susceptam ex coitu non matrimoniali saltem consensu et affectione, et non potest: quoniam ex quo inter parentes non fuit matrimonium saltem de facto, non potest Papa inducere matrimonium supplendo consensum: et sic cum non possit supplere consensum, nec disponere in matrimonio, non poterit legitimare, quoniam esset disponere directe super temporalibus. Hoc vero, nisi vellet legitimare in terris suis vel vacante imperio, ut in c. „Licet ex suscepto, de foro comp.", vel quoad forum suum, vel quoad sponsalia. Aut proles fuit suscepta ex coitu matrimoniali, licet matrimonium de jure non tenuerit. Et tunc aut matrimonium non tenuit impediente lege divina, et non potest legitimare, quia non potest disponere in illo matrimonio contra legem divinam; aut non tenuit impediente lege canonica, et tunc aut Papa utitur verbo legitimationis legitimando sic matrimonium et prolem, et efficitur proles legitima quoad utrumque forum, quia Papa potest tollere impedimentum inductum per canonem: et sic remansit matrimonium validum. Aut utitur verbo dispensationis et tunc, quia dispensatio est stricti juris, refertur solum ad ea, in quibus expresse est dispensatum etc.

[2]) Der Casus der Glosse sagt: Item Papa potest legitimare ad ambos actus spirituales et temporales, ubi habet utramque jurisdictionem. Item in certis casibus jurisdictionem temporalem potest exercere in aliena temporali jurisdictione. — Ant. de Butrio Lectura in h. c. (Papa) non habet potestatem (legitimandi in temporalibus) regulariter, sed solum in certis casibus inspectis, ut in casu nostro exercuit propter probabile dubium casus regis. — Panormitanus in h. c. Nota ibi „temporalem jurisdictionem exercemus" textum valde notabilem, quod in terris alienis Papa regulariter non potest exercere jurisdictionem temporalem, sed casualiter sic. Et probat haec litera, quod, ubi factum est valde arduum, potest Papa uti jurisdictione temporali ex autoritate Dei.

juristischen Argumente, welche Innocenz III in dem Eingange der Decretale Per venerabilem anführt¹). Huldigt man mit Panormitanus der Meinung, als ob der Papst hier diese Argumente zur Geltung bringen wolle, so ist den verschiedenartigsten Auffassungen Spielraum gegeben. Hält man aber mit Innocenz IV daran fest, daß der Papst lediglich die Rechtsansichten aufführe, ohne sich dieselben anzueignen, oder darüber zu entscheiden, so findet sich leicht der Ausweg aus jenem Labyrinthe der Controversen²).

Diese Straße hat denn auch die spätere Doctrin eingeschlagen, welche auch die Praxis, und, wie es scheint, schon von den Zeiten der Glossatoren an für sich hatte. Panormitanus selber muß das zugestehen³).

So finden wir, um bei einigen bedeutenden Kanonisten stehen zu bleiben, bei Sanchez⁴) die klare Darlegung des

---

1) Ibid. Certe hoc dependet ab intellectu hujus textus in principio. Nam si intelligimus, quod ponat veritatem, procedit haec opinio; si intelligimus, quod Papa loquitur allegando, procedit opinio contraria. Molina, de Just. et Jure Tract. II. Disp. 173.

2) Ibid. Innocentius ponit utramque opinionem et videtur sibi plus placere, quod in principio textus loquatur allegando. Quod videtur mihi satis dubium. Die Auffassung Innocenz IV in seinem Commentar haben wir bereits erwähnt. Allegando loquitur (sc. Papa in exord. cap. Per ven.). Alii dicunt, quod sic sit in veritate: non tamen verum est.

3) Ibid. — illam (opinionem) video servari in practica. Nam legitimati quoad ordines non admittuntur ad successionem parentum una cum aliis legitimis: et consuetudo est optima legum interpres.

4) De matrimonio Lib. VIII, Disp. VII, Nr. 1. — Praemittendum est, quamvis aliqui doctores varie senserint circa potestatem Pontificis ad legitimandum quoad bona temporalia et officia saecularia extra loca temporali suae jurisdictioni subjecta, verissimam tamen et receptissimam sententiam habere: id non posse, sed tantum quoad beneficia, ordines ac ecclesiastica officia; et ratio est, quia sicut princeps saecularis nequit legitimare quoad ecclesiastica, quod careat jurisdictione ecclesiastica, cujus id est, sic nec Pontifex extra ea loca potest quoad temporalia, quod in eis vacet jurisdictione temporali, cui id incumbit. Atque ita communiter tradunt doctores, c. Per venerabilem. . . . . . . Quod communiter temperant doctores in c. Per venerabilem — nisi causa ardua accideret, in qua valde religioni Christianae expediret ea legitimatio. Idque probat textus dicti capitis Per venerabilem ad finem. Quod bene intelligit Molina d. disp. 173 initio,

richtigen Standpunktes, ebenso bei Gonzalez Tellez ¹). Reiffen=
stuel und Schmalzgrueber ²) geben die ganze Materie in der ge=
wohnten klaren und erschöpfenden Erörterung.

Ersterer lehrt: Der Papst kann allein die illegitim Ge=
borenen zu den heiligen Weihen und zu den kirchlichen Würden
legitimiren. Die diesfallsige Befugniß der Bischöfe bezüglich
der niedern Weihen trägt nur den Charakter einer ihnen an=
heimgestellten Dispensation ³). Ebenso kann der Papst im Kirchen=
staate seinen Unterthanen die Legimation bezüglich aller bürger=
lichen Rechte und Ehren ertheilen ⁴). Unterthanen anderer Fürsten
jedoch kann der Papst in der Regel und ordentlicher Weise für
das Gebiet des weltlichen Rechtes nicht legitimiren ⁵). Er führt

---

quando saecularis princeps, ad quem alioquin ea legitimatio spectat, eam efficere renueret, aut non tam cito vellet aut posset, ut res postulat. Quippe in ordine ad bonum spirituale, integrum est Pontifici saecularium principum negligentiam supplere.

¹) Comm. perpet. ad h. c. Fagnani berührt in seinem Com=
mentar weder die Decretale Per venerabilem, noch diese Materie über=
haupt.

²) Sponsalia et Matrimonium Tit. XVII, § 3.

³) Reiffenstuel, Jus canonicum univ. L. IV, Tit. VII, § II, 45 sqq. Papa et quidem solus legitimare potest illegitimos natos, quoad ordines, honores, dignitates ac beneficia Ecclesiastica. Communis et certa textu claro c. Per venerabilem: et ibi doctores communiter. Ratio patet, quia cum illegitimi ad praefata incapaces sint solo positivo Jure Ecclesiastico, in hoc autem Papa, et quidem solus dispensare valeat, per dicta Lib. I, Tit. II De constitutionibus, § 18, probata manet conclusio. Nec obstat, quod Episcopus ac etiam capitulum sede vacante possint illegitimos habilitare ad ordines minores et ad beneficia simplicia. c. 1. de filiis Presbyt. in VI. Resp. enim eos id facere non per legitimationem sed per dispensationem in puncto hoc eisdem concessam: unde etiam dispensatio hujusmodi non habet reliquos legitimationis effectus.

⁴) Ibid. 49. Papa etiam quoad effectus politicos, successionem v. g. hereditariam, honores et dignitates temporales legitimare potest illos, qui in illius territorio temporali existentes, ejusdem jurisdictioni immediate subsunt. Omnos textu expresso cit. c. Per venerabilem, quia cum in illo territorio superiorem in temporalibus non agnoscat, etiam quoad ista cum subditis suis disponere et leges de illis latas relaxare potest. arg. c. 1 de reg. jur.

⁵) Ibid. Illegitimos verae suae jurisdictioni temporali non subjectos, ordinarie ac directe non potest nec solet Papa legitimare quoad effectus temporales et politicos.

dabei die Glossatoren und andere Kanonisten an; namentlich aber beruft er sich gegenüber den Gegnern dieser Meinung auf die Autorität von Sanchez, welchen wir bereits gehört haben ¹). Der Grund liegt für Reiffenstuel darin, weil dem Papste die Befugniß nicht zusteht, das weltliche Gesetz aufzuheben oder davon zu dispensiren, soferne es mit dem christlichen Sittengesetze oder der Wohlfahrt der Kirche nicht im Widerspruch sich befindet, was hier keineswegs der Fall ist ²). Nichtsdestoweniger aber kommt es dem Papste zu, in gewissen außerordentlichen Fällen die Legitimation auch für das Bereich des bürgerlichen Gesetzes zu ertheilen. Aber es muß ein Fall der Nothwendigkeit für das Gemeinwohl sein, oder sonst ein wichtiger Grund vorliegen ³).

Dazu kömmt dann noch, daß der Papst, wenn er die Ehe in radice sanirt, auch stets die daraus entsprossenen Nachkommen legitimirt und zwar sowohl für das Gebiet des kirchlichen, wie des bürgerlichen Rechtes ⁴).

---

¹) Ibid. Sanchez lib. 8, Disp. 7 n. 1. dicens, esse verissimam et receptissimam sententiam contra Barbosam in cit. c. Per venerabilem et Rotam ibidem allegatam, Hostiensem et nonnullos alios.

²) Ibid. Ratio patet, quia Papa jus civilo in illo, in quo non fovet peccatum, nec adversatur bonae gubernationi Ecclesiae aut aliis bonis spiritualibus, tollere vel abrogare non potest nec dispensare in eo. arg. can. cum ad verum 6 dist. 96 Atqui dispensationes juris civilis, quoad praefatos effectus, non adversantur bonae gubernationi Ecclesiae, nec peccatum fovent, sed potius persequuntur, ut patet: ergo . . . . . .

³) Ibid. Dicitur autem regulariter; quia in casu extraordinario, et ubi communis necessitas vel alia causa ardua urgeret, etiam ad temporalia quemvis suae jurisdictioni temporali non subditum illegitimum a Papa legitimari posse, praefati Doctores et omnes alii concedunt, patet que clare ex citato c. Per venerabilem § Rationibus igitur, ubi causam subjungit Papa illis verbis: Quod non solum in Ecclesiae patrimonio (super quo plenam in temporalibus geremus potestatem), verum in aliis regionibus, certis causis inspectis, temporalem jurisdictionem casualiter exercemus.

⁴) Ulterius quemvis etiam quoad effectus politicos legitimare potest Papa dispensando in radice matrimonii. Dum nempe dispensando facit, ut matrimonium ab aliquibus invalide contractum tamquam legitimum habeatur etiam pro tempore, quo invalide contractum fuit: consequenter et proles ex illo progenitae legitimae reputentur. Sanchez lib. 8, Disp. 1.

Damit sind die Hauptgrundsätze der ausgebildeten Lehre über die kirchliche legitimatio per rescriptum principis dargestellt [1]).

§ 5.

Der kanonistische Standpunkt von Innocenz III in der Frage nach dem Verhältniß der beiden Gewalten.

Wenn die Decretale Per venerabilem schon von jenem ersten Gesichtspunkte aus, dessen Gegenstand die Competenzfrage bezüglich der Legitimation ist, lehrreich und ganz dazu geeignet ist, tiefer in das kanonische Recht und in dessen Verhältniß zum weltlichen Rechte einzuführen, so ist der zweite hier in Betracht kommende Gesichtspunkt, wo sich unmittelbar die Frage nach dem Verhältniß von Kirche und Staat aufwirft, doch noch weit bedeutsamer. Er erhebt sich höher, als jener erstere, und führt auf die ersten Principien zurück, deren Darlegung um so dienlicher erscheint, je größer die Mißverständnisse sind, welche darüber herrschen.

Dabei bleibt gerade das an dieser Decretale merkwürdig, daß Innocenz auch hier einen Rechtssatz formulirt, welcher von jetzt an bei den Kanonisten feststeht, und ihnen in der so schwierigen Materie von dem Umfange der päpstlichen Gewalt den sichern Weg für die Entfaltung ihrer Doctrin zeigt. Der große Papst verdient auch hierin vorzüglicher Weise, wie in so vielen andern Gebieten des kanonischen Rechtes, den Namen des Gesetzgebers.

Um dergestalt befähigt zu sein, die großen leitenden Principien des kanonischen Rechtes auszusprechen, und nicht sowohl ein neues Recht willkürlich zu machen, als vielmehr das, was im Rechtsbewußtsein der Kirche lag, und in der Gewohnheit des kirchlichen Lebens und in dem Gerichtsgebrauche des geistlichen Forums seinen Ausdruck fand, in das Wort des förmlichen

---

[1]) Ueber die kanonistische Darstellung der Legitimatio per rescriptum principis saecularis vergl. Reiffenstuel a. a. O. 12 ff. u. A. mehr.

Gesetzes zu kleiden: dazu wirkten bei Innocenz III verschiedene höchst günstige Umstände zusammen. Aus römischem Geschlechte, in Rom selbst erzogen, auf den berühmten Hochschulen zu Paris und Bologna ausgebildet[1]), wuchs er nicht nur in der Tradition der römischen Kirche auf, welcher manche seiner Ahnen und lebenden Verwandten in hohen Würden gedient hatten und dienten, sondern er verband auch mit seltenen Geistesgaben ausgezeichnete Studien in der Theologie und Rechtswissenschaft. Mit welchem Feuereifer mußte sich ein Jüngling, wie Lothar de' Conti, auf das Studium des kirchlichen Rechtes werfen, welches vor wenigen Jahrzehnten erst der gefeierte Gratian zu einer eigenen Disciplin erhoben und in seinem unsterblichen Werke zusammen gefaßt hatte. Zu seinem Lehrer hatte er überdies den größten Glossator des Decretes, Huguccio[2]), welcher ihn ohne Zweifel auch in den Geist jener Theile der Arbeit Gratians einführte, die von dem Verhältnisse der beiden Gewalten handeln[3]). So fehlte es dem wißbegierigen Schüler nicht an Gelegenheit und Mitteln, sich in der Wissenschaft und in der Theorie entsprechend auszubilden; praktisch aber war die richtige Lehre von dem Verhältnisse zwischen Staat und Kirche gerade damals durchge-

---

[1]) Hurter, Geschichte Papst Innocenz III, I. Band. 1. Buch.

[2]) Sarti (et Fattorini) De claris archigymnasii Bononiensis professoribus. Philipps Kirchenrecht IV. Band, § 180, S. 177. Später lehrte der Schüler den Lehrer, der Papst den Bischof. „Quanto te magis novimus in canonico jure peritum, tanto fraternitatem tuam amplius in Domino commendamus, quod in dubiis quaestionum articulis ad sedem apostolicam recurris, quae disponente Domino cunctorum fidelium mater est et magistra, ut opinio, quam in eis quondam habueras, dum alios canonici juris peritiam edoceres, vel corrigatur per sedem apostolicam vel probetur etc. etc." Diese Decretale von Innocenz III vom 1. Mai 1199 an Hugo, der Bischof von Ferrara geworden war, ist in cap. 7. X. de divortiis (IV, 19) übergegangen.

[3]) Decretum Gratiani Dist. X. LXIII. XCVI. XCVII. caus. XI. qu. 1. Caus. XXI. qu. 5. caus. XXIII etc. Es verräth wenig Kenntniß des Decretes, aber desto mehr althergebrachter Vorurtheile, wenn man namentlich auch die darin enthaltenen Lehren über öffentliches Recht gering schätzt. So bleibt unter anderm die angeführte Causa XXIII eine wahre Fundgrube für das Völkerrecht und das Strafrecht und deren Theorien. Vergl. unten § 8.

arbeitet und durchgekämpft worden in dem Kampfe des apostolischen Stuhles gegen den gewaltigen Hohenstaufen, Friedrich Barbarossa, welcher das römische Recht deßwegen vorzüglich so hoch hielt, weil es ihm, wie ihm die Doctoren erörterten, die Handhabe bot, um die jähen Stufen zum Throne des absoluten Herrschers emporzusteigen [1]).

In seinen Decretalen und Briefen hat Innocenz vielfach seine klare, unbeirrte Anschauung nicht nur über die Erhabenheit des päpstlichen Amtes, sondern auch über das richtige Verhältniß der beiden Gewalten niedergelegt. Wenn er auf der einen Seite in der herrlichsten Weise schildert, welchen Segen die Eintracht der beiden Gewalten für die Christenheit bringe [2]), wobei er unzweideutig die Scheidung derselben, deren jede in

---

[1]) Hurter, Geschichte Papst Innocenz III, I. Band, I. Buch, Seite 26.

[2]) Reg. Inn. III super neg. Romani Imperii. II. Universis tam eccl. quam sacc. principibus Allemanniae (Migne Patrologia CCXVI. p. 993 seqq.). Quanta debeat esse concordia inter regnum et sacerdotium in se ipso Christus ostendit, qui est rex regum et dominus dominantium, sacerdos in aeternum secundum ordinem Melchisedech, qui et secundum naturam carnis assumptae de sacerdotali pariter et regali genere descendit. Ad quod etiam designandum beatissimus Petrus ad fidem Christi conversis dicebat: Vos estis genus electum, regale sacerdotium (I Petr. II). Et ad Christum in Apocalypsi clamatur: Fecisti nos Deo nostro regnum et Sacerdotium (Apoc. I). Haec enim sunt duo Cherubim, qui versis vultibus in propitiatorium, super ipsum duabus alis conjunctis mutuo se describuntur respicere. Haec sunt duae mirabiles et speciosae columnae, positae juxta ostium in vestibulo templi, quas ambit linea duodecim cubitorum. Haec sunt duo luminaria, quae Deus in firmamento coeli constituit: luminare majus, ut praeesset diei, et luminare minus, ut nocti praeesset. Isti sunt duo gladii, de quibus apostoli responderunt: Ecce gladii duo hic (Luc. XXII), quorum omnium rationem aliorumque multorum, quae de sacris libris excerpta concordiam expresse significant inter Ecclesiam et Imperium, exponere praetermittimus, cum utilitas ex ipsa proveniens expressius hanc exponat. Per hanc enim concordiam propagatur fides, haeresis confutatur, plantantur virtutes, vitia succiduntur, servatur justitia, iniquitas propulsatur, viget tranquillitas, persecutio conquiescit, cum pace populi Christiani paganorum barbaries subjugatur, cum incremento Imperii Ecclesiae libertas accrescit, cum incolumitate corporum salus proficit animarum, et tam Clero quam populo sua jura servantur.

ihrem Bereiche unabhängig ist, aufrecht erhält¹), so spricht er
es auf der andern Seite ebenso erhaben aus, daß der geistlichen
Gewalt der Vorrang vor der weltlichen gebühre. Sehr be=
zeichnend ist es, daß schon in der ersten Sammlung von
Decretalen Innocenz III, welche der Diakon Rainer von Pomposi
aus den ersten drei Regierungsjahren des Papstes fertigte²),
ein eigener Titel von diesem Vorrange handelt³). Die erste
der dort aufgenommenen Urkunden ist die im Consistorium von
Innocenz an die Gesandten Philipps von Schwaben ge=
haltene Anrede⁴), worin nachgewiesen wird⁵), daß das
Priesterthum dem Königthum vorgehe an Würde⁶) und an

---

¹) Ibid. CLXXVII. Illustri Regi Ottoni in Rom. Imperatorem electi.
— Nobis enim duobus regimen hujus saeculi principaliter est commissum:
qui si unanimes fuerimus et concordes in bono, profecto, sicut propheta
testatur, sol et luna in ordine suo stabunt, eruntque prava in directa et
aspera fient plana, cum nobis duobus, favente Domino, nihil obsistere vel
resistere possit, habentibus duos gladios, de quibus Apostoli dixerunt ad
Dominum: Ecce gladii duo hic, et de quibus Dominus respondit apostolis:
Satis est, quia nimirum pontificalis auctoritas et regalis potestas, ambae
videlicet in nobis supremae, quae per illos duos gladios designantur, plene
sibi sufficiunt ad suum officium feliciter exsequendum, si utraque pars per
reliquam fuerit potenter adjuta.

²) Prima collectio Decretalium Innocentii III, a Rainerio
diacono et monacho Pomposiano composita. Migne ibid. S. 1171 ff.

³) L. c. Titulus II. Quod sacerdotium majus sit regno.

⁴) cf. Registrum super neg. Rom. Imper. XVIII. Responsio
Domini Papae facta nuntiis Philippi in consistorio.

⁵) „Diese Antwort ist eine Urkunde, wie über diese Verhältnisse in
jener Zeit nicht bloß gedacht, sondern wie deren Begründung aus der
heiligen Schrift versucht wurde." Hurter, Geschichte Papst Innocenz III,
I. Band, III. Buch, S. 260.

⁶) L. c. Principibus datur potestas in terris, sacerdotibus autem potestas
tribuitur et in coelis: illis solummodo super corpora, istis etiam super
animas. Unde quanto dignior est anima corpore, tanto dignius est etiam
sacerdotium quam sit regnum. Petro legitur vas ostensum quatuor initiis
submissum de coelo, in quo continebantur omnia animantia volatilia, qua-
drupedia et reptilia, munda pariter et immunda, et dictum est ei: Macta
et manduca (Act X). Macta vitia et manduca virtutes; macta errorem et
manduca fidem, quasi evellas et destruas, aedifices et plantes. Quia singuli
proceres singulas habent provincias, et singuli reges singula regna; sed
Petrus, sicut plenitudine sic et latitudine praeeminet universis, quia vicarius
est illius, cujus est terra et plenitudo ejus, orbis terrarum et universi qui
habitant in eo.

Alter¹), und daß es, weil unmittelbar Anordnung Gottes, weit fester gegründet sei, als das Königthum²). Dann folgt in jener Sammlung Rainers der bekannte Brief an den Kaiser Alexius zu Constantinopel, welcher auch in das Decretalenrecht Gregors IX übergegangen ist³). Hier gebraucht Innocenz mit Nachdruck wiederum das schon von Gregor VII und Andern angewandte Bild von Sonne und Mond⁴), welche sich so zu einander verhalten, wie die geistliche zur weltlichen Macht geordnet sei. Der Papst setzt die Anerkennung hievon als so allgemein voraus, daß er es geradezu rügt, daß dem Fürsten die Wahrheit fremd geblieben, welche unter diesem Bilde verborgen sei⁵).

Man müßte in der That die Briefe und Decretalen von Innocenz III zu einer förmlichen Sammlung ausschreiben, wenn man alle Belegstellen häufen wollte, welche darthun, wie erhaben Innocenz III von dem Primate dachte, und wie sicher und klar

---

¹) L. c. Porro, sicut sacerdotium dignitate praecellit, sic et antiquitate praecedit.

²) L. c. Quid est hoc, quod schisma contra sacerdotium non praevaluit, sed succubuit, schisma vero motum contra regnum non succubuit sed praevaluit? Magnae rei magnum est sacramentum, et forsitan instantis temporis est parabola. Sed ne aliud intendere videamur, dicamus, quod ideo schisma contra sacerdotium, non praevaluit, quia sacerdotium institutum fuit per ordinationem divinam; schisma vero praevaluit contra regnum, quia regnum fuit extortum ad petitionem humanam.

³) c. Solitae 6. X de majoritate et obedientia. (I,33.)

⁴) Reg. Grog. VII, Lib. VII, ep. 25, Lib. VIII, ep. 21. Hergenröther, katholische Kirche und christlicher Staat. S. 376.

⁵) Praeterea nosse debueras, quod fecit Deus duo magna luminaria in firmamento coeli, luminare majus, ut praeesset dici, et luminare minus, ut praeesset nocti; utrumque magnum, sed alterum majus, quia nomine coeli designatur Ecclesia, juxta quod Veritas ait: Simile est regnum coelorum homini patri familias, qui summo mane conduxit operarios in vineam suam. Per diem vero spiritualis accipitur, et per noctem carnalis secundum propheticum testimonium: dies diei eructat verbum et nox nocti indicat scientiam. Ad firmamentum igitur coeli, hoc est universalis Ecclesiae, fecit Deus duo magna luminaria, id est, duas magnas instituit dignitates, quae sunt pontificalis auctoritas et regalis potestas. Sed illa quae praeest diebus, id est spiritualibus, major est; quae vero noctibus, id est carnalibus, minor, ut quanta est inter solem et lunam, tanta inter pontifices et reges differentia cognoscatur. Haec autem si prudenter attenderet imperatoria celsitudo etc.

er das richtige Verhältniß von Kirche und Staat auffaßte. Sind doch alle seine Entscheidungen, welche er in wichtigen Angelegenheiten der Christenheit gegeben hat, von dieser großartigen Auffassung und diesem hohen Bewußtsein getragen, wonach der Schluß gerechtfertigt erscheint, daß gerade die klare Ruhe und die ungetrübte Sicherheit, womit der große Papst jene Principien vertrat, nicht wenig dazu beitrug, ihm jene Herrschaft über die Geister, wie er sie unbestritten ausübte, zu verschaffen. Sein berühmter Biograph hat von seinem großartigen vielseitigen Wirken und thatkräftigen Schaffen ein lebensvolles Bild entworfen und gerade in Beziehung auf unsere Frage eine lichtvolle Erörterung gegeben [1]).

Ein aufmerksamer Blick in die Decretale Per venerabilem muß ebenfalls davon überzeugen, daß sich Innocenz über das Princip, welches er hier namentlich zu vertreten und zur Anwendung zu bringen hatte, vollständig Rechenschaft gab. Es ist der Satz, daß dem Oberhaupte der Kirche unter gewissen Bedingungen eine Gewalt auch im Zeitlichen zustehe [2]). Gleich die nächsten Worte [3]) beweisen, daß sich Innocenz der Tragweite seines Satzes vollkommen bewußt ist, und sich keiner Täuschung darüber hingibt, daß die hier in Anspruch genommene Gewalt des apostolischen Stuhles, so gut sie auch im Rechte begründet ist, Anstoß erregen und Gegner finden könne.

Fragen wir aber nach der rechtlichen Begründung dieser päpstlichen Zuständigkeit, so könnte man von Innocenz fast erwarten, daß er dieselbe einfach durch einen Schluß sicher stellte, welcher an Bündigkeit und Unwiderlegbarkeit nichts zu wünschen übrig ließe. Dem Papste standen offenbar zwei wichtige Grund-

---

[1]) Hurter, Geschichte Papst Innocenz III und seiner Zeitgenossen. III. Band, XXI. Buch, 2. Kapitel.

[2]) — quod non solum in Ecclesiae patrimonio, super quo plenam in temporalibus gerimus potestatem, sed etiam in aliis regionibus certis causis inspectis temporalem jurisdictionem casualiter exercemus. c. Per vener.

[3]) — non quod alieno juri praejudicare velimus, vel potestatem nobis indebitam usurpare, quum non ignoremus, Christum in Evangelio respondisse: Reddite quae sunt Caesaris, Caesari, et quae sunt Dei, Deo: propter quod postulatus, ut haereditatem divideret inter duos, quis, inquit, constituit me judicem super vos? c. Per vener.

sätze auf dem Gebiete des öffentlichen kanonischen Rechtes fest. Nicht er hatte sie erst aufzufinden, sondern sie gehören, wie wir noch sehen werden, der uralten Ueberlieferung der römischen Kirche an und gehen bis auf die Begründung der Kirche zurück. Innocenz III aber hatte, hier, wie sonst auf dem Gebiete des Kirchenrechts die von ihm rühmlich erfüllte Aufgabe, sie zum vollendeten Ausdruck zu bringen. Der eine Rechtssatz ist jener von der Scheidung der beiden in ihrem Bereich unabhängigen Gewalten, der andere jener von der Superiorität der Kirche. Stehen aber diese beiden Sätze fest, so ergibt sich, wenn man anders eine Ordnung und nicht Unordnung in dem Verhältnisse von Kirche und Staat will, mit Nothwendigkeit, daß in allen Fällen, wo die höhere Ordnung irgendwie berührt erscheint, die geistliche Gewalt den Ausschlag zu geben habe. In solcher Weise hätte jener Satz von der Jurisdiction in weltlichen Angelegenheiten begründet werden können. Allein Innocenz schlägt einen andern Weg ein, wobei es für den Augenblick den Anschein gewinnt, als ob von demselben nach einer Seite hin eine sehr gewichtige Beschränkung zugestanden werde. Denn er erklärt nicht nur, daß er dem Könige jene Gnade der Legitimation seiner Kinder, nachdem dieser sich der päpstlichen Jurisdiction unterworfen hatte [1]), auf dessen Bittgesuch gewährt habe [2]), sondern er beruft sich auch auf jene Bestimmung des mosaischen Gesetzes, wonach das israelitische Volk in schwierigen und zweifelhaften Fällen den Spruch des Hohenpriesters und seiner Priesterschaft erholen sollte [3]). Es hat also den Anschein, als ob die Zuständigkeit des apostolischen Stuhles in den bezeich-

---

[1]) Insuper, quum rex ipse superiorem in temporalibus minime recognoscat, sine juris alterius laesione in eo se jurisdictioni nostrae subjicere potuit et subjecit. c. Per ven.

[2]) Rationibus igitur his inducti regi gratiam fecimus requisiti. Ibid.

[3]) Si difficile et ambiguum apud te judicium esse perspexeris, inter sanguinem et sanguinem, causam et causam, lepram et non lepram, et judicium inter portas tuas verba videris variari: surge et ascende ad locum, quem elegerit Dominus Deus tuus, venies ad sacerdotes Levitici generis et ad judicem, qui fuerit illo tempore, quaeresque ab eis, qui indicabunt tibi judicii veritatem. Ibid.

neten Angelegenheiten nur auf Anrufen der Parteien begründet werde, und derselbe in solchen Fällen keine Initiative habe.

Aber die Sache liegt offenbar anders, und die angebliche Beschränkung beruht auf einem Scheinargumente. Innocenz thut hier, wie jeder umsichtige praktische Richter thun wird. Er bleibt in einer so schwierigen und weitgehenden Frage so viel als möglich bei dem Falle stehen, um dessen Entscheidung es sich gegenwärtig handelt. So erklärt er auch hier, daß er im fraglichen Falle auf Anrufen des französischen Fürsten entschieden habe; wo er, da es sich um eine Legitimation per rescriptum principis handelt, sich kaum in anderer Weise mit der Sache befassen konnte. Damit ist aber noch nicht gesagt, daß überhaupt die Competenz des apostolischen Stuhles in allen hierher gehörenden Fällen durch das Bittgesuch der betheiligten Parteien bedingt sei; da es von vorn herein klar ist, daß die obrigkeitliche Gewalt unter gewissen Voraussetzungen auch von Amtswegen einschreitet. Immerhin wird die Ausübung einer Jurisdiction dadurch erleichtert, daß die ihr Unterworfenen dieselbe freiwillig anerkennen; sowie der Richter den Parteien auch unter gewissen Umständen in das Gedächtniß rufen mag, daß sie es selber gewesen sind, welche seine Gerichtsbarkeit durch ihr Anrufen stillschweigend anerkannt haben. So konnte Innocenz es allerdings betonen, daß sich der König selber seiner Jurisdiction unterworfen und um die Gnade der Legitimation seiner Kinder nachgesucht habe. Aber der Papst ist sicherlich weit davon entfernt, seine Competenz, welche er, wie wir sofort erkennen, der Hauptsache nach ganz anders begründet, von dem vorhandenen Bittgesuche abhängig zu machen, und sich gleichsam wie ein Schiedsrichter wählen zu lassen, welchem die schiedsrichterlichen Befugnisse nicht an und für sich zustehen, sondern erst durch die freie Wahl der Parteien übertragen werden. Ebenso weist er, um den Rechtssatz zu veranschaulichen, und jenes große Princip der Competenz des apostolischen Stuhles gleichsam populär darzustellen, auf jenes mosaische Gesetz über die außerordentliche Berufung an den Hohenpriester hin, worin der Papst, wie wir bereits erwähnt haben, ganz gut ein Vorbild der richterlichen Ordnung in der Kirche erblicken konnte. Indem er aber das Vorbild auf die Kirche auslegt, und als den im neuen Bunde vom Herrn erwählten Ort den heiligen Stuhl zu Rom bezeichnet [1]), wo den Hohepriester ein nicht durch levitische Geburt erworbenes Priesterthum zunächst im Senate der römischen Kirche umgibt [2]), legt er den ganzen Nachdruck auf das oberste Richteramt des Nachfolgers Petri und Statthalters Christi. Die umfangreiche Competenz dieses päpstlichen Richteramtes begründet er aber nicht etwa durch das Anrufen und die Unterwerfung der Parteien unter dieses Tribunal des Stellvertreters des Richters über die Lebendigen und die Todten; sondern er beweist sie mit jenem Ausspruche des göttlichen Stifters der Kirche, worin dem Apostelfürsten und seinen Nachfolgern in der unzweideutigsten Weise die unbedingte Binde= und Lösegewalt auf Erden gegeben ist [3]).

Nichtsdestoweniger fährt Innocenz in seiner Decretale auf dem eingeschlagenen Wege fort, sich an jene Vorschrift des mosaischen Gesetzes anzulehnen, indem er die Worte des Deuteronommius interpretirt, wo von den verschiedenen Angelegenheiten die Rede ist, welche in solcher Weise vor das Forum der Priesterschaft des alten Bundes gezogen werden sollten [4]). Denn er kann damit die weite Ausdehnung jener Competenz andeuten, welche nach dem Wortlaute der Uebertragung der Binde= und Lösegewalt an Petrus unter gewissen Bedingungen das ganze Gebiet des positiven menschlichen Rechtes zu umfassen scheint [5]).

---

[1]) Locus enim, quem elegit dominus apostolica sedes esse cognoscitur sic quod eam Dominus in se ipso lapide angulari fundavit. c. Per ven.

[2]) Sunt autem sacerdotes Levitici generis fratres nostri, qui nobis jure Levitico in exsecutione sacerdotalis officii coadjutores exsistunt. c. Per ven.

[3]) Is vero super eos sacerdos sive judex exsistit, cui Dominus inquit in Petro: „Quodcunque ligaveris super terram, erit ligatum et in coelis, et quodcunque solveris super terram, erit solutum et in coelis" — ejus vicarius, qui est sacerdos in aeternum secundum ordinem Melchisedech, constitutus a Deo judex vivorum et mortuorum. c. Per ven.

[4]) Tria quippe distinguit judicia: primum inter sanguinem et sanguinem, per quod criminale intelligitur et civile, ultimum inter lepram et lepram, per quod ecclesiasticum et criminale notatur, medium inter causam et causam, quod ad utrumque refertur tam ecclesiasticum quam civile, in quibus quum aliquid fuerit difficile vel ambiguum, ad judicium est sedis apostolicae recurrendum. c. Per ven.

[5]) Stehe oben § 3, S. 25, Anm. 3.

Demnach kann es wohl keinem Zweifel unterliegen, daß Innocenz jene außerordentliche Competenz des Papstes auf weltlichem Gebiete als eine solche auffaßt, welche sich aus der göttlichen Institution des Primates ableitet, und keineswegs eine vom menschlichen Rechte übertragene ist: wenn es auch nicht in Abrede gestellt werden kann, daß die staatliche Anerkennung dieser in dem Primate ruhenden Gewalt die Ausübung derselben nicht nur erleichtert, sondern auch unter Umständen erst möglich macht. Nichts destoweniger ist aber die Quelle dieser Gewalt juris divini und nicht juris humani. Das ist auch die allgemeine Lehre der Kanonisten, wie wir späterhin darzulegen haben.

Es kann nicht auffallen, wenn wir erfahren, daß gerade die Decretale Per venerabilem, welche ja von den Kanonisten als eine sehr schwierige und dunkele bezeichnet wird [1]), dazu habe dienen müssen, eben die Gewalt in temporalibus, welche der Papst hier in Anspruch nimmt, in Abrede zu stellen. So wollte Wilhelm Barclay in seiner Schrift De potestate Papae aus dem hier von Innocenz III aufgestellten Satze, daß der König von Frankreich im Zeitlichen keinen Obern über sich anerkannte [2]), schließen, daß demnach von einer Unterwerfung des Königs unter den Papst in zeitlichen Angelegenheiten keine Rede sein könne. Aber schon Bellarmin hat in seiner Controversschrift gegen Barclay [3]) darauf aufmerksam gemacht, daß Innocenz in derselben Decretale auch von den Fürsten redet, welche außer dem römischen Papste keinen andern Menschen als Oberen anerkennen [4]), worunter er eben den König von Frankreich versteht. Der Papst gibt demgemäß zu, daß der König von Frankreich in weltlichen Angelegenheiten souverän sei. Aber etwas

---

[1]) Siehe oben S. 5, Anm. 4.

[2]) Insuper cum rex ipse superiorem in temporalibus minime recognoscat. c. Per ven.

[3]) De potestate Summi Pontificis in rebus temporalibus adversus Guilelmum Barclayum C. XII, 2.

[4]) Praesertim si praeter Romanum Pontificem inter homines superiorem alium non cognoscant, qui legitimandi habeat potestatem. c. Per ven. Vergl. die Decretale der Legitimation, oben S. 12 ff.

Anderes ist die geistliche Jurisdiction des Papstes, unter welcher der König steht¹) und welche, so ferne der übernatürliche Zweck der Kirche berührt wird, sich auch ausnahmsweise in gewissen Fällen in das Bereich der zeitlichen Angelegenheiten erstreckt²).

Später kam Petrus de Marca auf denselben Scheinbeweis aus der Decretale Per venerabilem zurück³). Aber man überzeugt sich leicht, daß seine Argumentation nur darauf ausgeht, vermittels eines Apparates von historischer Gelehrsamkeit zu

---

¹) Insuper, quum rex in spiritualibus nobis subjaceat. c. Per ven.

²) Bellarmin, l. c. „Quid, inquit (Barclayus), quod ipsi Pontifices fatentur Reges non habere superiores in temporalibus? Cap. Per venerabilem. Qui filii sint legitimi. Habent et non habent, simul vera esse nequeunt. Falsum est ergo Reges non habere superiorem in temporalibus, si alius possit jure iis temporalia auferre, alterique conferre." — Respondeo. Sententia Pontificis in eo capite est, Reges supremos esse Principes temporales, et ideo nullum habere supra se Principem temporalem, quemadmodum Duces, aliique Principes inferiores in eodem Regno superiorem in temporalibus Regem habent: sic enim loquitur Ecclesiastes cap. 5. Excelso excelsior est alius, et super hos quoque eminentiores sunt alii, et insuper universae terrae Rex imperat servienti, et S. Petrus in priore epistola cap. 2. Subjecti estote omni humanae creaturae propter Deum sive Regi quasi praecellenti, sive Ducibus tamquam ab eo missis. Idem igitur est Regem non habere superiorem in temporalibus et Regem non habere supra se alium Regem, sive Principem alium temporalem: alioqui non esset Rex supremus in ordine principatus temporalis, sive politici. Et ea forte ratio est, cur idem Innocentius in eodem cap. Per venerabilem paulo ante dixerit, nonnullos Principes nullum inter homines, excepto Romano Pontifice, superiorem agnoscere; addidit enim illam exceptionem, ut cum postea dixit, Regem Francorum nullum in temporalibus superiorem agnoscere, intelligamus, sermonem fuisse de superioribus temporalibus: non enim Rex agnoscit Romanum Pontificem Principem temporalem, sed agnoscit Romanum Pontificem Principem spiritualem, qui de temporalibus quoque in ordine ad spiritualia judicare potest. At, inquit Barclayus, „habent et non habent" simul vera esse nequeunt. Respondeo: „Habent, et non habent" de re eadem simul vera esse nequeunt: de re diversa nihil impedit, quominus vera esse possint. Habent coccineum pallium et non habent coccineum pallium, simul vera esse nequeunt: sed habet coccineum pallium, et non habet nigrum pallium vera simul esse queunt. Sic igitur: Habet Rex in temporalibus superiorem temporalem, et non habet in temporalibus superiorem temporalem vera esse nequeunt. Sed, habet Rex in temporalibus superiorem spiritualem, et non habet in temporalibus superiorem temporalem, verissima simul esse queunt et sunt.

³) De Concordia Sacerdotii et Imperii Lib. I. Cap. III.

blenden, während er den eigentlichen Beweis schuldig bleibt. Er gibt dabei dankenswerthe Aufschlüsse über die Lehensverhältnisse Wilhelms von Montpellier [1]), benützt sie aber hauptsächlich dazu, den Papst in der Decretale Per venerabilem absichtlicher Dunkelheit zu zeihen, um dem König von Frankreich gegenüber in Bezug auf die Lehensherrlichkeit des apostolischen Stuhles über die Grafschaft Melgueil nichts zu vergeben [2]).

Jeden unbefangen Prüfenden muß es befremden, mit welcher Leichtfertigkeit hier der Name eines Innocenz III verunglimpft wird, dessen unerschütterliche Gerechtigkeit seine Zeitgenossen, und wenn sie selbst seine Gegner waren, aner-

---

[1]) Gonzalez Tellez (Comm. perp. in Cap. Per ven. nota a.) folgt ihm theilweise. Seine Darstellung leidet aber gerade deßwegen an Unklarheit.

[2]) Certum quidem est, feudum Montipessuli beneficiario jure ad Ecclesiam Magalonensem pertinuisse, antequam comitatu Melgoriensi ab Innocentio III aucta fuisset. Quare caute loquitur Innocentius in dicto decretali, quum partem terrae ab Ecclesia Magalonensi Wilelmum possidere dicit, non tamen diserte feudum Montispessuli, a quo Wilelmus agnomentum trahebat. Fieri enim poterat, ut reliqui patrimonii pars in comitatu Melgoriensi sita esset, unde dominium deberetur Ecclesiæ Magalonensi. Deinde in altero loco Wilelmum alloquens, his verbis utitur: Tu autem aliis nosceris subjacere. Unde sine ipsorum forsan injuria, nisi praestarent assensum, nobis in hoc te subdere non posses. Pluralis illa locutio plures dominos significat, et alium præter Ecclesiam Magalonensem: cujus, utpote sibi et temporaliter et spiritualiter subditæ, tantam rationem non habuisset, quin superiori jure concessisset natalium restitutionem, nisi Regi Francorum, qui hoc loquendi genere insinuatur, injuriam fieri perspexisset. Mirabitur aliquis, cur tectum et suspiciosum dicendi genus usurpat Innocentius; præcipue quum repulsæ levius ferendæ occasionem Wilelmo præbuisset, si aperte excepisset de necessitate consensus Regis Francorum. Sed desinet mirari, si has ambages consulto ab eo quæsitas perpendat, ne videretur jus illud remisisse, quod Raimundus Comes Tolosanus comitatui Melgoriensi adjecerat, hominiis a Domino Montispessuli exactis, ut superius dixi: quæ tunc, quum præstabantur, jura Ecclesiæ Magolonensis intervertebant; sed post comitatus Melgoriensis investituram de jure Magolonensis Episcopi nihil deterebant, inter Regem et Pontificem recidente quæstione de superiori jure feudi Montispessulani. Ex eo autem suspicari licet, consulto ambiguis verbis usum et a jure Regis aperiendo abstinuisse, quod aliunde constet, ratione comitatus Melgoriensis Innocentium ad se trahere conatum cognitionem controversiæ, quæ de civitate Montispessuli mota est a Guilelmo nato ex Agnete pellice adversus Mariam filiam Mathildis. (Lib. 15. Reg. Inn. ep. 104.)

kennen mußten. Aber es bleibt charakteristisch für Petrus de Marca, welcher diese Beschuldigungen in solcher Weise aus der Luft greift, daß sie kaum einem oberflächlichen, um seine Argumente nicht verlegenen Advokaten verziehen werden könnte. Offenbar ist die Verdrehung und die Bemäntelung nicht auf Seite des Papstes, sondern des Petrus de Marca.

Das Gebäude der Conjecturen, welches von diesem aufgerichtet wird, bricht durch seine eigenen Angaben in sich zusammen. Raimund von Toulouse, welcher die Grafschaft von Melgueil vom apostolischen Stuhle zum Lehen trug, wurde nemlich erst im Jahre 1215 auf dem vierten Concil im Lateran wegen seiner Verwickelung in die Häresie der Albigenser aller seiner Herrschaften und Güter und auch dieses Lehens für verlustig erklärt. Dagegen ist die Decretale Per venerabilem bereits im Jahre 1202 erlassen. Die Andeutung des Petrus von Marca, als ob der Papst Grund gehabt habe, die Frage nach dem dominium directum der Krone Frankreichs wegen zu umgehen, da das Lehen der genannten Grafschaft an den päpstlichen Stuhl heimgefallen war und bereits wieder an das Bisthum von Magelone als Lehen vergabt gewesen, entbehrt demnach aller thatsächlichen Grundlage. Denn offenbar war zur Zeit der Entscheidung des Bittgesuches von Wilhelm von Montpellier, im Jahre 1202 Graf Raimund von Toulouse noch Lehensträger der Grafschaft von Melgueil.

Wenn ferner Petrus de Marca den Papst Innocenz des Versuches zeiht, sich bezüglich der Grafschaft Melgueil die Jurisdiction in einem Streite um den Besitz der Stadt Montpellier beizulegen[1]), und sich dabei auf jene, von uns bereits früher[2]) angeführte Decretale des Papstes bezieht: so ist auch hier die Sachlage entstellt. Nach den eigenen Angaben des Petrus de Marca ist hier vor allem von der Grafschaft Melgueil gar nicht die Rede. Sie befand sich zur Zeit jener Klage des unehelichen Sohnes unseres Wilhelm von Montpellier gegen die Königin Marie von Aragonien, die rechtmäßige Tochter

---

[1]) Siehe die vorige Anmerkung am Schlusse.
[2]) S. 8, Anm. 1.

desselben — im Jahre 1212 — noch immer wenn auch nur factisch, im Besitze Raimunds von Toulouse, des Beschützers der Albigenser. Es handelt sich vielmehr, wie wir oben [1]) schon berührt haben, um den Besitz der "Villa Montispessulani" und einer andern "terra". Die "Villa" war, wie Petrus de Marca darlegt, ein französisches Kronlehen, welches der Kirche von Magolona verliehen war; von ihr trugen es die Dynasten von Montpellier als Afterlehen. Die "terra" dagegen, bezüglich welcher Innocenz III dem apostolischen Stuhle die Jurisdiction beilegt, ist, wie wir ebenfalls bemerkt haben, wahrscheinlich jenes Lehen, dessen in der Decretale Per venerabilem Erwähnung geschieht. Als Oberlehnsherr zog Innocenz mit vollem Rechte die Streitfrage bezüglich dieser "terra" vor sein Gericht, obgleich mit ihr jene bezüglich der "villa" connex war, welche Sache vor den Lehenshof des Königs von Frankreich gehörte.

Endlich hätten die späteren Verhandlungen über die Grafschaft Melgueil zwischen Papst Clemens IV und Ludwig dem Heiligen, wie Petrus de Marca berichtet [2]), damit geendet, daß der Anspruch Frankreichs auf das dominium directum anerkannt worden sei. Die Sache verhält sich aber gleichfalls anders, indem im Gegentheile Ludwig der Heilige die Rechtmäßigkeit des päpstlichen Anspruchs anerkannte. Erst Philipp der Schöne brauchte auch hier Gewalt, und nahm die Grafschaft weg [3]). Wie dem aber auch sei, so ändert das an der Stellung Innocenz III in dieser Angelegenheit nicht das Geringste. Es ist vielmehr gar nicht abzusehen, was den Papst hätte hindern sollen, angesichts von Frankreich die Lehensherrlichkeit bezüglich jener Grafschaft für den römischen Stuhl in Anspruch zu nehmen, nachdem dieses Lehen während des Pontificates

---

[1]) S. 8, Anm. 1.

[2]) Controversia mota tempore S. Ludovici de comitatus illius proprietate Clemens IV litteris ad Regem datis (Not. ad lib. 15. Reg. Innoc. ep. 168 et 171) docet, ad Ecclesiam Romanam pervenisse videtur ea ratione quam recensui; sed jam tum causa sua cecidisse S. Ludovici decreto, quia suprema jura a Petro Melgorii Comite transscribi non potuerant in Romanum Pontificem sine consensu Regis. Petrus de Marca l. c.

[3]) Rainaldi Ann. Eccl. ad. ann. 1300.

Gregor VII der römischen Kirche, ohne Zweifel offenkundig und nicht ohne Mitwissen des französischen Königs, aufgetragen worden war¹) und demnach zu Zeiten Innocenz III schon über hundert Jahre in diesem Lehensverhältnisse sich befand²).

Halten wir uns einfach an den Wortlaut der Decretale, so steht die Thatsache fest, daß Wilhelm von Montpellier irgend eine Herrschaft von dem Bisthume von Magelone zu Lehen trug, bezüglich dessen das Bisthum hinwieder die Lehensherrlichkeit des apostolischen Stuhles anerkannte³). Daraufhin erklärte der Anwalt des Bittstellers, der Erzbischof von Arles, daß dieser als Aftervasall in der Lehensabhängigkeit vom heiligen Stuhle stehe⁴). Von der Grafschaft Melgueil kann es sich hier schlechterdings nicht handeln; denn es ist von einem Feudalgute die Rede, welches als Afterlehen von dem Bisthume Magelone abhing. Im Jahre 1202, wie wir bereits bemerkt haben, war aber Graf Raimund von Toulouse noch im Besitze jener Grafschaft und zwar als unmittelbarer Vasall des apostolischen Stuhles, wenn er auch einerseits dieses Lehensverhältniß früher vielleicht zu beseitigen beabsichtigte⁵), andererseits später in Folge des Kirchenbannes nur mehr im factischen

---

¹) Anno MLXXV hunc Comitatum Sustantionensem sive Melgorensem Petrus Comes Melgorii Gregorio VII et Sedi Apostoliæ tradidit in allodium: id est, in eam sedem dominium et proprietatem transscripsit ejus comitatus, quem statim beneficiario jure ab eadem sede Apostolica se possidere professus est sub conditione fidelitatis et unciæ auri titulo annui census persolvendæ. Petrus de Marca l. c.

²) Andere urkundliche Zeugnisse darüber in Reg. Inn. III. Lib. XI. 232. Lib. XV. S. 103 u. a. m.

³) — tu nobis et in spiritualibus et temporalibus es subjectus, quum partes terræ tuæ ab Ecclesia Magalonensi possideas, quam ipsa per sedem apostolicam temporaliter recognoscit. c. Per ven.

⁴) Quare Magalonensi Ecclesia mediante nobis idem Archiepiscopus asserebat te temporaliter subjacere. c. Per ven.

⁵) Abdicata a Raimundo, Albingensium fautore, possessione comitatus Melgoriensis una cum ceteris bonis, judicio Concilii Lateranensis, ejus utile dominium cum directo consolidatum est ita, ut proprietas ad sedem Apostolicam pervenerit, tum ratione damnationis in Raimundum latæ, tum ob cessationem diuturnam in canone solvendo. Petrus de Marca l. c.

Besitze war¹). Es ist also anzunehmen und eine solche An=
nahme hat durchaus nichts Unwahrscheinliches, daß die bischöf=
liche Kirche von Magelone schon damals irgend ein anderes
Gut vom apostolischen Stuhle zu Lehen trug, welches Wilhelm
von Montpellier als Afterlehen besaß.

Nichtsdestoweniger sind auch wir der Ansicht, daß unter
den „Andern", welchen nach der Decretale Wilhelm von Mont=
pellier unterworfen ist, auch der König von Frankreich und er
vor Allen und insbesondere gemeint ist²). Innocenz III spricht
offenbar so allgemein, weil ihm in der That nicht zugemuthet
werden kann, alle die Lehensverhältnisse des Edelmannes aus
Languedoc, welche theilweise sehr verwickelt und streitig sein
konnten, zu kennen. Vor allem aber darf nicht vergessen wer=
den, daß Wilhelm von Montpellier, abgesehen von allen Lehens=
verbindlichkeiten, in welchen er sich befinden konnte, Unterthan
des Königs von Frankreich war. Mochte das Verhältniß des
Unterthanen zum Landesherrn in jenen Zeiten des Mittelalters
durch das Lehenswesen noch so sehr beeinträchtigt und demge=
mäß die eigentliche königliche Gewalt geschwächt sein, das Ver=
hältniß des Unterthanen zum Fürsten des Landes als solchen
blieb immerhin bestehen³). Das römische Recht erkennt außerdem
nur dem souveränen Landesfürsten das Recht der Legitimation
natürlicher Kinder zu, und in gleicher Weise scheint es auch in
den germanischen Staaten mehr oder minder mit Anlehnung an
das römische Gesetz Rechtsbrauch geworden zu sein⁴). Wenn
also Innocenz von der Berücksichtigung der Rechte Dritter
spricht, welche er durch die Ausübung eines Hoheitsrechtes nicht
verletzen will, so muß er vor allem das Recht des Landesherrn
im Auge haben, dessen Unterthan der Edelmann aus Languedoc
ist. Dieser Souverän ist aber kein anderer als der König von
Frankreich.

---

1) Vergl. Reg. Innoc. III Lib. XIV. 35. Lib. XV. 102.
2) Tu autem nosceris aliis subjacere. c. Per ven.
3) Walter, deutsche Rechtsgeschichte 1. Bd. § 164. Der Unter=
thanenverband und das Vasallenwesen.
4) S. oben § 4.

Nach dem blendenden historischen Excurse berührt Petrus de Marca in der seichtesten Weise die eigentliche Hauptfrage der Decretale bezüglich der Begründung der päpstlichen Competenz. Er ignorirt dabei vollkommen die einstimmige Lehre der katholischen Schulen des Mittelalters bis herab auf Bellarmin. Nichtsdestoweniger gibt er aber hier zu, Innocenz stelle den Satz auf, daß der Papst in Berücksichtigung gewisser Verhältnisse eine Jurisdiction in zeitlichen Angelegenheiten gelegentlich ausübe [1]), wobei er einen dieser Fälle anführe [2]). Zugleich aber will Petrus de Marca diese päpstliche Befugniß durch die Bedingung beschränkt wissen, daß der Papst von den weltlichen Fürsten gegebenen Falles um Entscheidung angegangen werde [3]).

Wir haben bereits oben [4]) erörtert, daß es für einen Augenblick den Anschein habe, als ob Innocenz selber in Beziehung auf die päpstliche Competenz, welche uns hier beschäftigt, eine sehr gewichtige Beschränkung eintreten lasse, indem er erklärt, daß er auf das Anrufen des Königs hin zum fraglichen Gnadenacte der Legitimation geschritten sei, und jene Vorschrift des mosaischen Gesetzes als Vorbild aufstelle. Aber wir haben uns überzeugt, daß es ganz und gar unhaltbar erscheine, etwa von einer Art prorogirter Gerichtsbarkeit, wie es bei der Wahl eines Schiedsrichters der Fall ist, zu reden. Hier fügen wir noch weiter bei, daß dies um so weniger zulässig erscheint, als bei einem Acte der jurisdictio voluntaria, wie die fragliche Legitimation, von einem prorogirten Forum überhaupt

---

[1]) Ceterum omittenda non est Innocentii observatio: qui occasione ducta ex indulgentia, qua usus est erga liberos Regis Philippi ad ejus postulationem, docet: Romanum Pontificem non solum in Ecclesiae patrimonio, super quo plenam in temporalibus gerit potestatem, ut ejus verbis utar, sed etiam in aliis regionibus certis causis inspectis temporalem jurisdictionem casualiter exercere. Petr. de Marca l. c.

[2]) Unam autem ex causis illis explicat; scilicet, ut si quid difficile et ambiguum emerserit in negotiis ecclesiasticis, aut civilibus vel criminalibus ad Sedis Apostolici judicium sit recurrendum. Ibid.

[3]) Sed jus illud sedi Apostolicae vindicavit, si a Principibus ipsis de re ambigua et difficili consuleretur aut ejus auctoritas imploraretur: quemadmodum acciderat in causa Regis Philippi.

[4]) Siehe S. 48 ff.

keine Rede sein könne. Denn das prorogirte Forum beruht seiner rechtlichen Grundlage nach wesentlich auf einem freiwilligen Verzichte der Parteien bezüglich des eigentlich zuständigen Gerichtes. Sie sind zu diesem Verzichte befugt, weil sie überhaupt auch auf das Streitobject des Civilprocesses verzichten, oder sich darüber vergleichen können. Bei der jurisdictio voluntaria kann aber ein solcher Verzicht oder Vergleich nicht Statt haben; denn es fehlt das Object dazu. In ihr wird von Seite der Staatsgewalt eine Rechtshandlung ausgeübt, deren Vornahme der Unterthan nur von seiner und keiner andern Obrigkeit erbitten oder verlangen kann.

Bei dem oft berührten Falle der Legitimation der französischen Königskinder liegt vielmehr gerade in dem Umstande, daß dieser Gnadenact vom König Philipp August nachgesucht wurde, ein weiterer Beweis für die unabhängige päpstliche Competenz. Denn die vom König von Frankreich beim apostolischen Stuhle gestellte Bitte um Legitimation involvirt das Anerkenntniß der selbstständigen päpstlichen Gewalt in dieser Sache. Wäre der König von Frankreich nicht der Ueberzeugung gewesen, daß dem Papste wirklich die selbstständige Gewalt innewohne, jenen Act der Legitimation vorzunehmen, so würde er sich mit einem solchen Ansinnen nimmermehr an den päpstlichen Stuhl gewendet haben; und auch der Papst hätte sich schlechterdings auf einen solchen Gnadenact nicht einlassen können, wenn er in Beziehung auf die Rechtsfrage der Ansicht gewesen wäre, es finde von Seiten des Königs von Frankreich, indem er sich der Jurisdiction des Papstes unterwarf, eine Art von Prorogation des Forums statt. Oder was würde man dazu gesagt haben, wenn sich der König von Frankreich mit dem nämlichen Ansinnen etwa an den König von England gewendet und denselben gebeten hätte, die Legitimation seiner Kinder vorzunehmen? Man würde darin einen staatsrechtlichen Nonsens erblickt haben, indem der Souverän des einen Landes, ohne innern Widerspruch, dem Souverän des andern keine Hoheitsrechte in Bezug auf sein eigenes Territorium und seine Unterthanen zu übertragen vermag. Gerade also durch die Unterwerfung des Königs von Frankreich unter die Jurisdiction des Papstes in dieser Angelegenheit ist dieselbe in ihrer Selbstständigkeit und Unabhängigkeit anerkannt.

Innocenz sagt auch in der Decretale nicht ohne weiters, daß sich der französische Souverän der päpstlichen Gewalt unterwerfen konnte, sondern er fügt, was nicht zu übersehen ist, hinzu, daß er dieses ohne Schädigung der Rechte Dritter zu thun vermochte [1]). Dem Wilhelm von Montpellier aber hält er entgegen, daß er andern untergeben sei, und daher nicht ohne die Gewalt derselben zu beeinträchtigen, sich der päpstlichen Jurisdiction in dieser Sache unterwerfen könne: es müßte denn sein, daß jene dazu einwilligten [2]). Also nicht die Unterwerfung unter die päpstliche Jurisdiction an und für sich, sondern in Bezug auf die zu wahrenden Rechte Dritter zieht der Papst dieselbe hier in Erwägung.

Aus dem Gesagten geht hervor, daß es als ein mißglücktes Unternehmen zu bezeichnen ist, wenn man aus der Decretale Per venerabilem den Schluß ziehen will, vom Papste Innocenz selber werde hier zugegeben, daß die weltliche Souveränität unbedingt und ausnahmslos keinen höheren Richter über sich erkenne, und daß der Papst lediglich auf Anrufung des Fürsten, gleichsam in der Eigenschaft eines Schiedsrichters in weltlichen Angelegenheiten ein entscheidendes Wort zu sprechen habe.

§ 6.

Temporalia. Die casualiter vom Papst ausgeübte jurisdictio in temporalibus.

Um unsern Gegenstand allseitig zu beleuchten, dürfen wir nicht an der Frage vorübergehen, was denn eigentlich unter der jurisdictio temporalis zu verstehen sei, welche nach unserer

---

[1]) Insuper quum rex ipse superiorem in temporalibus minime recognoscat, sine juris alterius laesione in eo se jurisdictioni nostrae subjicere potuit et subjecit. c. Per ven.
[2]) Tu autem nosceris aliis subjacere. Unde sine ipsorum forsan injuria, nisi praestarent assensum, nobis in hoc subdere te non posses. Ibid.

Decretale vom Papste unter gewissen Voraussetzungen ausgeübt wird. Ebenso ist es erforderlich, genauer festzustellen, welcher Begriff mit dem Ausdrucke casualiter zu verbinden ist.

Es gibt Dinge, deren Erklärung auf den ersten Anblick keine Schwierigkeiten zeigen, da sie sich gleichsam von selbst zu verstehen scheinen; je schärfer man sie aber ins Auge faßt, desto schwieriger werden sie und bleiben zuletzt nicht selten ein verwickeltes Problem, oder führen wenigstens in tiefe principielle Erörterungen. Das Letztere scheint auch bei dem technischen Ausdrucke der „Temporalien" der Fall zu sein.

Wenn wir Innocenz III in seiner Decretale erklären hören, daß der Papst in gewissen Fällen auch eine Jurisdiction in zeitlichen Angelegenheiten ausübe, so dünkt uns bei den mannigfachen andern Fragen und Bedenken, welche sich hier aufwerfen, die Erklärung dieser Temporalien kaum mit einer Schwierigkeit verbunden. Wir wissen, daß diese Temporalia ihren Gegensatz in dem haben, was wir die Spiritualia nennen; und während wir in diesen alle jene Gegenstände erkennen, welche dem geistlichen oder kirchlichen Gebiete angehören, rechnen wir zu den Temporalien alles das, was in das Bereich der weltlichen, bürgerlichen und staatlichen Ordnung fällt. So allgemein betrachtet, bietet die Sache keine Schwierigkeiten; aber diese beginnen, wie wir nach den eigentlichen Grenzen der beiderseitigen Competenzen fragen, und es versuchen, eine klare, scharfe Trennung dessen, was des Staates, und dessen, was der Kirche ist, herzustellen. Hier wird es uns bald klar, daß die Grenzscheide nicht nur auf dem historischen, sondern auch auf dem speculativen Wege schwerer zu bestimmen ist, als man von vorn herein zu glauben versucht war. Dabei tauchen dann andere Fragen von Gewicht und nicht minder voller Schwierigkeiten auf, wie unter Andern jene nach dem Rechtsgrunde der kirchlichen Immunität, eine Frage, welche wir übrigens hier nicht weiter zu verfolgen haben.

Auf diese höheren Gesichtspunkte werden wir aber erst später, soweit es nöthig scheint, zu sprechen kommen. Hier handelt es sich für uns vorerst weder um die Frage, wie die Gebiete der Spiritualien und der Temporalien historisch geworden sind, noch, wie dieselbe sich rechtsphilosophisch begründen lassen, noch auch, wo genau die scharfe Scheidelinie zwischen beiden zu finden ist, sondern wir haben vorläufig nur die Frage zu beantworten, was der Gesetzgeber in der Decretale Per venerabilem unter den Temporalien versteht, über welche er für das Oberhaupt der Kirche eine casuelle Jurisdiction in Anspruch nimmt. Mit andern Worten stellt sich dann die Frage so: Was versteht das Decretalenrecht unter Temporalien und Spiritualien?

Ein Blick in die Quellen zeigt, daß auch hier nirgendwo eine eigentliche Definition dieser technischen Ausdrücke versucht wird. Es werden dieselben vielmehr als längst bekannte und verstandene in dem Decretalenrechte, wie nicht minder in dem Decrete Gratians vorausgesetzt.

Schon in jenem Worte des Herrn [1]) war der Unterschied der beiden Gewalten ausgesprochen, und die nachdrückliche Lehre der Apostel über den Gehorsam gegen die weltliche Obrigkeit befestigte nur diese christliche Wahrheit [2]); denn daß daneben der Gehorsam gegen die geistlichen Obern in gleicher Weise gefordert wurde, bezeugen die Schrift [3]) und die ältesten Denkmäler der Tradition [4]). Die Väter sprechen in der unzwei-

---

[1]) „Redite ergo, quæ sunt Cæsaris, Cæsari, et quæ sunt Dei, Deo." Math. XXII, 21.

[2]) I. Petr. II. 13 ff. Röm. XIII.

[3]) I. Thess. V. 12. Hebr. VIII. 17. Devoti, Jus can. univ. publ. et priv. Tom. I. Cap. IX. § 1.

[4]) Clem. P. ep. I. ad Corinth. num. 37. — κατανοήσωμεν τοὺς στρατευομένους τοῖς ἡγουμένοις ἡμῶν, πῶς εὐτάκτως, πῶς εὐείκτως, πῶς ὑποτεταγμένως ἐπιτελοῦσι, τὰ διατασσόμενα. Οὐ πάντες εἰσιν ἔπαρχοι, οὐδὲ χιλίαρχοι, οὐδὲ ἑκατόνταρχοι, οὐδὲ πεντηκόνταρχοι, οὐδὲ τὸ καθεξῆς· ἀλλ' ἕκαστος ἐν τῷ ἰδίῳ τάγματι τὰ ἐπιτασσόμενα ὑπὸ τοῦ βασιλέως καὶ τῶν ἡγουμένων ἐπιτελεῖ. Οἱ μεγάλοι δίχα τῶν μικρῶν οὐ δύνανται εἶναι, οὔτε οἱ μικροὶ δίχα τῶν μεγάλων· σύγκρασίς τίς ἐστιν ἐν πᾶσι, καὶ ἐν τούτοις χρῆσις. Λάβωμεν τὸ σῶμα ἡμῶν. ἡ κεφαλὴ δίχα τῶν ποδῶν οὐδέν ἐστιν, οὕτως οὐδὲ οἱ πόδες δίχα τῆς κεφαλῆς· τὰ δὲ ἐλάχιστα μέλη τοῦ σώματος ἡμῶν ἀναγκαῖα καὶ εὔχρηστά εἰσιν ὅλῳ τῷ σώματι· ἀλλὰ πάντα συμπνεῖ, καὶ ὑποταγῇ μιᾷ χρῆται εἰς τὸ σώζεσθαι ὅλον τὸ σῶμα. Σωζέσθω οὖν ἡμῶν ὅλον τὸ σῶμα ἐν

deutigſten Weiſe über dieſen Unterſchied, welcher nicht ſchärfer hervorgehoben werden kann, als es von Gregor von Nazianz geſchehen iſt [1]). Im chriſtlich gewordenen Staate erkennt ihn ſowohl der byzantiniſche Kaiſer [2]), als ſpäter die fränkiſche Geſetzgebung an [3]). Die Päpſte ſprechen ihn den Uebergriffen der weltlichen Fürſten gegenüber unerſchrocken aus [4]); im Bewußtſein der Kirche iſt er ganz klar feſtgehalten, und wird im Verlaufe der Zeiten als eine überlieferte Wahrheit erklärt [5]). Im Decrete Gratians aber und in den Decretalen ſelber, ſind es unter Andern ganze Diſtinctionen, Quäſtionen und Titel, welche uns die bereits längſt vollzogene Scheidung der Gebiete beider Gewalten [6]) und die anerkannte und feſtſtehende Abgrenzung

Χρίστῳ Ἰησοῦ, καὶ ὑποτασσέσθω ἕκαστος τῷ πλησίῳ αὐτοῦ, καθὼς καὶ ἐτέθη ἐν τῷ χαρίσματι αὐτοῦ. Ign. Mart. ep. ad Policarpum num. 6. ad Magnes. num. 2 et num. 6, ad Trallian. num. 2.

[1]) Orat. XVII. Καὶ ὁ τοῦ Χρίστου νόμος ὑποτίθησιν ὑμᾶς τῇ ἐμῇ δυναστείᾳ καὶ τῷ ἐμῷ βήματι· ἄρχομεν γὰρ καὶ αὐτοί· προσθήσω δ' ὅτι καὶ τὴν μείζονα καὶ τελειωτέραν ἀρχήν, ἢ δεῖ τὸ πνεῦμα ὑποχωρῆσαι τῇ σαρκὶ, καὶ τοῖς γηίνοις τὰ ἐπουράνια, δέξῃ τὴν παρρησίαν.

[2]) Just. Nov. VI. Praef. Maxima inter homines sunt dei dona a supera benignitate data, sacerdotium et imperium, quorum illud quidem divinis inservit, hoc vero humanas res regit earumque curam gerit, ac utrumque ab uno eodemque principio proficiscitur et humanam vitam exornat. Vergl. Nov. 42.

[3]) Cap. Franc. Lib. V. 319. Principaliter itaque totius sanctæ Dei Ecclesiæ corpus in duas eximias personas, in sacerdotalem videlicet et regalem, sicut a sanctis patribus traditum accepimus, divisum esse novimus etc.

[4]) Gregor II ad Leonem Is. οἶδας, βασιλεῦ, ὅτι τὰ δόγματα τῆς ἁγίας ἐκκλησίας οὐχὶ βασιλέων εἰσιν, ἀλλὰ τῶν ἀρχιερέων, καὶ ἀσφαλῶς θέλουσι δογματίζεσθαι. Διὰ τοῦτο οἱ ἀρχιερεῖς προσετάχθησαν εἰς τὰς ἐκκλησίας, ἀπέχοντες τῶν δημοσίων πραγμάτων, καὶ οἱ βασιλεῖς ὁμοίως ἀπέχεσθαι τῶν ἐκκλησιαστικῶν, καὶ ἔχεσθαι τῶν ἐγκεχειρισμένων αὐτοῖς.

[5]) Sicut a sanctis patribus traditum accepimus. Siehe die vorausgehende Anmerkung 3. Das Capitulare iſt dem Pariſer Concil vom Jahre 829 entnommen, wo die gleichlautenden Sätze (cap. 3) ſtehen. Vergl. Aachener Concil vom Jahre 836 im Eingang.

[6]) Dist. X. — Dist. LXIII. — Dist. LXXIX. Dist. XCVI. XCVII. Caus. XI. Quæst. 1 — Caus. XXII quæst. 5. — Causa XXIII quæst. 3. 4. 5. 8. — X de foro competenti (ll. 2). In VI. ib. — Conf. X de judiciis (ll. 1.) Hier beſonders die berühmte Decretale von Innocenz III. Novit. X de constitutionibus (l, 2) etc.

des einen gegenüber des andern klar machen¹). Aus dem ganzen Inhalte der Decretale Per venerabilem geht dasselbe hervor. Die Scheidung der Gebiete der geistlichen und weltlichen Jurisdiction kann nicht deutlicher und bestimmter hervorgehoben werden, als es hier geschieht²).

So fallen denn nach positivem Kirchen- und Staatsrechte des Mittelalters in das Gebiet der geistlichen Gewalt vorerst alle jene Verhältnisse und Angelegenheiten, welche die Religion an und für sich betreffen, das was die Kanonisten die causae mere spirituales nennen. Es ist dies die Glaubens- und Sittenlehre und die Cultushandlungen, sowie das ganze Bereich der hierarchischen Ordnung und ihrer Aemter. Hierher gehören demnach: alle Entscheidungen über die Glaubens- und Sittenlehre, die Verkündigung des Wortes Gottes, die gottesdienstlichen Verrichtungen, Spendung der Sacramente und Sacramentalien, sodann die ganze Gesetzgebung und Regierung und richterliche Gewalt der Kirche in allen diesen Beziehungen.

Als Gegenstände, welche eine wesentlich kirchliche Seite aufweisen und deßwegen zur Competenz der kirchlichen Jurisdiction gehören, werden vom kanonischen Rechte angesehen: Eidschwur und Rechtsgeschäfte, die durch den Eid bekräftigt sind³), Verlöbniß und Ehe, insoferne sie nicht schon unter die res merae spirituales gehören⁴), Patronat⁵), Begräbniß⁶) und

---

¹) C. 7. X. de appell. (II. 28). — „Denique, quod quæris, si a civili judice ante judicium vel post ad nostram audientiam fuerit appellatum, an hujusmodi appellatio teneat: tenet quidem in his, qui sunt nostræ temporali jurisdictioni subjecti, in aliis vero, etsi de consuetudine ecclesiæ teneat, secundum juris rigorem credimus non tenere." Cf. c. 3. X. de ord. cogn. (II. 10) c. 7. X. Qui filii sint legitimi (IV. 17).

²) — „non quod alieno juri præjudicare velimus, vel potestatem nobis indebitam usurpare, quum non ignoremus, Christum in evangelio respondisse: Reddite, quæ sunt Cæsaris, Cæsari et, quæ sunt Dei Deo; propter quod postulatus, ut hæreditatem divideret inter duos, quis, inquit, constituit me judicem super vos?" c. Per ven.

³) C. 3 de for. comp. in VI. (II. 2) c. 2 de jurejurando in VI. (II. 11).

⁴) c. 10 Caus. XXXV quæst. 6. Lib. IV. Decretalium Gregorii IX. Cf. Trid. sess. XXIV. can. 12. de Sacr. matrim.

⁵) c. 3. X. de judiciis (II. 1).

⁶) X. de sepulturis (III. 28).

Testament¹), sowie die kirchlichen Vermögensangelegenheiten betreffs der Kirchengüter, milde Stiftungen, Beneficien, Zehnten u. s. w.

In besonderer Weise, welche gerade für unsern Gegenstand höchst bedeutsam ist, wird dem kirchlichen Richter eine Zuständigkeit in gewissen Fällen beigelegt, wo der weltliche Richter die Rechtsprechung verzögert oder versagt²). Vom nemlichen Gesichtspunkte aus ist theilweise die Strafgesetzgebung³) des kanonischen Rechtes zu beurtheilen. Sie ergänzt die Lücken und verbessert die Mängel der weltlichen Gesetzgebung.

Außerdem hat aber nach kanonischem Rechte der Klerus hinsichtlich seiner persönlichen Rechte und Verpflichtungen in bürgerlichen Strafsachen den privilegirten Gerichtsstand vor dem geistlichen Richter⁴).

Wie sich demgemäß die Strafgesetzgebung und Strafgerichtsbarkeit ausgestattet hatte, davon gibt das fünfte Buch des Decretalenrechtes ein Bild.

Daß endlich die Schule als eine zur Kirche gehörige Anstalt zu betrachten sei, war ein unbestrittener Satz, welcher thatsächlich feststand, indem die Kirche den Unterricht allenthalben in der Hand hatte⁵). Das Decretalenrecht bezeugt dies namentlich in einem Titel, welcher im fünften Buche seinen Platz gefunden hat⁶). Dort ist auch die Vorschrift der dritten öcomenischen Lateransynode vom Jahre 1179 wiederholt, welche die Stellung der Schule zur Kirche prägnant bezeichnet⁷).

---

¹) X. De test. et ult. volunt. (III. 26).
²) c. 6. 10. 11. 15. X. de for. comp. (II. 2).
³) Lib. V. Decret.
⁴) c. 10. X. de const. (I, 2) c. 17. X. de jud. (II, 1) c. 12 de for. comp. (II, 2) c. 4. X. de judic. (II, 1). Ueber die causae fori mixti vergl. Schmalzgrueber Jus Eccl. Lib. II, Tit. I, Nr. 92.
⁵) Cf. c. 3. X. de vita et hon. cler. (III, 1).
⁶) Lib. V, Tit. V. De magistris et ne aliquid exigatur pro licentia docendi.
⁷) c. 1. ibid. — Ecclesia Dei et in his, quae spectant ad subsidium corporis et in iis, quae ad profectum proveniunt animarum, indigentibus sicut pia mater, providere tenetur, ne pauperibus, qui parentum opibus juvari non possunt, legendi et proficiendi opportunitas subtrahatur. Vergl. die interessante Dist. 37 im Decrete.

Das ist in allgemeinen Umrissen das Gebiet der jurisdictio spiritualis oder ecclesiastica. Alle übrigen Bereiche der politischen und socialen Rechtsordnung sind nach kanonischer Anschauung der weltlichen Gewalt unterworfen und gränzen sich als das Gebiet der jurisdictio temporalis ab. Daß die eigentlichen Grenzlinien zwischen beiden Gewalten im einzelnen Falle verschiebbar waren und auch verschoben wurden, beweist schon die Lehre von dem forum mixtum [1]) und liegt in der Natur der Sache. Nichtsdestoweniger war dem Principe nach die Grenzscheide klar gezogen und die mittelalterliche Praxis der geistlichen wie der weltlichen Gewalt war darüber einverstanden [2]).

Dies Gebiet der weltlichen Gewalt hat Innocenz III im Auge, wenn er ausspricht, daß der päpstliche Stuhl unter Anbetracht gewisser Umstände „casualiter" auch eine Jurisdiction in temporalibus ausübe.

Was aber ist unter diesem Ausdruck „casualiter" zu verstehen [3])?

Es scheint nothwendig zu sein, dieses Wort noch näher ins Auge zu fassen, um dessen Bedeutung, welche für unsere Aufgabe sehr wichtig erscheint, so klar als möglich zu stellen.

Ohne Zweifel bliebe es eine Unzulänglichkeit, wollte man den Ausdruck casualiter einfach mit „zufällig" wiedergeben. Freilich läßt das lateinische Wort diese Uebersetzung zu; sie wäre auch dem Sinne nicht gerade zuwider, aber sicherlich würde sie den Gedanken des Gesetzgebers nicht vollständig entsprechen. Der eigentliche Sinn läßt sich unschwer aus dem

---

1) Siehe S. 66 Anm. 4.
2) Vergl. über das Detail dieser Materie Reiffenstuel Jus Can. und Schmalzgrueber Jus Eccl. in den Titeln: De judiciis (II. 1) und de Foro competenti (II. 2). Devoti, Jus can. univ. publ. et priv. Tom. 1, Prolog. c. XII. De finibus ecclesiasticæ et civilis potestatis. Philipps, Kirchenrecht, 2. Band, §§ 110, 111.
3) Die Lesart casualiter ist die allgemeinere. Die Glosse und die Commentatoren haben sie. Baronius und Gonzalez Tellez lesen: carnaliter, offenbar in demselben Sinne. Causaliter, wie wir bei Migne lesen, ließe sich ebenfalls noch in gleichem Sinne deuten. Siehe oben S. 20, Anm. 4.

Wortlaute der Decretale selber feststellen. Dem Satze „temporalem jurisdictionem casualiter exercemus" steht offenbar der vorausgehende antithetisch gegenüber: „quod non solum in Ecclesiae patrimonie, super quo plenam in temporalibus gerimus potestatem". Im Kirchenstaate übt der Papst die volle, ununterbrochene weltliche Gewalt aus; außerhalb desselben steht ihm zwar auch in gewissem Sinne eine jurisdictio temporalis zu; aber es ist hier nicht die volle, ununterbrochen und regelmäßig ausgeübte Jurisdiction, sondern sie ist auf gewisse Fälle beschränkt, wird nur unter gewissen Voraussetzungen wirksam und bildet die Ausnahme. Diese naturgemäße Auffassung wird weiterhin bestätigt durch den von Innocenz gemachten Zusatz, daß die fragliche jurisdictionelle Competenz des römischen Stuhles nur in Anbetracht gewisser Umstände [1]) eintrete.

Der Ausdruck „casualiter" ist demgemäß etwa mit: „im einzelnen Falle" oder „eintretenden Falles" wiederzugeben. Das ergibt sich auch aus der kanonistischen Doctrin. Wenn auch der Papst, sagt die Glosse [2]), aus gewissen Gründen eine Jurisdiction bezüglich der Temporalien hat, so ist er demnach nicht judex ordinarius bezüglich derselben. Sie vergleicht deßhalb diese Jurisdiction mit jener des geistlichen Richters, welche demselben von dem kanonischen Rechte, namentlich wenn die s. g. personae miserabiles betheiligt sind, bei Verweigerung oder Verzögerung der weltlichen Justiz ausnahmsweise in bürgerlichen Rechtssachen beigelegt wird [3]). Und mit Recht findet die Glosse gerade darin, daß diese Competenz des Papstes nur eine Ausnahme bildet, einen Beweis für die Trennung der Gewalten [4]).

---

[1]) Certis causis inspectis. c. Per ven.

[2]) Glossa in h. c. — „Et licet ex certis causis non ideo (sc. papa) est ordinarius quoad temporalia, sed casualiter, ut dicit littera: supra de for. comp. c. licet. c. ex tenore et c. ex parte" (c. 10. 11. 15. X. II. 2).

[3]) Vergl. oben S. 66, Anm. 2. Schmalzgrueber, Jus eccl. univ. Lib. II. Tit. II. § 7. De foro privilegiato Laicorum. Reiffenstuel, Jus can. univ. Lib. II. Tit. II. § 7. De modo extraordinario sortiendi forum ex qualitate causarum.

[4]) Glossa eod loc. — „Et ita est hic argumentum de jurisdictione distincta."

Der Gedanke, daß in dieser Jurisdiction etwas Ergänzendes, Subsidäres liege, tritt an einer andern Stelle der Glosse hervor¹). In derselben Weise sprechen sich die Commentatoren aus, indem sie diese Competenz des Papstes als die Ausnahme von der Regel bezeichnen²).

So dürfte der Ausdruck „casualiter" hinlänglich erklärt, und dargethan sein, daß derselbe das bezeichne, was nicht regelmäßig geschieht, und nicht zur Competenz des ordentlichen Richters gehört, sondern die Ausnahme bildet und nur unter gewissen Vorbedingungen eintritt.

Uebrigens ist der fragliche Ausdruck der Decretale von Innocenz III lange vor der Glosse nnd den Commentatoren durch den h. Bernhard erklärt, wo er es in seiner Schrift an Papst Eugen III rügt, wenn die geistliche Gewalt anders als im **Incidenzfalle und aus dringenden Ursachen** sich mit weltlichen Angelegenheiten beschäftigt³). Man sieht auch hier wieder, daß das Princip im Bewußtsein der Kirche lebendig war, bevor die Schule die entsprechende Formel festgesetzt hatte.

---

¹) Glossa ad c. Novit, de judiciis (c. 13. X. II. 1). — „non ergo de temporali jurisdictione debet intromittere se Papa nisi in subsidium."

²) Ant. de Butrio Com. in c. Per ven. — non habet (papa) potestatem regulariter, sed solum certis causis inspectis, ut in casu nostro exercebat propter probabile dubium casus regis. — Panormitanus Comm. in c. Novit. (13. X. II. 1). „Sicut enim ipse Christus, qui non erat solitus hanc potestatem exercere, ipsam tamen exercuit in arduo facto et concernente decorem cultus divini, ut quum flagello facto de funiculis etc. ita et papa licet regulariter exercere non debeat, attamen instantibus negotiis arduis hoc potuit." Conf. App. Hostiensis in h. c. Nov. — Joann. Andr. ibid.

³) S. Bernh. De consid. Lib. I. c. 6. Quænam tibi major videtur et dignitas et potestas, dimittendi peccati, an prædia dividendi? Sed non est comparatio. Habent hæc infima et terrena judices suos, reges et principes terrae. Quid fines alios invaditis? Quid falcem vestram in alienam messem extenditis? Non quia indigni vos, sed quia indignum vobis talibus insistere, quippe potioribus occupatis. Denique ubi necessitas exigit, audi, quid censeat, non ego, sed Apostolus: Si enim in vobis judicabitur hic mundus, indigni estis, qui de minimis judicetis? (I. Cor. VI, 2). Sed aliud est incidenter excurrere in ista, causa quidem urgente, aliud ultro incumbere istis tamquam magnis dignisque tali et talium intentione rebus.

§ 7.

Die Decretale Novit und die Extravagante Unam Sanctam in ihrem Verhältniß zur Decretale Per venerabilem.

Zum klaren Verständnisse der Bedeutung und Tragweite der Decretale Per venerabilem erscheint es weiterhin unumgänglich, dieselbe nunmehr auch im Vergleich mit andern päpstlichen Erlassen des Decretalenrechtes zu setzen. Der Standpunkt des Gesetzgebers und die ratio legis müssen um so unzweideutiger zu erkennen sein, wenn uns Gelegenheit gegeben ist, zu vergleichen, wie jener denselben Grundgedanken von einer andern Seite betrachtet und beleuchtet und davon in der gesetzlichen Verfügung praktische Anwendung gemacht hat. Insbesondere aber wird uns eine solche Zusammenstellung und Vergleichung namentliche Dienste zur Beantwortung der Frage leisten, welches der eigentliche Umfang jener „jurisdictio temporalis" sei, wovon Innocenz III in der Decretale Per venerabilem spricht, und welche Schranken den Fällen gezogen werden müssen, wo dem Papste jene Jurisdiction „certis causis inspectis" „casualiter" zusteht.

Die päpstlichen Entscheidungen, welche hier vor allem in Betracht zu kommen haben, sind unzweifelhaft die berühmte Decretale Novit[1]) und die fast noch mehr bekannte, jedenfalls mehr angegriffene Extravagante Unam Sanctam[2]). Die erstere hat Innocenz III selber zum Urheber; die letztere ist ein Jahrhundert später von Bonifaz VIII erlassen.

Die Veranlassung zu der Decretale Novit ist folgende[3]): Zwischen Frankreich und England war damals auf's neue der alte Haber ausgebrochen, welcher seine Hauptquelle darin hatte, daß der britische König als Herzog von der Normandie und

---

1) c. 13. X. de judiciis (II, 1). Reg. Innoc. III. VII. 42.
2) c. 1. Extrav. commun. de maj. et obed. (I. 8).
3) Lingard, Englische Geschichte III. Phillipps, Englische Reichs- und Rechtsgeschichte, Bd. 1. Hurter, Gesch. Innocenz III, Bd. 1.

seit jüngster Zeit noch dazu als Graf von Anjou Lehensträger des französischen Königs war. Dem Letzteren dünkte natürlich der gekrönte Vasall zu gefährlich, und die fürstliche Eifersucht war fortwährend rege genug, um neuen Stoff zur Erbitterung und zu Kämpfen zu finden, welche zu kurzen, bald wieder gekündeten Frieden führten. So hatte jetzt König Philipp II von Frankreich seinen Lehensmann, den König Johann von England, vor sein Lehensgericht geladen, damit er sich wegen des Mordes seines Neffen Arthur rechtfertige, da ihn nicht nur das Gerücht dieses Verbrechens zieh, sondern auch die Mutter des Ermordeten Rache dafür gefordert hatte und jetzt der Adel der Bretagne als Ankläger gegen ihn auftrat. Der König von England erschien nicht, und der französische Pairshof sprach ihn des Bruches der Vasallentreue schuldig und seiner französischen Lehen verlustig. Der Papst erfuhr zu seinem Leidwesen von der ernsten Wendung der Dinge: denn den fortgesetzten blutigen Kämpfen zwischen zweien der mächtigsten christlichen Könige konnte der heilige Stuhl nur mit großer Betrübniß zusehen. Dazu kam, daß Jerusalem von dem christlichen Abendlande Hülfe erwartete, welche nicht geleistet zu werden vermochte, wenn sich die Streitkräfte der Christenheit im Bruderzwiste aufrieben. König Philipp war indessen schon in die Normandie eingefallen, und mit seinem siegreichen Heere lagerte er selbst den Winter über vor dem Schlüssel und Bollwerk der Normandie, dem wohlbefestigten Königsschlosse Gaillard bei Andelys.

Da langten die Legaten des Papstes in Frankreich an, und suchten zwischen den beiden Fürsten zu vermitteln. König Johann, welcher sich um Hülfe nach Rom gewendet hatte, wäre wohl dazu bereit gewesen; er hatte den König von Frankreich beim heiligen Stuhle wegen des Bruches eines beschworenen Friedens und des gewaltsamen Raubes seiner Länder diesseits des Meeres verklagt. Aber König Philipp wollte, im Bewußtsein seiner günstigen Lage, von Friedensvorschlägen nichts wissen. Auf einer Versammlung der Bischöfe und des Adels zu Nantes erklärte der König, unter dem Beifalle vieler seiner Großen, daß er wegen Lehen und Vasallen sich nicht verpflichtet halte, dem Papste Rede zu stehen, und was zwischen Königen strittig sei, gehe diesen nichts an.

Nichtsdestoweniger setzte Innocenz seine Mahnungen zum Frieden fort, und sprach zugleich dem Könige von Frankreich sein Befremden darüber aus, daß er der Machtvollkommenheit des apostolischen Stuhles eigenmächtig Schranken setzen wolle [1]). Auf der andern Seite wies er dem Könige von England nach, daß auch er nicht frei von Schuld sei, so daß sein Gegner die Schuld des Zwistes auf ihn zu schieben vermöge [2]).

"Hier wieder tritt Innocenz auf — sagt sein berühmter Geschichtsschreiber — als der Schirmer des Friedens. Die Sprache, die er mit beiden Königen redet, ist der feste Ausdruck eines sichern Bewußtseins der Verpflichtung. Ob es dem Papste zugestanden habe, auf solche Weise in die Angelegenheiten der Könige sich zu mischen, ist eine Frage, deren Beantwortung von dem Begriffe abhängt, den sich Jeder von der Weise und von den Grenzen des Einflusses eines allumfassenden Gottesreiches auf Erden macht. Wer dürfte leugnen, daß mit einem rein moralischen Einflusse [3]) auf die Angelegenheiten der Staaten den Völkern besser gedient sein möchte, als mit Conferenzen, Congressen und Notenwechsel, die meistens nur der Tummelplatz der feinsten Geistesgewandtheit sind, welche der sittlichen Elemente entbehren zu können glaubt. Innocenz spricht hier als Derjenige, welcher über den Parteien schwebt, und hebt bei jedem solche Beweggründe hervor, die ihm den Werth oder die Nothwendigkeit des Friedens am hellsten hätten in's Licht setzen können. Man hat ihm den Vorwurf gemacht, er

---

[1]) Reg. Inn. Lib. VI. 163. Nos igitur, responsionis hujusmodi tenore plenius intellecto, mirati sumus, non modicum et turbati, quod consilium iniisse videris, et concinnasse responsum contra Sedis Apostolicae potestatem, tamquam jurisdictionem ejus velis aut valeas coarctare, quam non homo, sed Deus, imo verius Deus-Homo in spiritualibus usque adeo dilatavit, ut nequeat amplius ampliari, cum adjectionem non recipiat plenitudo.

[2]) Ibid. Lib. VI. 164—167.

[3]) Wir haben kaum nöthig, zu bemerken, daß wir mit dieser Auffassung nicht einverstanden sind. Gerade in der Decretale Novit tritt Innocenz unverkennbar nicht als der mahnende Rathgeber, sondern als der zuständige Richter auf.

habe Arthurs Mörder wider Philipp in Schutz genommen. Es ist dies eines jener Urtheile, die weniger auf Thatsachen der Vergangenheit begründet werden, als aus den Meinungen der Jetztwelt hervorgehen. Nur das Gerücht bezeichnete Johann als Arthurs Mörder; um über die Klage, welche die Barone der Bretagne erhoben hatten, Rede zu stehen, ließ ihn Philipp vor seinen Hoftag laden und fiel, als er nicht erschien, in sein Land. Aber früher schon hatte Johann bei dem Papste über Philipps Feindseligkeiten sich beschwert. Innocenz lag alles daran, zwischen zwei Fürsten, deren Macht zur Befreiung des heiligen Landes so vieles hätte beitragen können, Friede herzustellen. Die Nothwendigkeit desselben, seine Pflicht, den Gräueln des Krieges Einhalt zu thun, hebt er in beiden Schreiben hervor, und mochte er auch dafür halten, Philipp sei die größere Schuld, und darum in ihn ernstlicher dringen, so verhehlte er auch Johann nicht, daß er seines Gegners Recht unterstützen werde, wo dasselbe hervortrete. Parteilos, wie ihm die Sachen sich darstellten, waltet er über den Hader der Könige, einzig bemüht, denselben zu dämpfen, von denjenigen, welchen er Verderben bringen konnte, ihn abzuwälzen" [1]).

So kam das Jahr 1204, wo König Philipp mit frischen Streitkräften den Krieg gegen England fortsetzte, ohne sich um die väterlichen Mahnungen des Statthalters Christi zu kümmern. Da erließ Innocenz an die französischen Prälaten jenes Schreiben, welches als das Capitel Novit seinen Platz in dem zweiten Buche der Decretalensammlung Gregor's IX gefunden hat.

Innocenz beginnt mit der Betheuerung seiner aufrichtigen Liebe, welche er für König Philipp und für Frankreich hege, ein Land, dessen Bedeutung für die Kirche er erkennt [2]). Es

---

[1]) Hurter, Geschichte Papst Innocenz III, 1. Band, VII. Buch.

[2]) Novit ille, qui nihil ignorat, qui scrutator est cordium ac conscius secretorum, quod clarissimum in Christo filium nostrum Philippum regem Francorum illustrem de corde puro et conscientia bona et fide non ficta diligimus, et ad honorem ac profectum et incrementum ipsius efficaciter aspiramus, exaltationem regni Francorum sublimationem sedis apostolicae reputantes, quum hoc regnum benedictum a Deo semper in ipsius devotione permanserit, et ab ejus devotione nullo, sicut credimus, tempore sit di-

könne demnach nicht im entferntesten in der Absicht des Papstes liegen, zumal bei der Ueberlastung mit den ihm obliegenden Geschäften, in das Bereich der königlichen Gewalt störend einzugreifen, so wenig der König die geistliche Gewalt des Papstes beeinträchtigen wolle und dürfe [1]). Aber der König von England habe gegen den König von Frankreich den Weg der kanonischen Denunciation beschritten, die Klage gegen denselben bei dem apostolischen Stuhle nach der evangelischen Vorschrift erhoben und sich zum Beweise erboten, daß Philipp August sich an ihm versündigt habe: es sei daher unmöglich, daß der oberste Richter der gesammten Christenheit nicht nach Vorschrift des göttlichen Gesetzes verfahre und gegen den König von Frankreich vorangehe [2]). Denn wir beabsichtigen nicht, — fährt der Papst fort — „über eine Lehensfrage ein Urtheil zu fällen, was Sache des Königs bleibt, sondern wir wollen über die Sünde richten, was unbestreitbar unseres Amtes ist gegenüber Jedermann" [3]).

---

cessurum; quia licet interdum hinc inde fiant immissiones per angelos malos, nos tamen, qui satanae non ignoramus astutias, circumventiones ipsius studebimus evitare, credentes, quod idem rex illius seduci fallaciis non se permittet. c. Novit (pars dec.)

[1]) Non ergo putet aliquis, quod jurisdictionem aut potestatem illustris regis Francorum perturbare aut minuere intendamus, quum ipse jurisdictionem et potestatem nostram nec velit nec debeat etiam impedire, quumque jurisdictionem propriam non sufficiamus explere, cur alienam usurpare vellemus? Ibid.

[2]) Sed quum Dominus dicat in evangelio: „Si peccaverit in te frater tuus, vade et corripe eum inter te et ipsum solum. Si te audierit, lucratus eris fratrem tuum; si te autem non audierit, adhibe tecum adhuc unum vel duos, ut in ore duorum vel trium testium stet omne verbum. Quod si non audierit eos, dic ecclesiae; si autem ecclesiam non audierit, sit tibi sicut ethnicus et publicanus." — et rex Angliae, sicut asserit, sit paratus sufficienter ostendere, quod rex Francorum peccat in ipsum, et ipse circa eum in correctione processit secundum regulam evangelicam, et tandem, quia nullo modo profecit, dixit ecclesiae: quomodo nos, qui sumus ad regimen universalis Ecclesiae superna dispositione vocati, mandatum divinum possumus non exaudire, ut non procedamus secundum formam ipsius, nisi forsitan ipse coram nobis vel legato nostro sufficientem in contrarium rationem ostendat. Ibid.

[3]) Non enim intendimus judicare de feudo, cujus ad ipsum spectat

Dann weist der Papst den König auf das kaiserliche Beispiel hin, welches Valentinian, Theodosius der Große und Karl der Große bezüglich ihrer Ehrfurcht vor der richterlichen Thätigkeit der Kirche gegeben [1]); aber nichtsdestoweniger stützt er sich, um die Rechtmäßigkeit seines Verfahrens zu begründen, nicht auf menschliche Gesetze, sondern auf das göttliche Gesetz, welches ihn unbestrittener Maßen bezüglich schwerer Verletzung des christlichen Sittengesetzes zum Richter jedes Christen bestellt hat [2]) und zwar zur Rüge sowohl [3]) als auch zur wirklichen Bestrafung [4]). Der Einwand, daß die hohe Stelle der Fürsten

judicium, nisi forte juri communi per speciale privilegium vel contrariam consuetudinem aliquid sit detractum, sed decernere de peccato, cujus ad nos pertinet sine dubitatione censura, quam in quemlibet exercere possumus et debemus. Ibid.

[1]) Non igitur injuriosum sibi debet regia dignitas reputare, si super hoc apostolico judicio se committat, quum Valentinianus, inclytus imperator suffraganeis Mediolanensis ecclesiae dixisse legatur: „Talem in pontificali sede constituere procuretis, cui et nos, qui gubernamus imperium, sincere nostra capita submittamus, et ejus monita, quum tamquam homines deliquerimus, suscipiamus necessario velut medicamenta curantis" (c. 3. Dist. LXIII). Nec sic illud humillimum omittamus, quod Theodosius statuit imperator, et Carolus innovavit (c. 35. 37. Caus. XI. qu. 1), de cujus genere rex ipse noscitur descendisse: „Quicunque videlicet litem habens, sive petitor fuerit sive reus, sive in initio litis vel decursis temporis curriculis, sive quum negotium peroretur, sive quum jam coeperit promi sententia, si judicium elegerit sacrosanctae sedis antistitis, illico sine aliqua dubitatione, etiamsi pars alia refragetur, ad episcoporum judicium cum sermone litigantium dirigatur. Ibid.

[2]) Quum enim non humanae constitutioni, sed divinae legi potius innitamur, quia potestas nostra non est ex homine sed ex Deo: nullus, qui sit sanae mentis, ignorat, quin ad officium nostrum spectet de quocunque mortali peccato corripere quemlibet Christianum, et, si correctionem contempserit, ipsum per districtionem ecclesiasticam coercere. Ibid.

[3]) Quod enim debeamus corripere ac possimus, ex utraque patet pagina testamenti, quum clamet Dominus per Prophetam: „Clama, ne cesses, quasi tuba exaltes vocem tuam, et annuncia populo meo scelera eorum" — et subjungat ibidem: „Nisi annunciaveris impio impietatem suam, ipse in iniquitate, quam operatus est, morietur; sanguinem autem ejus de manu tua requiram." Apostolus quoque nos monet corripere inquietos, et alibi dicit idem: „Argue, obsecra, increpa in omni patientia et doctrina." Ibid. (pars dec.)

[4]) Quod autem possimus et debeamus etiam coercere, patet ex eo, quod inquit Dominus ad Prophetam, qui fuit de sacerdotibus Anathoth: „Ecce constitui te super gentes et reges, ut evellas et destruas, et dissipes, et

eine Ausnahme zu begründen scheine, weist Innocenz mit Hindeutung auf die Schrift kurz ab ¹). Dagegen verbreitet er sich nachdrücklich darüber, daß es den Frieden zwischen christlichen Nationen gelte, was ganz insbesondere seine Einschreitung rechtfertige ²). Auch habe ja der König von Frankreich selber früher in einem ähnlichen Falle — es war in den Kämpfen mit Richard Löwenherz ³) — die Vermittlung des apostolischen Stuhles angerufen ⁴). Endlich aber weist der Papst darauf

---

aedifices, et plantes." Constat vero, quod evellendum, destruendum et dissipandum est omne mortale peccatum. Praeterea quum Dominus claves regni coelorum S. Petro tradidit, dixit ei: „Quodcunque ligaveris super terram, erit ligatum et in coelis, et quodcunque solveris super terram, erit solutum et in coelis." Verum nullus dubitat, quin omnis mortaliter peccans apud Deum sit ligatus. Ut ergo Petrus divinum judicium imitetur, ligare debet in terris, quos ligatos esse constat in coelis. Ibid. (pars dec.).

¹) Sed forsan dicetur, quod aliter cum regibus, et aliter cum aliis est agendum. Ceterum scriptum novimus in lege divina: „Ita magnum judicabis, ut parvum, nec erit apud te acceptio personarum (ibid.), quam S. Jacobus intervenire testatur," si dixeris ei, qui indutus est veste praeclara, tu sede hic bene; pauperi autem, tu sta illic, aut sede sub scabello pedem meorum. Ibid. (pars dec.)

²) Licet autem hoc modo procedere valeamus super quolibet criminali peccato, ut peccatorem revocemus a vitio ad virtutem, ab errore ad veritatem, praecipue tamen, quum contra pacem peccatur, quae est vinculum caritatis (Ibidem), de qua Christus specialiter praecepit Apostolis: „In quamcunque domum intraveritis, primum dicite: Pax huic domui, et si fuerit ibi filius pacis, requiescet super illum pax vestra. Quicunque autem non receperint vos, nec audierint sermones vestros, exeuntes foras excutite, pulverem de pedibus vestris in testimonium illis." Quid enim est a talibus exire foras Apostolos, nisi communionem eis apostolicam denegare? Quid est excutere pulverem de pedibus suis nisi, districtionem ecclesiasticam exercere? Hic est etenim pulvis ille, qui Moyse cinerem de camino spargente fuit ad plagam ulceris super omnem terram Aegypti. Quam gravis autem districtionis sententia in ultimo sint examine feriendi, qui non recipiunt pacis nuntios, nec audiunt sermones eorum, per se ipsa veritas ostendit, non simpliciter, sed cum quadam affirmatione proponens: Amen dico vobis, tolerabilius erit terrae Sodomorum et Gomorheorum in die judicii, quam illi civitati," in civitate cives intelligens a quibus non excepit ipsos reges. (Pars dec.)

³) Hurter, a. a. O., II. B.

⁴) Porro quum secundum legitimas sanctiones quod quisque juris in alterum statuit, alius eo uti valeat contra illum, et sapiens protestetur: „Patere legem, quam ipse tuleris," et rex ipse Francorum contra clarae memoriae R. quondam Anglorum regem, qui, ut salva ipsius regis pace

hin, daß der vor der Zeit gebrochene Waffenstillstand von beiden Fürsten mit einem Eid bekräftigt worden und daher die Zuständigkeit des geistlichen Richters nach kanonischem Rechte über allen Zweifel erhaben sei[1]). Um also nicht, so schließt Innocenz die Decretale, den Schein auf sich zu laden, als ob der Papst die so schädliche Zwietracht zwischen Fürsten hege, indem er sie ignorire und als ob ihn der blutige Gräuel des Krieges, unter welchem die Kirche und das christliche Volk leide, nicht kümmere, habe er seinem Legaten gemessenen Befehl ertheilt, den Streit zum Austrag zu bringen, und ermahne die französischen Prälaten insgesammt, dessen Ausspruch willfährig Gehorsam zu leisten[2]).

Was uns nun bei der Vergleichung der Decretale Novit und jener Per venerabilem vor allem in die Augen springen muß, ist unbestreitbar die innere Aehnlichkeit, welche beide Ur-

---

loquamur, quia non ad confusionem ejus, sed ad excusationem nostram hoc dicimus, non eo erat deterioris conditionis, in bello fuit officio et beneficio nostro usus, quomodo, quod pro se adversus illum admisit, contra se pro alio non admittet? Numquid apud nos debet esse pondus et pondus, mensura et mensura, quorum utrumque est abominabile apud Deum? Ibid. (pars dec.)

[1]) Postremo quum inter reges ipsos reformata fuerint pacis foedera, et utrinque praestito proprio juramento firmata, quae tamen usque ad tempus praetaxatum servata non fuerint, numquid non poterimus de juramenti religione cognoscere, quod ad judicium ecclesiasticum non est dubium pertinere, ut rupta pacis foedera reformentur? Ibid.

[2]) Ne ergo tantam discordiam videamur sub dissimulatione fovere, dissimulare religiosorum locorum excidium et stragem negligere populi Christiani, dilecto filio Abbati Casemarii praedicto legato dedimus in praeceptis, ut, nisi rex ipse vel solidam pacem cum praedicto rege reformet, vel trougas ineat competentes, vel saltem humiliter patiatur, ut idem Abbas et venerabilis frater noster Archiepiscopus Bituricensis de plano cognoscant, utrum justa sit quaerimonia, quam contra eum proponit coram Ecclesia rex Anglorum, vel ejus exceptio sit legitima, quam contra eum per suas nobis literas duxit exprimendas, juxta formam sibi datam a nobis procedere non omittat. (Ibid.) Ideoque universitati vestrae per haec Apostolica scripta et in virtute obedientiae districte praecipimus, quatenus, postquam idem Abbas super hoc mandatum fuerit Apostolicum executus, sententiam ejus, immo nostram verius, recipiatis humiliter et vos ipsi servetis et faciatis ab aliis observari: scituri, quo si secus egeritis, inobedientiam vestram graviter puniemus. (P. d.)

kunden in Bezug auf Disposition und Aufbau der Gedanken haben. Die Klarheit und Durchsichtigkeit der Darstellungen überrascht hier wie dort; aber hier scheint die Meisterschaft in dem Ausdrucke fast noch glänzender, wahrscheinlich weil der Gegenstand an und für sich großartiger ist, und dennoch einfacher liegt. Dort handelt es sich um die Legitimation der natürlichen Kinder eines Edelmannes, der sich auf die Gnade berufen zu können glaubt, welche von Seite des römischen Stuhles den Kindern Agnesens von Meran zu Theil geworden war; hier ist ein heftiger Kampf zwischen zwei christlichen Nationen entbrannt, und der Papst will sein erhabenes Amt als Friedensstifter ausüben. Dort machten noch nicht zur vollkommenen Lösung gelangte Controversen des Rechtes die Sache schwierig und verwickelten sie, so daß die eigentliche Principienfrage gleichsam in den Hintergrund geschoben wird; hier kann Innocenz die Competenz seines höchsten Richteramtes einfacher begründen, da nichts Nebensächliches in den Weg tritt.

Auch das weist auf die Verwandtschaft der beiden Decretalen hin, daß in beiden ein großes Princip mittels der entsprechenden Beweise behauptet wird; aber da wie dort verschmäht es der Gesetzgeber und Richter nicht, auch die entfernter liegenden, zufälligen Argumente herbeizuziehen. Es ist ihm offenbar in beiden Fällen weniger darum zu thun, sich in eine speculative Begründung des in Frage stehenden Rechtssatzes einzulassen; er steht vielmehr, wie wir bereits bemerkt haben, auf dem Standpunkte des praktischen Juristen, welcher das principielle Hauptargument gehörig betont, aber deßwegen die adminiculirenden Argumente des besondern Falles nicht verschmäht. In der Decretale Novit liegt der Schwerpunkt der Argumentation, ganz wie in der Decretale Per venerabilem, in dem Autoritätsbeweise aus der heiligen Schrift; die Aehnlichkeit des Gedankenganges ist dabei unverkennbar. In dem Schreiben, welches hier an die französischen Prälaten ergeht [1]),

---

[1]) Quum enim non humanae constitutioni, sed divinae legi potius innitamur, quia potestas nostra non est ex homine, sed ex Deo: nullus, qui sit sanae mentis, ignorat, quin ad officium nostrum spectet de quocunque

wie in jener Abweisung des Bittgesuches Wilhelms von Montpellier¹) wird die Competenz des apostolischen Stuhles mit klaren Worten auf das positive göttliche Recht zurückgeführt; da wie dort wird zuletzt und hauptsächlich die dem hl. Petrus und seinen Nachfolgern übertragene Schlüsselgewalt, als das eigentliche unumstößliche Fundament jener vom Papste in Anspruch genommenen Gewalt bezeichnet, und in der ausdruckvollsten Weise dieses Schriftwort commentirt²). Aber so wenig, als in der früheren Decretale, wie wir oben bei der Erörterung des Capitels Per venerabilem erörtert haben, hält es hier in dem apostolischen Schreiben an den Klerus Frankreichs der Papst für überflüssig, auf die andern Argumente einzugehen, welche, wie in jenem Falle, so auch hier, nur dazu beitragen können, die Sache von allen Seiten zu beleuchten, und in das rechte Licht zu setzen. Er bezieht sich auf das Beispiel großer, christlicher Fürsten; er weist darauf hin, daß es sich um eine höchst wichtige Angelegenheit, um den Frieden zwischen zwei Nationen handle; er erinnert den König von Frankreich daran, daß er selbst in einem früheren Falle, wie jetzt der

---

mortali peccato corripere quemlibet christianum, et si correctionem contempserit, ipsum per districtionem ecclesiasticam coercere. c. Novit.

¹) Rationibus igitur his inducti regi gratiam fecimus requisiti, causam tam ex veteri quam ex novo testamento trahentes, quod non solum in Ecclesiae patrimonio, super quo plenam in temporalibus gerimus potestatem, verum etiam in aliis regionibus certis causis inspectis, temporalem jurisdictionem casualiter exercemus non quod alieno juri praejudicare velimus, vel potestatem nobis indebitam usurpare, quum non ignoremus, Christum in Evangelio respondisse: „Reddite quae sunt Caesaris Caesari, et quae sunt Dei Deo. c. Per ven.

²) Cap. Per vener. Is vero super eos sacerdos sive judex exsistit, cui Dominus inquit in Petro: Quodcunque ligaveris super terram, erit ligatum et in coelis, et quodcunque solveris super terram, erit solutum et in coelis — ejus vicarius, qui est sacerdos in aeternum secundum ordinem Melchisedech, constitutus a Deo judex vivorum et mortuorum. — Cap. Novit. Praeterea, quum Dominus claves regni coelorum beato Petro tradidit, dixit ei: Quodcunque ligaveris super terram, erit ligatum et in coelis, et quodcunque solveris super terram, erit solutum et in coelis. Verum nullus dubitat, quin omnis mortaliter peccans apud Deum sit ligatus. Ut ergo Petrus judicium divinum imitetur, ligare debet in terris, quos ligatos esse constat in coelis. c. Novit.

König von England, seine Zuflucht zu dem apostolischen Stuhle genommen und dessen Entscheidung veranlaßt habe; er macht zuletzt noch darauf aufmerksam, daß die eidliche Bekräftigung eines zwischen den beiden Königen abgeschlossenen Waffenstillstandes dazwischen liege, wodurch die Competenz des geistlichen Richters anerkannter Maßen begründet sei.

Aber dieses Herbeiziehen der zufälligen Argumente macht in beiden Decretalen keineswegs den Eindruck, als sei der Rechtsprechende in der Hauptsache nicht sicher gewesen und habe deßhalb Nebendinge zur dürftigen Begründung seiner Entscheidung herbeigezogen. Gerade den entgegengesetzten Eindruck empfangen wir beim Lesen dieser Meisterwerke richterlicher Entscheidungen eines Innocenz III. Es wird uns alsbald klar, daß die untergeordneten Argumente gerade deßwegen herangezogen sind, um den Gegenstand in seiner ganzen Specialität zu behandeln und der Beweisführung jene Vollständigkeit zu geben, welche die vorausgegangene sorgfältige Prüfung aller einschlagenden Fragen erkennen läßt. Wir vermögen keinen Augenblick darüber im Zweifel zu sein, daß wir es mit einem Richter und Gesetzgeber zu thun haben, welcher seinen Gegenstand vollkommen beherrscht, über die Principien nichts weniger als im Unklaren ist, und in der Anordnung und Durchführung seines Rechtsspruches hauptsächlich dahin zielt, den tiefgehenden Fundamentalsätzen des kanonischen Rechtes im gegebenen Falle ihre praktische Anwendung zu sichern, zugleich aber als Lehrmeister der großen Doctrinen des Kirchenrechtes, und zwar — wenn wir uns so ausdrücken dürfen — in gemeinfaßlicher Weise, aufzutreten.

Auf der andern Seite springt nicht minder der Unterschied in die Augen, welcher zwischen den zwei Capiteln Per venerabilem und Novit besteht. Schon die Gebiete, auf welchen sich hier und dort die oberste kirchliche Gewalt bei den zu erlassenden Entscheidungen bewegte, liegen gänzlich auseinander. Dort wird der Papst im Interesse einer Familie angegangen, einen Act der freiwilligen Gerichtsbarkeit, die Legitimation natürlicher Kinder, vorzunehmen; hier tritt der Souverän von England mit einer kanonischen Denunciation gegen den Monarchen von Frankreich vor den apostolischen Stuhl, und bittet um Abhilfe gegen die ihm widerfahrene Unbill. Hier soll der Papst als Wächter und Richter in Sachen des Völkerrechtes auftreten; dort handelt es sich nur um einen Gnadenact, welchen man von ihm erbittet.

In der Decretale Novit liegt aber — und das macht offenbar den Hauptunterschied aus, welcher zwischen ihr und dem Capitel Per venerabilem besteht — der Angelpunkt der kanonistischen Argumentation in dem Satze, daß der Papst nicht über die Feudalcontroverse, welche zwischen dem Fürsten von Frankreich und seinem gekrönten englischen Vasallen in Schwebe war, ein Urtheil zu fällen gedenke, sondern daß er über die Sünde, welche hier begangen sein könne, zu richten befugt sei [1]. Diese Stelle erinnert an ein ähnliches Wort des hl. Bernhard an seinen Schüler, Papst Eugen [2], wo er es rügt, daß sich die Kirchengewalt zu viel in weltliche Händel mische, da nicht zur Entscheidung über das armselige Mein und Dein [3], sondern zum Gerichte über die Ueberschreitung des göttlichen Gesetzes die Schlüsselgewalt übertragen sei. Allerdings zieht dann die Hauptsache, welche die Verletzung des christlichen Sittengesetzes ist, nothwendig die weltliche Angelegenheit als accessorium an sich, und begründet in solcher Weise die Competenz des geistlichen Richters auf einem Gebiete, welches an und für sich nicht der kirchlichen Jurisdiction unterstellt ist. Dabei beschränkt jedoch Innocenz ausdrücklich diese Competenz des päpstlichen Richters, und vor allem des Papstes auf jene Fälle, wo eine schwere [4]

---

[1] Non enim intendimus judicare de feudo, cujus ad ipsum spectat judicium, nisi forte juri communi per speciale privilegium vel contrariam consuetudinem aliquid sit detractum, sed decernere de peccato, cujus ad nos pertinet sine dubitatione censura, quam in quemlibet exercere possumus et debemus. c. Novit.

[2] S. Bernardus, De consolatione Lib. I. c. 6. Ergo in criminibus, non in possessionibus potestas vestra; quoniam propter illa et non propter has accepistis claves regni coelorum, praevaricatores utique exclusuri, non possessores.

[3] „— de terrenis possessiunculis." Ibid.

[4] „— nullus qui sit sanae mentis, ignorat, quin ad officium nostrum spectet de quocunque mortali peccato corripere quemlibet Christianum etc." c. Nov. — Constat vero, quod evellendum, destruendum et dissipandum

Aergerniß gebende Schuld, welche als ein Verbrechen bezeichnet werden kann [1]), vorliegt. Daß es zugleich ein öffentliches sein muß, bedarf keines Beweises: denn die Decretale handelt offenbar von dem forum externum [2]). Deßwegen hebt auch Innocenz hervor, daß ein Friedensbruch zwischen zwei Mächten eine solche Schuld in sich befasse, und verweilt dabei mit dem größten Nachdrucke [3]).

Ganz anders verhält es sich in der Decretale Per venerabilem. Dort ist nicht ausschließlich von einer strafrechtlichen Competenz die Rede wie hier; es werden vielmehr der Jurisdiction, welche in Beziehung auf weltliche Angelegenheiten von Innocenz dort in Anspruch genommen ist, keinerlei Grenzen bezüglich der Natur des Gegenstandes gezogen, sondern dieselbe lediglich dadurch beschränkt, daß es als ein Ausnahmsfall bezeichnet wird, welcher nur unter gewissen Vorbedingungen, welche nicht näher bezeichnet sind, eintreten könne [4]).

Daraus ergibt sich, daß die Decretale Per venerabilem wenn wir so sagen sollen, einen weitern Gesichtskreis eröffnet, ohne jedoch mit der jüngern Decretale Novit in Widerspruch zu gerathen, wenn diese sich auf einem engern Gebiete bewegt. Wir gehen sicherlich nicht zu weit, wenn wir behaupten, daß

---

est omne mortale peccatum. Ibid. (pars dec.) Verum nullus dubitat, quin omnis mortaliter peccans apud Deum sit ligatus. Ibid. (pars dec.)

[1]) Licet autem hoc modo procedere valeamus super quolibet criminali peccato ut peccatorem revocemus a vitio ad virtutem, ab errore ad veritatem. Ibid.

[2]) Hostiensis, Lectura in h. c. — Gonz. Tellez. Comm. perp. in h. c. not. m. Non tamen pro quolibet crimine Ecclesia externam exercet jurisdictionem in laicos, sed tantum in sceleribus ecclesiasticis, vel mixti fori, aut ex quibus scandalum sequitur in Ecclesia, maxime a Principibus perpetratis; alia autem peccata legibus civilibus per saeculares magistratus debent vindicari.

[3]) Licet autem hoc modo procedere valeamus super quolibet criminali peccato, ut peccatorem revocemus a vitio ad virtutem, ab errore ad veritatem, praecique tamen, quum contra pacem peccatur, quae est vinculum caritatis etc. c. Novit. (Vid. seq. p. dec.)

[4]) — non solum in Ecclesiae patrimonio, super quo plenam in temporalibus gerimus potestatem, verum etiam in aliis regionibus, certis causis inspectis; temporalem jurisdictionem casualiter exercemus etc. c. Per. ven.

sich die Competenz, welche von Innocenz III in der Decretale Novit in Anspruch genommen wird, zu jener Zuständigkeit, welche für den geistlichen Richter aus der Decretale Per venerabilem abzuleiten ist, wie das Specielle zum Generellen verhalte. Die Fälle, wo es sich um ein peccatum criminale handelt, um die Ausdrücke der jüngeren Decretale zu gebrauchen, bilden eben einen Theil jenes Gebietes, welches die ältere Decretale im Auge hat, wenn sie unter gewissen Verhältnissen eine Jurisdiction der Kirche in Beziehung auf weltliche Angelegenheiten behauptet. Die öffentliche, Aergerniß gebende, und für die Kirche gefährliche Verletzung des christlichen Sittengesetzes ist gerade einer jener Angelegenheiten, welche im Capitel Per venerabilem als causae certae bezeichnet werden, die eine geistliche Gerichtsbarkeit im Weltlichen — immerhin nur ausnahmsweise — begründen. Aber das Gebiet, auf welches sich diese Gerichtsbarkeit erstreckt, ist nach der letztern Decretale offenbar weiter, und hat nicht lediglich die Aufrechterhaltung der Disciplin und das Strafrecht zum Gegenstande, wie ja diese Decretale selber von einem bei dem apostolischen Stuhle erbetenen, aber nicht gewährten Gnadenacte handelt.

Ein Grundgedanke ist aber unbestreitbar der eigentliche Träger und das vom Gesetzgeber klar erkannte Fundament der beiden Decretalen: daß die Jurisdiction der Kirche, wenn sie auch in der Regel auf das geistliche Gebiet beschränkt sei, nichtsdestoweniger ausnahmsweise in einzelnen Fällen auf das Gebiet der Temporalien hinüber zu greifen befugt sei.

Die zweite Decretale, welche wir hier zu betrachten und mit der Decretale Per venerabilem, wie auch mit dem Capitel Novit zu vergleichen haben, die sogenannte Bulle Unam Sanctam, hat vor allem mit der letztgenannten das Schicksal gemein, daß — scheinbar wenigstens und für den Augenblick — diese päpstlichen Constitutionen erfolglos geblieben sind. König Philipp August von Frankreich setzte den Krieg gegen König Johann von England fort, bis der letztere seine Besitzungen auf dem Festlande eingebüßt hatte. Dieser trug daran theilweise selber die Schuld, da er zur Synode, welche der päpstliche Legat in Frankreich anberaumt hatte, nicht erschien und sich auch später zu Rom nicht vertreten ließ¹). Ebenso war die Erlassung der Bulle Unam sanctam auf die Zeitgenossen von keiner besondern Wirkung. Die verhängnißvolle Trennung von Kirche und Staat hatte begonnen und der Auflösungsproceß setzte sich stetig fort — ein Proceß, welcher freilich Jahrhunderte in Anspruch nahm. Nichtsdestoweniger verriethe es Kurzsichtigkeit, und namentlich Unkenntniß der Geschichte des kanonischen Rechtes, wenn man deßhalb die Bedeutsamkeit dieser und ähnlicher Monumente der päpstlichen Gesetzgebung in Abrede stellen wollte²).

Die Decretale Unam sanctam bewegt sich übrigens vollständig im Lehrtone. Nirgends findet sich eine Andeutung, daß sie die Entscheidung für einen besondern Fall und für eine speciell angeregte Streitfrage enthalte. Nichtsdestoweniger ist die Veranlassung derselben in der Kirchengeschichte bekannt genug. Es war der unselige Kampf, welchen Philipp der Schöne am Ende des dreizehnten und am Anfange des vierzehnten Jahrhunderts gegen den päpstlichen Stuhl und den greisen Bonifaz VIII begonnen hatte. Bis auf den heutigen Tag ist die Parteileidenschaft, welche hier nicht nur die Geschichte, sondern auch die Quellen derselben getrübt und verwirrt hat, noch rege und deren schlimme Folgen noch nicht getilgt. Jedoch entbehrt die Geschichte jenes Streites nicht dergestalt des Lichtes, daß der unbefangene Blick nicht die Größe des Papstes und das sich selber richtende Treiben der Königspartei richtig beurtheilen könnte³).

---

¹) Hurter, a. a. O., Buch II. III.

²) Wenn Damberger, Synchr. Geschichte, Band XII, S. 442, diese Bulle für unächt erklärt, so geht er offenbar zu weit und bleibt den Beweis schuldig. Sie gehört allerdings zu den Extravaganten; aber gerade darin liegt vielmehr ein Beweis für ihre Aechtheit. Denn es ist kaum denkbar, daß man eine unächte Decretale, zum wenigsten nicht im Verlaufe der Zeit, beanstandet und aus der Reihe der sogenannten Extravaganten ausgemerzt hätte.

³) Tosti, Storia di Bonifacio VIII e de' suoi tempi. Christophe, Geschichte des Papstthums während des 14. Jahrhunderts, übersetzt von Ritter. Boutaric, La France sous Philippe le Bel. (dessen Characterisirung der Werke von Dupuy und Baillet, Liv. I, p. 93). Bianchi, della potestà e della politia della chiesa. Tom. I, p. 91; Tom. II, p. 448 seqq. Cardinal Wiseman, Papst Bonifacius VIII (in den Abhandlungen Bd. III).

An König Philipp dem Schönen überrascht in der That der Josephinismus, welchen wir hier schon an der Ausgangsschwelle des Mittelalters ausgeprägt finden. Er ist ein Mann der Hinterlist und Heuchelei und der brutalsten Gewalt gegen die Kirche, und auch in dieser Beziehung der Typus für manchen Charakter späterer Zeiten. Dabei begriff er es schon damals, welche Macht die Feder des Gelehrten und die öffentliche Meinung sei, und beide verwerthete er gegen die Kirche so erfolgreich, als es nur irgend einem jener gelingen konnte, welche die lange Reihe seiner Nachfolger bilden. Dem Cäsaropapismus huldigte er vielleicht mehr aus Habsucht als aus Ueberzeugung: denn diese Theorie lieferte ihm das reiche Kirchenvermögen Frankreichs als Beute aus. Daß er mit den Rechten der gallicanischen Kirche dem französischen Stolze, selbst bei dem Klerus schmeichelte, wußte er nur zu gut. Ebenso verfehlten die Gerüchte ihre Wirkung nicht, welche man über die unerhörten Uebergriffe des Papstes ausstreute. Bonifaz VIII, so hieß es, erlaube sich, den Souverän von Frankreich sogar auf weltlichem Gebiete als seinen Unterthan zu betrachten und ihn wie einen Vasallen zu behandeln. Bei solcher Lage der Dinge stand die Errichtung einer Nationalkirche in glänzender Aussicht. Umsonst erließ der Papst an den König das wahrhaft apostolische Schreiben Ausculta fili [1]), worin er ihm alle seine Gewaltthätigkeiten und Verbrechen an der Kirche vorhielt; umsonst betheuerten die Cardinäle auf das Schreiben, welches der französische Adel an sie gerichtet hatte, Bonifaz VIII habe niemals an den König ein Wort davon geschrieben, daß dieser bezüglich seines Königreiches dem Papste auch nach weltlichem Rechte und in weltlichen Angelegenheiten untergeben sei und anerkennen müsse, daß er es vom Papste empfangen habe [2]). Bei solchen Wirren, welche durch das rücksichtslose, gewaltthätige Vorangehen des Königs zu immer größeren Verwickelungen

---

[1]) Bullarium Rom. (Edit. Mainard). Tom. IX, S. 121.
[2]) Volumus vos pro certo tenere, quod Dominus noster, summus pontifex, nunquam scripsit regi praedicto, quod de regno suo sibi subesse temporaliter, illudque ab eo tenere deberet etc.

führten, hatte es der Papst für unerläßlich gehalten, ein Concil nach Rom auszuschreiben, welches denn auch am 30. October 1302 eröffnet wurde. Auf dieser Synode wurde unter anderm die Bulle Unam sanctam erlassen, welche unter die Extravaganten des kanonischen Gesetzbuches aufgenommen ist [1]).

Es ist eine Glaubenslehre — erklärt der Papst in dieser Constitution — daß es nur Eine und einzige Kirche gebe und belegt diese Einheit [2]) und Einzigkeit [3]) mit Schriftstellen in mystischer Deutung, wie sie die ganze Decretale durchzieht. Diese Kirche hat nur Ein Haupt, keine zwei Köpfe — was eine Ungeheuerlichkeit wäre — und dieses eine Haupt ist Christus und an seiner Statt Petrus und dessen Nachfolger [4]).

In dieser Kirche und in ihrer Gewalt sind die zwei Schwerter, das geistliche und das weltliche [5]): aber nicht in der-

---

[1]) c. 1. Extravag. com. de majoritate et obedientia (I. 8).

[2]) Unam sanctam Ecclesiam catholicam et ipsam apostolicam urgente fide credere cogimur et tenere, nosque hanc firmiter credimus et simpliciter confitemur, extra quam nec salus est nec remissio peccatorum, sponso in Canticis proclamante: „Una est columba mea, perfecta mea. Una est matri suae, electa genetrici suae;" quae unum corpus mysticum repraesentat, cujus caput Christus, Christi vero Deus. In qua unus Dominus, una fides, unum baptisma. Una nempe fuit diluvii tempore arca Noe, unam ecclesiam praefigurans, quae in uno cubito consummata unum, Noe videlicet, gubernatorem habuit et rectorem, extra quam omnia subsistentia super terram legimus fuisse deleta. c. Unam Sanctam.

[3]) Hanc autem veneramur et unicam, dicente Domino in Propheta: „Erue a framea, Deus, animam meam et de manu canis unicam meam." Pro anima enim, id est pro se ipso, capite simul oravit et corpore, quod corpus unicam scilicet ecclesiam nominavit propter sponsi, fidei, sacramentorum et caritatis Ecclesiae unitatem. Haec est tunica illa Domini inconsutilis, quae scissa non fuit, sed sorte provenit. Ibid.

[4]) Igitur Ecclesiae unius et unicae unum corpus, unum caput, non duo capita, quasi monstrum, Christus videlicet, et Christi vicarius Petrus, Petrique successor, dicente Domino ipsi Petro: „Pasce oves meas." Meas, inquit, et generaliter, non singulariter has vel illas: per quod commisisse sibi intelligitur universas. Sive ergo Graeci sive alii se dicant Petro ejusque successoribus non esse commissos: fateantur necesse se de ovibus Christi non esse, dicente Domino in Joanne, unum ovile et unicum esse pastorem. Ibid. — Conf. S. Bern. De cons. Lib. II. c. 8.

[5]) In hac ejusque potestate duos esse gladios, spiritualem videlicet et temporalem, evangelicis dictis instruimur. Nam dicentibus Apostolis: „Ecce gladii duo hic" in Ecclesia scilicet, quum apostoli loquerentur, non

selben Weise werden sie geführt. Denn nur das geistliche Schwert ist von der Kirche selbst zu ziehen; das weltliche wird für die Kirche gezogen. Jenes führt die Hand der Priester [1]), dieses die Hand der Könige und die bewaffnete Macht, aber immerhin nach der Weisung des Priesters oder mit dessen stillschweigender Zulassung [2]).

Das eine Schwert muß aber unter dem andern stehen, und die weltliche Autorität der geistlichen Gewalt sich unterwerfen. Denn so verlangt es die rechte Ordnung der Dinge [3]).

Daß aber die geistliche Gewalt höhere Würde und Adel habe, als jede weltliche, bemißt sich schon aus dem Vorrange, welchen die geistlichen Dinge vor den weltlichen haben [4]); im Besondern [5]) bestätigt dies die Entrichtung des Zehnten, die Segnung und die Weihung, welche der weltliche Fürst empfängt, nicht minder die Art und Weise, wie er mit dem Besitz der

---

respondit Dominus nimis esse, sed satis. Certe qui in potestate Petri temporalem gladium esse negat, male verbum attendit Domini proferentis: „Converte gladium tuum in vaginam." Uterque ergo est in potestate Ecclesiae, spiritualis scilicet gladius et materialis. Ibid.

[1]) Wir vermögen der Interpretation von Holtgreven (Verhältniß von Kirche und Staat nach den Quellen des canonischen Rechtes, Berlin, 1875, S. 17, Anm. 14) nicht zu folgen. Sie erscheint uns gezwungen und gerade unhaltbar, wenn man den Text des h. Bernhard (De cons. IV. 3) damit vergleicht: „Ille sacerdotis, is militis manu."

[2]) Sed is quidem pro Ecclesia, ille vero ab Ecclesia exercendus. Ille sacerdotis, is manu regum et militum, sed ad nutum et patientiam sacerdotis. Ibid. Vergl. die Glosse zu diesen Worten.

[3]) Oportet autem gladium esse sub gladio, et temporalem auctoritatem spirituali subjici potestati. Nam quum dicat Apostolus: „Non est potestas nisi a Deo; quae autem sunt, a Deo ordinata sunt", non autem ordinata essent nisi gladius esset sub gladio, et tamquam inferior reduceretur per alium in suprema. Nam secundum beatum Dyonisium lex divinitatis est, infima per media in suprema reduci. Non ergo secundum ordinem universi omnia aeque ac immediate, sed infima per media et inferiora per superiora ad ordinem reducuntur. Ibid.

[4]) Spiritualem autem et dignitate et nobilitate terrenam quamlibet praecellere potestatem, oportet tanto clarius nos fateri, quanto spiritualia temporalia antecellunt. Ibid.

[5]) Quod etiam ex decimarum datione, et benedictione et sanctificatione, ex ipsius potestatis acceptione, ex ipsarum rerum gubernatione claris oculis intuemur. Ibid.

weltlichen Gewalt bekleidet wird ¹) und überhaupt die allgemeine Weltordnung, wo der Geist die Materie beherrscht ²). Hat doch nach dem Zeugnisse der Schrift die geistliche Gewalt die weltliche einzusetzen, und zu richten, wenn sie nicht gut ist ³); sie selbst aber erkennt wohl eine hierarchische Ordnung in sich, aber keine weltliche Jurisdiction über sich an ⁴). Sie bleibt eben, wenn auch von Menschen ausgeübt, keine menschliche, sondern vielmehr eine göttliche Gewalt, vom göttlichen Stifter der Kirche selber eingesetzt ⁵). Wer also gegen diese von Gott angeordnete

---

1) Glossa ad vocem: Quod etiam ex decimarum datione etc. Propter tertium sciendum, ut Hugo ait libro et parte praeassignatis, (die Stelle aus Hugos von S. Victor Schrift De sacramentis Lib. II, p. II, c. 4 folgt weiter unten S. 100 Anm. 2) — quod spiritualis potestas est major dignitate, quam terrena: quod in illo antiquo populo veteris testamenti declaratur manifeste, ubi primum a Deo sacerdotium institutum est, postea vero per sacerdotium regalis potestas, jubente Deo, ordinata est. Potuisset enim Deus, si voluisset, per seipsum vocare Saulem, et dare sibi potestatem regalem: sed voluit hoc fieri per Samuelem: insinuans potestatem terrenam dependere a potestate Ecclesiastica et sibi debere esse subjectam. Die geistliche Gewalt überträgt nicht die weltliche, wie ein von ihr abhängiges Amt, sondern sie führt in dasselbe ein auf Gottes Geheiß. Vergl. über die Einwendungen, welche Bossuet gegen Hugo von Sct. Victor macht, Bouix, De Papa, Tom. III, Pars IV, Sect. I, § 4.

2) Glossa l. c. Propter quartum sciendum, quod Augustinus 3. de Trinitate cap. 4 vult, quod totum universum quodam ordine regatur: quia corpora grossiora reguntur per subtiliora et tota corporalis creatura per spiritualem: sed turpis est pars, quae suo non congruit universo. Si ergo in toto universo corporalia reguntur per spiritualia, turpe esset, si in genere humano, quod est pars universi, terrenae potestates non subessent spiritualibus, et non regerentur per ipsos. Nach Kraus, Aegidius von Rom (Oestreichische Vierteljahrschrift für katholische Theologie 1862, I. Heft, S. 15) erörtert Aegidius in seiner Schrift De Ecclesiastica Potestate den Gegenstand in derselben Weise.

3) Nam veritate testante spiritualis potestas terrenam potestatem instituere habet et judicare, si bona non fuerit. Sic de Ecclesia et ecclesiastica potestate verificatur vaticinium Hieremiae: „Ecce constitui te hodie super gentes et regna" et caetera quae sequuntur. Ibid.

4) Ergo si deviat terrena potestas, judicabitur a potestate spirituali, sed si deviat spiritualis minor, a suo superiori; si vero suprema, a solo Deo, non ab homine poterit judicari testante Apostolo: „Spiritualis homo judicat omnia, ipse autem a nemine judicatur." Ibid.

5) Est autem haec auctoritas etsi data sit homini, et exerceatur per hominem non humana sed potius divina, ore divino Petro data, sibique

Gewalt sich auflehnt, lehnt sich wider Gottes Ordnung auf, und huldigt dem Irrthume der Manichäer, welche zwei Urprincipien lehren [1]). Deßhalb — so schließt die Decretale — erklären und bestimmen wir, daß es allen Menschen zum Heile durchaus nothwendig sei, dem römischen Papste untergeben zu sein [2]).

Will man dieser vielfach angegriffenen, verdächtigten und geschmähten Urkunde aus der päpstlichen Gesetzgebung eine unbefangene Würdigung angedeihen lassen, so darf man vor allem den Schwierigkeiten nicht aus dem Wege gehen, welche sie wirklich bietet oder wenigstens von dem Gesichtspunkte des neunzehnten Jahrhunderts aus zu bieten scheint. Diese Schwierigkeiten mit Stillschweigen zu übergehen, mag ein diplomatisches Kunstwerk sein, aber es entspricht nicht der aufrichtigen Wahrheitsliebe, und der ächten Wissenschaftlichkeit.

Zwei Punkte werden es aber vornehmlich sein, welche in der Bulle Unam sanctam Anstoß erregen und Mißdeutungen nahe legen. Wenn die Bulle damit beginnt, daß sie die Einheit und Einzigkeit der Kirche verkündigt, so wird man dies natürlich finden [3]). Daß diese eine Kirche auch nur ein einziges Haupt habe, ist dann eine logische Forderung, welche sich aus der Natur der Sache ergibt. Ebenso wird man es als eine nothwendige logische Consequenz anerkennen müssen, daß ein gewisses Verhältniß der Unterordnung zwischen den beiden Gewalten bestehe, wann diese nicht in Verwirrung gerathen sollen. Außerdem werden es selbst die Gegner jeder kirchlichen Lebens-

---

suisque successoribus in ipso, quem confessus fuit petra, firmata, dicente Domino ipsi Petro: „Quodcunque ligaveris etc." Ibid.

[1]) Quicunque igitur huic potestati a Deo sic ordinatae resistit, Dei ordinationi resistit, nisi duo, sicut Manichaeus, fingat esse principia; quod falsum et haereticum judicamus, quia testante Moyse, non in principiis, sed in principio coelum Deus creavit et terram. Ibid.

[2]) Porro subesse Romano Pontifici omni humanae creaturae declaramus, dicimus, diffinimus et pronunciamus omnino esse de necessitate salutis. Ibid.

[3]) „Una" geht mehr auf die Zahl und zugleich auf die innere Einheit, „unica" mehr auf die Art und Beschaffenheit. Uebrigens scheint das letztere Epitheton hier insbesondere durch die betreffende Schriftstelle veranlaßt.

äußerung, wenn sie anders einen unbefangenen Standpunkt einzunehmen vermögen, zum wenigsten erklärlich finden, daß wir in der Kirche an der göttlichen Institution ihrer Hierarchie festhalten. Diese Kirche aber, wie sie nun einmal ist, zugegeben, kann auch die Schlußfolgerung der Bulle kein Erstaunen verursachen; vielmehr wird man hierin den Schlußstein des wohlgegliederten Baues erkennen.

Damit hätten wir aber die Hauptsätze der Bulle bereits zusammen gefaßt bis auf zwei. Diese beiden scheinen allerdings befremdend zu klingen, und sind ganz geeignet, nicht geringe Verlegenheit zu bereiten, zumal wenn man von dem nicht selten ganz aufrichtigen Wunsche geleitet ist, die weite Kluft, welche zwischen dem geheimnißvollen Dunkel des hierarchischen Mittelalters und der neuen und neuesten Zeit besteht, in versöhnender Absicht zu überbrücken. Es ist dies der Satz von den zwei Schwertern, welche beide in der Gewalt der Kirche sind [1]), und jener andere, welcher von der Einsetzung der weltlichen Fürsten durch die Kirchengewalt spricht [2]).

Was vorerst beide Sätze zusammen betrifft, so sehen wir völlig von der Frage ab, in wie weit die hier angewendeten Schriftstellen in solcher Weise ausgedeutet zu werden vermögen. Es ist dies eine Controverse, welche nicht sowohl dem kanonischen Rechte, als der exegetischen Wissenschaft angehört. Auf dem kirchenrechtlichen Gebiete kann es uns genügen, zu wissen, welche kanonischen Sätze man aus jenen Schriftstellen abgeleitet hat, oder vielmehr mit denselben zu stützen gewohnt war. Denn uns dient diese Interpretation der Schrift zunächst lediglich da-

---

[1]) In hac ejusque potestate duos esse gladios, spiritualem videlicet et temporalem, evangelicis dictis instruimur. Nam dicentibus Apostolis: „Ecce gladii duo hic", in Ecclesia scilicet, quum Apostoli loquerentur, non respondit Dominus, nimis esse, sed satis. Certe qui in potestate Petri temporalem gladium esse negat, male verbum attendit Domini proferentis: „Converte gladium tuum in vaginam. Uterque ergo est in potestate Ecclesiae, spiritualis scilicet et materialis." Cap. Unam Sanctam.

[2]) Nam veritate testante spiritualis potestas terrenam potestatem instituere habet et judicare, si bona non fuerit. Sic de Ecclesia et ecclesiastica potestate verificatur vaticinium Hieremiae: „Ecce constitui te hodie super gentes et regna et cetera, quae sequuntur." Ibid.

zu, die Rechtsanschauung der Kanonisten und vor allem des kirchlichen Gesetzgebers kennen zu lernen — eine Rechtsanschauung, welche unbestreitbar dieselbe geblieben wäre, wenn man sie auch mit andern Argumenten, als jener mystischen Schriftauslegung aufrecht erhalten hätte [1]).

Was nun insbesondere den Satz betrifft, wonach die beiden Schwerter, das geistliche wie das weltliche, in der Kirche und in ihrer oder des hl. Petrus Gewalt sich befinden, so ist derselbe in der Decretale Unam sanctam deutlich genug ausgesprochen. Man kann fast sagen, daß es dem Gesetzgeber darum zu thun gewesen sein müsse, diesen Satz ganz klar hinzustellen und vor jeder Zweideutigkeit zu sichern: denn es wird der Gedanke in verschiedener Wendung dreimal ausgesprochen. Zuerst wird er als eine Wahrheit bezeichnet, deren Quelle die Schrift sei [2]). Dann wird er in negativer Fassung bekräftigt [3]); und endlich in ganz positiver Form aufgestellt [4]). Daran etwa gar grammaticalisch zu deuten, muß stets ein mißglückter Versuch bleiben, und dies um so mehr, als wir die Quelle, woraus diese Ausdrucksweise der Extravagante Unam sanctam geschöpft ist, kennen; so wie wir über den Verlauf des Kampfes zwischen geistlicher und weltlicher Gewalt, welchem die Bulle ihre Entstehung verdankt, hinlänglich belehrt sind [5]).

---

[1]) Wie die Kanonisten des Mittelalters diese allegorische Auslegung der Schrift ansahen, geht aus den Worten des Panormitanus (Comm. in c. Novit) hervor, wo er die Theorie der beiden Schwerter des h. Petrus behandelt, und von den Worten Christi sagt: „Omnia enim illa ponderanda sunt: cum Christus fere semper loqueretur figurative.

[2]) In hac ejusque potestate duos esse gladios, spiritualem videlicet et temporalem, evangelicis dictis instruimur. c. Unam Sanctam.

[3]) Certe, qui in potestate Petri temporalem gladium esse negat, male verbum attendit Domini proferentis: „Converte gladium tuum in vaginam." Ibid.

[4]) Uterque ergo est in potestate Ecclesiae, spiritualis scilicet gladius et materialis. Ibid.

[5]) Auch die Glosse spricht ganz klar. Ad voc: Nam dicentibus. Probat, quod dixerat; sed dixerat duos gladios in Ecclesia et eos esse in potestate Ecclesiae: et quia non eodem modo isti gladii sunt in potestate Ecclesiae, nec eodem modo pertinent ad usum Ecclesiae, ideo tria facit, quia primo dicit, duos tantum esse gladios in Ecclesia. Secundo ostendit

Der Gedanke nemlich, daß die beiden Schwerter in der Kirche und in ihrer Gewalt sind, gehört in dieser charakteristischen Fassung dem heiligen Bernhard an; und jene Stellen, wo er davon spricht, lassen keinen Zweifel darüber, daß er der Kirche beide beigelegt habe. Einmal ermahnt er seinen Schüler, Papst Eugen III, die geistliche Zucht des römischen Volkes sich angelegen sein zu lassen und kommt hier auf die Frage, in wiefern das materielle Schwert der Kirche zustehe [1]). Dann wiederum fordert er denselben Papst auf, beide Schwerter des Petrus für das bedrängte gelobte Land zu gebrauchen [2]). Dabei sagt er ausdrücklich, daß gerade auch jenes Schwert, von welchem man es weniger annehmen sollte, nemlich das weltliche,

---

cos ambos esse in potestate Ecclesiae. Tertio declarat non eodem modo eos in potestate Ecclesiae: sed alterum ad usum, alterum ad patientiam et nutum. Ibid. Ad vocem: Certe qui in potestate ...... quia nullus dubitat, spiritualem gladium esse in potestate Ecclesiae: ideo Dominus Papa probat hoc de gladio temporali dicens: certe qui in potestate Petri temporalem gladium esse negat, male verbum attendit Domini proferentis: Converte gladium tuum in vaginam .... Ergo si de gladio extracto et visibili, qui significat gladium materialem, dixit Petro, converte gladium tuum in vaginam: liquide patet quod gladius materialis est Petri et in potestate Petri: consequens est igitur, quod uterque gladius sit Ecclesiae et in potestate Ecclesiae.

[1]) Quid tu denuo usurpare gladium tentes, quem semel jussus es ponere in vaginam? Quem tamen qui tuum negat, non satis mihi videtur attendere verbum Domini dicentis sic: „Converte gladium tuum in vaginam." Tuus ergo et ipse, tuo forsitan nutu, etsi non tua manu evaginandus. Alioquin si nullo modo ad te pertineret et is, dicentibus Apostolis: „Ecce duo gladii hic" non respondisset Dominus: „Satis est" sed: „Nimis est." Uterque ergo Ecclesiae et spiritualis scilicet gladius et materialis; sed is quidem pro Ecclesia, ille vero ab Ecclesia exerendus est: ille sacerdotis, is militis manu sed sane ad nutum sacerdotis et jussum imperatoris. (S. Bern., De consideratione, Lib. IV, cap. III.)

[2]) Exerendus nunc uterque gladius in passione Domini, Christo denuo patiente, ubi et altera vice passus est. Per quem autem nisi per vos? Petri uterque est: alter suo nutu, alter sua manu, quoties necesse est evaginandus. Et quidem de quo minus videbatur, de ipso ad Petrum dictum est: Converte gladium tuum in vaginam. Ergo suus erat et ille, sed non sua manu utique educendus. Tempus et opus esse existimo ambos educi in defensionem orientalis Ecclesiae. Cujus locum tenetis, zelum negligere non debetis. Quale est hoc, principatum tenere et ministerium declinare? (Ibid. Epist. 256 ad Dominum Papam Eugenium.)

vom Herrn als dem Petrus gehörig bezeichnet werde ¹). Es ist keine Interpretation, sondern ein verlegener Nothbehelf, wenn man den einfachen klaren Sinn des hl. Kirchenlehrers, welcher übrigens zugleich ausspricht, daß die Kirche das weltliche Schwert nicht selbst zu handhaben habe, abschwächen will ²). Der hl. Bernhard steht indessen mit dieser Lehre nicht allein. Auch der hl. Anselm von Canterbury bekennt sich zu ihr ³). Johann von Salisbury, Heinrich von Gent, Alvarus Pelagius und viele andere Schriftsteller sprechen ähnlich. Gregor IX und Innocenz IV bedienen sich desselben Bildes in derselben Weise ⁴). Aegidius Romanus, Erzbischof von Bourges, welcher ohne Zweifel großen Antheil an der Abfassung der Bulle Unam sanctam hatte ⁵), ist offenbar ein Anhänger ebenderselben Theorie ⁶). Ebenso können wir die bedeutende Autorität eines Turrecremata für dieselbe anführen ⁷). Dazu kommt, daß die Reden auf uns gekommen sind, welche von Papst Bonifaz VIII und einigen Cardinälen in einem Consistorium zu Rom, kurze Zeit vor der Eröffnung jener römischen Synode gehalten worden sind, wo man die Bulle Unam sanctam erließ ⁸). Der

---

[1] „Et quidem, de quo minus videbatur, de ipso ad Petrum dictum est: Converte gladium tuum in vaginam." Ibid.

[2] Die von Bossuet (Defensio, pars I, lib. III, c. XV) versuchte Auslegung widerlegt Bianchi (Della potestà della chiesa tom II). Bouix de Papa, Tom. III, Pars IV, Sectio I.

[3] S. Ans. Comm. in Math. c. 26 Nota, duos gladios esse in Ecclesia: alter materialis, alter spiritualis; sed spiritualis nonnisi volentes, materialis vero etiam cogit nolentes.

[4] Hergenröther, Katholische Kirche und christlicher Staat. VIII. Die Lehre von der Superiorität der Kirche und ihrer Gewalt über das Zeitliche. S. 382.

[5] F. X. Kraus, Oesterreich. Vierteljahrsschrift für kath. Theologie. 1862, I. S. 12.

[6] Summa de Ecclesia, Lib. II, cap. 114. Romanum pontificem habere jurisdictionem in temporalibus ex eo ostenditur, quod utrumque gladium habere dignoscitur. Siehe unter § 10 die Darstellung der Lehre Turrecrematas über die indirecte Gewalt.

[7] Quod decet Ecclesiam habere materialem gladium, non ad usum, sed ad nutum et quod sic habere hunc gladium est majoris perfectionis et excellentiae potioris. Aeg. Rom. De eccl. pat., L. I, c. 9, bei Kraus a. a. O.

[8] Hefele, Conciliengeschichte. VI. Band, § 689.

feierlichen Versammlung wohnten auch die Gesandten Frankreichs bei. Wenn bei dieser Gelegenheit Bonifacius VIII jene Worte sprach, welche genügend bezeugen, daß er sich des kirchlichen Rechtes wohl bewußt war, und nimmermehr im Sinne hatte, die Grenzscheide zwischen geistlicher und weltlicher Gewalt zu überschreiten [1]), so legte dagegen der Cardinalbischof von Porto für jene Theorie der bald darauf erlassenen Bulle ein Zeugniß ab, welches nicht leicht zu beseitigen ist, und nach unserm Dafürhalten für die richtige Interpretation derselben gewichtig in die Wagschale fällt [2]). Der Cardinal spricht es nämlich aus, daß der Papst die geistliche Jurisdiction, welche von ihm, als der höchsten Instanz, ausgeht [3]), besitze, der Kaiser und die Könige aber die weltliche Jurisdiction: dennoch aber stehe dem Papste zu, auch in allen weltlichen Angelegenheiten als Richter auf-

---

[1]) Quadraginta anni sunt, quod nos sumus experti in jure; et scimus quod duae sunt potestates ordinatae a Deo. Quis ergo debet credere vel potest, quod tanta fatuitas, tanta insipientia sit vel fuerit in capite nostro? Dicimus quod in nullo volumus usurpare jurisdictionem regis; .... non potest negare rex seu quicunque alter fidelis, quin sit nobis subjectus ratione peccati. Dupuy, Histoire du différend du pape Boniface VIII avec Philipp le Bel; Preuves p. 77.

[2]) — Dominus noster summus Pontifex habet plenitudinem potestatis in spiritualibus, unde pro libertate Ecclesiae et pro ipso ego et omnes fratres sacri Collegii auderemus et vellemus exponere corpora nostra et vitam nostram. Item planum est, quod nullus debet revocare in dubium, quin possit judicare de omni temporali ratione peccati. Scriptum est: Fecit Deus duo luminaria magna, luminare majus, ut praeesset diei et luminare minus, ut praeesset nocti. Sunt enim duae jurisdictiones, spiritualis et temporalis. Jurisdictionem spiritualem principaliter habet Summus Pontifex, et illa fuit tradita a Christo Petro et summis Pontificibus successoribus ejus: jurisdictionem temporalem habent Imperator et alii reges, tamen de omni temporali habet cognoscere Summus Pontifex et judicare ratione peccati. Unde dico, quod jurisdictio temporalis potest considerari prout competit alicui ratione actus et usus, vel prout competit alicui de jure. Unde jurisdictio temporalis competit Summo Pontifici, qui est vicarius Christi et Petri, de jure. Unde qui dicit contrarium, impingit in illum articulum: „Judicaturus est vivos et mortuos" et in illum etiam praedictum: „Sanctorum communionem." Sed jurisdictio temporalis quantum ad usum et quantum ad executionem actus non competit ei, unde dictum est Petro: „Converte gladium in vaginam." Unde videtur modo, quod Dominus Rex Francorum non habet materiam conquerendi. Dupuy l. c.

[3]) So ist wohl der Ausdruck principaliter zu verstehen.

zutreten, wo es sich um die Verletzung des christlichen Sittengesetzes handele ¹). Daraus schließt er, nachdem er zwischen dem Rechte an sich, und der Befugniß, es auszuüben, unterschieden hat, daß dem Papste de jure die weltliche Jurisdiction zusteht, aber nicht so deren wirkliche Ausübung. Die beiden angeführten Stellen des apostolischen Glaubensbekenntnisses sind höchst bezeichnend für diese Auffassung. Sie bemessen den Umfang der Jurisdiction des Statthalters Christi nach der unbeschränkten Gewalt des Richters über die Todten und die Lebendigen, und nach jener wesentlichen Eigenschaft der Kirche, gemäß welcher sie eine wahre, sichtbare, unabhängige und in sich selbst bestehende Gesellschaft ist. Denn nur das kann wohl gemeint sein, wenn hier von der „Gemeinschaft der Heiligen" gesprochen wird.

Es ist demnach ganz gewiß vollkommen richtig zu behaupten und zu betonen, wie die Decretale Unam sanctam mit keinem Worte davon rede, daß die weltliche Gewalt der Fürsten diesen von der Kirche übertragen sei; da vielmehr an das Wort des Apostels erinnert wird, daß alle Gewalt von Gott und göttlicher Anordnung sei ²). Aber weniger gerechtfertigt erscheint es nach unserm Dafürhalten, die Worte der Bulle dahin deuten zu wollen, daß das weltliche Schwert lediglich „in der Gewalt der Kirche" sei, gleichsam ihr nur zur Verfügung stehe, ihr aber nicht gegeben sei, nicht angehöre ³). Denn mit dieser Annahme — wenn sie überhaupt mehr als eine allzu subtile sprach-

---

¹) ratione peccati l. c.

²) Nam quum dicat Apostolus: Non est potestas nisi a Deo; quae autem sunt, a Deo ordinata (ordinatae) sunt, non autem ordinata essent, nisi gladius esset sub gladio etc.

³) Manning. The Vatican Decrees in their bearing on civil allegiance. London, 1875. — „upon the doctrines declared by the Bull it is to be observed: 1. that it does not say, that the two swords are in potestate Ecclesiae in the power of the Church." (p. 65.) — Freilich ist dieser Satz später wieder gewissermaßen modificirt. „When it is said both Swords are „in the power of the Church" it means that the Church in a Christian world includes the natural order in its unity. The conception of the Church included the whole complex Christian Society, made up of both powers, united in a complete visible unity." (Ebend. S. 67.)

liche Unterscheidung ist — geräth man nicht nur in Widerspruch mit den unzweideutigen Ausdrücken der eigentlichen Quelle dieses Theiles der Decretale [1]), sondern man verwickelt sich zuletzt auch noch in den Vorwurf, das Gleiche von dem geistlichen Schwerte behaupten zu müssen. Denn von beiden Schwertern wird in der Bulle Unam sanctam dasselbe ausgesagt [2]) und der richtige Schluß wäre unbestreitbar, daß auch das geistliche Schwert nicht eigentlich der Kirche gehöre, sondern nur irgendwie zu ihrer Verfügung stehe.

Auf der andern Seite muß es die schwierige Frage nur noch schwieriger machen, wenn man versucht ein drittes Schwert, das eigentlich weltliche der Fürsten, anzunehmen und behauptet, daß von dieser rein zeitlichen Gewalt in der Decretale Unam sanctam gar nicht die Rede sei [3]). Dabei wird dann der Kirche ein eigenes zeitliches Schwert beigelegt „zum Schutze ihres leiblichen Lebens" [4]), welches sie übrigens nicht selbst handhabe. Daß das Mittelalter diese drei Schwerter in seiner officiellen Sprache kannte [5]), ist aber offenbar nicht nachgewiesen, und ver=

---

[1]) „Petri uterque est (sc. gladius)." Uterque ergo Ecclesiae et spiritualis scilicet gladius et materialis. S. Bernardus. S. oben S. 92, Anm. 1.

[2]) Uterque ergo est in potestate Ecclesiae, spiritualis scilicet et materialis. (c. Unam Sanctam.)

[3]) Graf Fugger=Glött, die Staatsgefährlichkeit der römisch-katholischen Kirche. Regensburg, 1875. S. 37 ff.

[4]) Ebend. S. 39: „Wie oben bemerkt, geht aus dem Zusammen-„hange der ganzen Bulle klar hervor, daß der Papst in derselben von „der rein zeitlichen Gewalt nicht redet. Er spricht nur von der Kirche „und behauptet, daß die Kirche eine zeitliche, materielle Gewalt „habe, etwas, was keinem Zweifel unterliegt, wenn die Kirche einen „materiellen Organismus mit materiellen Rechten hat. Wer das Eigen-„thumsrecht hat, hat auch das Recht, sich in seinem Eigenthume zu „schützen, um von nichts Anderem zu reden. Dieses Recht des Schutzes „ihres leiblichen Lebens nennt die Kirche von Alters her ihr zeitliches „Schwert, und sieht es vorgebildet in jenem Schwerte, das Petrus im „Garten zog, als der Verräther kam. Aber auch die Worte Christi zu „Petrus bei dieser Gelegenheit hat die Kirche von jeher auf sich bezogen, „indem sie darin den Willen des Herrn sah, daß die Kirche dieses Schwert „nicht selbst handhabe. Sie legte es daher in die Hände „der Könige „und Krieger" und vor Allem in die Hand des römischen Kaisers, den „sie eben zum Kaiser salbte, daß er Schutzherr der Kirche sei."

[5]) Ebend. S. 41: „Das Unberechtigte des bestimmten Artikels

mag nicht nachgewiesen zu werden, wie ein Blick in das Decretalenrecht und in die Glosse und Commentare hinlänglich darthut ¹).

Wir leugnen nicht, daß diesem letzteren Interpretationsversuche ein Gedanke zu Grunde liege, welcher an und für sich eine Wahrheit enthält: der Gedanke nemlich, daß der Kirchengewalt ein gewisser Wirkungskreis in weltlichen Dingen nicht abgesprochen werden könne, nichtsdestoweniger aber die eigentliche weltliche Gewalt selbstständig sei und nicht von der Kirche im eigentlichen Sinne übertragen werde. Dieser an und für sich richtige Satz scheint uns aber in jener Schrift nicht in der richtigen Weise entwickelt. Der Grund des Mißgriffes dürfte zunächst in jener Thatsache zu suchen sein, auf welche, soweit wir wissen, zum ersten Male ein erleuchteter Kirchenfürst der Gegenwart hingewiesen hat ²). Die Terminologie in dieser Materie ist nemlich lange Zeit — und, wie wir glauben, auch noch zur Zeit der Erlassung der Bulle Unam sanctam — bezüglich eines Hauptpunktes eine unsichere gewesen. Die Begriffe waren nicht gehörig ausgebildet und festgestellt, woraus viele Zweideutigkeiten und Mißverständnisse entsprangen, welche selbst heut zu Tage noch nicht ganz überwunden und beseitigt

---

(in der Uebersetzung des Satzes: In hac ejusque potestate duos esse gladios, spiritualem videlicet et temporalem, evangelicis dictis instruimur — die zwei Schwerter, das geistliche und das weltliche) geht ferner aus dem Umstande hervor, daß das Mittelalter drei Schwerter in seiner officiellen Sprache kannte, nämlich das geistliche der Kirche, das zeitliche der Kirche und das zeitliche der Fürsten. Die beiden letzteren unterscheiden sich wesentlich; sie liegen zwar beide in den Händen der Fürsten, aber das erstere gehört der Kirche und ist daher nur ad nutum et patientiam sacerdotis zu handhaben; das letztere liegt ganz in der Hand der Fürsten, wie Friedrich II. sich ausdrückt, „quo divisim a sacerdote fungimur."

¹) Glossa in vocem: Nam dicentibus. Notandum ergo, quod si essent plures gladii, quam duo, non dixisset Dominus: Satis est, sed: parum est. Et si essent pauciores, non dixisset: Satis est, sed: nimis est. Ex ipsis itaque verbis Domini dicentis: Satis est — datur intelligi esse duos gladios in Ecclesia, non plures, nec pauciores.

²) Cardinal Manning in der angeführten Schrift. S. 72.

sind ¹). Unter gladius spiritualis, jurisdictio temporalis kann man nemlich Verschiedenes verstehen, je nach dem geänderten Eintheilungsgrunde. Nimmt man den Eintheilungsgrund von dem Jurisdictionsgebiete her, so fällt unter die jurisdictio spiritualis der Bereich der divina, d. h. alles dessen, was sich mit Religion und Cultus befaßt; unter die jurisdictio temporalis dagegen der ganze Bereich der legislativen und vollziehenden Gewalt in der bürgerlichen Ordnung. Fragt man dagegen nach

---

¹) Manning a. a. O., S. 72: „One chief cause of the confusion of Regalists and our non — Catholic adversaries has been the uncertain use of language, and the want of a fixed terminology until a certain date. — The word Temporal was used in two senses. It was used to signify the power of Civil Rulers in the order of nature. And in this sense the Church has newer claimed it for its head. It was used also to signify the spiritual power of the Pontiff when incident, indirectly upon temporal things. The spiritual power, then, had a temporal effect, and took, so to speak, its colour and name from that use, remaining always spiritual as before. — For instance, we speak of „the Colonial power" of the Crown, meaning the Imperial power applied to the governement of the Colonies; in like manner the Spiritual power of the Pope, applied indirectly to temporal things, was (improprie) improperly called Temporal, and this usus loquendi gave rise to much misinterpretation." — Nachdem nun nachgewiesen ist, daß Bellarmin die Sache ebenso aufgefaßt habe, heißt es weiter: „Now, from these passages it would appear that in Bellarmines judgement the opinions of the Canonists and the Theologians practically came to one and the same thing, though their language was different. By Temporal Power some earlier Canonists may perhaps have intended a power temporal in itself; but the later Canonists did not intend more than a Spiritual power over temporal things: which the Theologians also asserted. But this use of the word temporal seemed to imply that the quality of the power was not spiritual, as the Theologians asserted. This ambiguity is the source of the misunderstandings which we daily read in attaks upon the Catholic Church. I can the more readily believe the good faith of those who so misconceive it, because I can remember that I was misled by the same mistake for many years. For instance, the Canonists affirm that the whole world is the territory of the Pontiff (Territorium Pontificis). But they do so in answering the objection, that where the Pontiff acts spiritually in the territory of any temporal Prince, he is invading the territory of another. The meaning is evident: namely that the Pontiff has universal jurisdiction over the whole world. But this does not say that his jurisdiction is temporal. It affirms only that it runs into all the world. It merely affirms that it is universal: and the same writers assert that in itself it is only Spiritual."

dem Ursprung der Gewalten in Kirche und Staat, und geht man von diesem Eintheilungsgrunde aus, dann fällt unter die jurisdictio spiritualis alle Gewalt, welche der Kirche Christi unmittelbar von ihrem göttlichen Stifter übertragen ist, während dann die jurisdictio temporalis die Gewalt der weltlichen Autorität befaßt, welche ebenfalls, wenn auch in anderer Weise, von Gott bestellt ist. In letzterem Sinne kann der Kirche durchaus keine weltliche Gewalt beigelegt werden, und sie hat eine solche auch niemals beansprucht. Denn diese weltliche Gewalt bleibt den weltlichen Fürsten, welchen sie von Gott anvertraut ist. Nimmt man dagegen die weltliche Gewalt in ersterem Sinne, so kann man allerdings von einem zeitlichem Schwerte, welches in der Kirche und in deren Gewalt ist, sprechen, wie es die Decretale Unam sanctam thut, indem sie alsbald wieder die Beschränkung beifügt, daß dasselbe von der Kirche nicht selber gebraucht werden dürfe. Denn wenn die Kirche ein vollständig ausgebildeter socialer Organismus, eine selbstständige, alle Mittel zur Erreichung ihres Zweckes in sich selber beschließende Corporation, mit einem Worte eine societas perfecta ist [1]), so muß die Autorität in ihr sich — wenigstens de jure, um mit jenem Cardinal im römischen Consistorium zu sprechen [2]) — gerade soweit erstrecken, als es überhaupt zur Leitung und Regierung einer in diese Irdischkeit gestellten Gesellschaft nothwendig erscheint, deren Glieder Menschen sind, welche aus Leib und Seele bestehen. Nach dem weisen Plane der Heilsökonomie Gottes soll sich die Kirche dieser Gewalt entschlagen, und sich ausschließlich mit Höherem beschäftigen; und sie kann es, weil für sie auf dem Gebiete jener zeitlichen Angelegenheiten die weltliche Autorität eintritt. Diese jedoch empfängt ihre Gewalt nicht von der Kirche, sondern sie ist nach Naturrecht von Gott selbst damit betraut, wiewohl sie dieselbe im christlichen Staate dem Schutze und dem Dienste der Kirche zu weihen hat. Es ist daher auch in der Bulle Unam sanctam nirgendswo zu lesen,

---

[1]) Syllabus § V. XIX. — Tarquini, Inst. juris eccl. publici. Romae, 1862. Lib. I, Cap. 1, Sect. II.
[2]) Siehe oben S. 94. Anm. 2.

daß dem weltlichen Fürsten seine Gewalt von der Kirche, als ein Ausfluß ihrer Gewalt, übertragen werde, daß er der minister d. h. der Beamte oder der Vicar oder gar der Vasall des Papstes sei, welcher ihm seine Gewalt zu Lehen gebe. Es lehrt die Decretale nur: daß beide Schwerter in der Kirche und deren Gewalt sich befinden; und zugleich wird ausdrücklich anerkannt nicht nur, daß das eine Schwert von der Kirche nicht zu handhaben sei, sondern auch, daß jede der bestehenden Gewalten von Gott angeordnet ist [1]). Nach unserer Ansicht also will die Decretale mit dem Satze, daß die beiden Schwerter in der Kirche und in deren Gewalt sind, lediglich die Wahrheit in's Gedächtniß rufen, daß die Kirche gerade so gut, wie der Staat, eine selbstständige, autonome und in ihrem Gebiete souveräne Macht, daß sie eine societas perfecta sei, welche unabhängig neben und beziehungsweise über den Staat gestellt ist.

Man mag in dieser Beziehung die Bulle Unam sanctam dunkel finden und eine größere Bestimmtheit im Ausdrucke, eine lichtvollere Entwickelung des Gedankens vermissen. Die Schwierigkeit, einen Gegenstand von solcher Tiefe in einem kurzen Lehrstücke zu behandeln, erklärt das hinlänglich. Aber die Absicht, warum hier in solcher Weise, angelehnt an die Worte des hl. Bernhard, von den beiden Schwertern gesprochen wird, dürfte sich doch unschwer ergeben.

Was sodann jene Stelle der Bulle Unam sanctam anlangt, welche von den besondern Argumenten für den Vorrang der Kirche handelt, so erscheint es nach unserm Dafürhalten nicht leicht statthaft, den Ausdruck instituere im Sinne der Unterweisung und Belehrung zu fassen. Die Quelle dieses Ausdruckes ist nicht minder bekannt, als jene der aus den Schriften des hl. Bernhard stammenden Stellen. Victor von Sct. Hugo, ein Zeitgenosse des Kirchenlehrers, ist der Autor, welchem hier die Bulle nicht nur den Gedanken, sondern auch zum großen Theil die Fassung entlehnt [2]). Ein Jahrhundert später spricht

---

[1]) Nam cum dicit Apostolus: „Non est potestas nisi a Deo; quae autem sunt a Deo ordinata sunt etc." C. Unam Sanctam.

[2]) Hugo a. S. Vict., De sacramentis, Lib. II, pars II, cap. 4: „Illa igitur potestas saecularis dicitur, ista spiritualis nominatur. In utraque

Alexander von Hales, der Lehrer eines hl. Thomas von Aquin und eines hl. Bonaventura, in ähnlichen Ausdrücken zum schlagendsten Beweise, daß es sich hier um eine traditionelle Doctrin handele, welche von den größten kirchlichen Gelehrten vorgetragen wurde [1]). Angesichts dieser Stellen aus den Schriften so berühmter Theologen erschiene es allzugewaltsam, wollte man dem Wortlaute der Bulle eine andere Deutung geben, als aus

---

potestate diversi sunt gradus et ordines potestatum: sub uno tamen utrinque capite distributi et quasi ab uno principio deducti, et ad unum relati. Terrena potestas caput habet regem; spiritualis potestas habet summum pontificem. Ad potestatem regis pertinent, quae terrena sunt et ad terrenam vitam facta omnia. Ad potestatem summi pontificis pertinent, quae spiritualia sunt et vitae spirituali attributa universa. Quanto autem vita spiritualis dignior est quam terrena et spiritus quam corpus, tanto spiritualis potestas terrenam sive secularem potestatem honore ac dignitate praecedit. Nam spiritualis potestas terrenam potestatem et instituere habet, ut sit, et judicare habet, si bona non fuerit. Ipsa vero a Deo primum instituta est; et cum deviat a solo Deo judicari potest, sicut scriptum est, „spiritualis dijudicat omnia et ipse a nemine judicatur." Quod autem spiritualis potestas (quantum ad divinam institutionem spectat) et prior sit tempore, et major dignitate, in illo antiquo veteris instrumenti populo manifeste declaratur, ubi primum a Deo sacerdotium, institutum est: postea vero per sacerdotium jubente Deo regalis potestas ordinata. Unde in Ecclesia adhuc sacerdotalis dignitas potestatem regalem consecrat et sanctificans per benedictionem, et formans per institutionem. Si ergo, ut dicit apostolus, qui benedicit major est, et minor, qui benedicitur, constat absque omni dubitatione, quod terrena potestas, quae a spirituali benedictionem accipit, jure inferior sit.

[1]) Alex. Hal. Summa theologica P. IV. Qu. X. membr. 5, art. 2, De sacrificio missae, verbo: et rege nostro. — Duplex potestas, saecularis et spiritualis. Saecularis caput regem habet, spiritualis habet summum Pontificem. Spiritualis potestas prior est terrena sive saeculari et dignitate, scilicet quia vita spiritualis dignior est, quam terrena et spiritus quam corpus, et institutione, quod patet per hoc, quod in lege veteri primum a Deo sacerdotium institutum est, postea per sacerdotium jubente Domino regalis potestas ordinata est. Et prior est etiam potestate: nam spiritualis potestas terrenam potestatem instituere habet ut sit, et judicare habet, si bona non fuerit, spiritualis autem potestas primum instituta est, et cum deviat, a solo Deo judicari debet, unde spiritualis judicat omnia et ipse a nemine judicatur. Quod regalis potestas ordinata est et instituta per spiritualem patet per hoc, quia adhuc in Ecclesia sacerdotalis dignitas regalem potestatem sacrat, et sanctificans per benedictionem et formans per institutionem; unde regalis potestas jure inferior existimatur.

den Quellen derselben unzweifelhaft erhellt. Sowohl Hugo von Sct. Victor, wie Alexander von Hales legen aber unbestritten an diesen Stellen der geistlichen Gewalt die Befugniß zu, die weltlichen Fürsten im gewissen Sinne einzusetzen, in das Herrscher= amt einzuführen. Es ist daher nicht zulässig, die Decretale Unam sanctam gerade in dem fraglichem Ausdrucke „instituere" anders auszulegen, und darin etwa lediglich einen Ausdruck für die kirchliche Lehrautorität finden zu wollen: was namentlich jener Ausführung des Alexander von Hales den willkürlichsten Zwang anthun würde.

Zudem geht aus dem Zusammenhange selbst hervor, daß hier von einer wirklichen Einführung in die fürstliche Gewalt die Rede ist; nur darf man dabei, was auch durchaus nicht ge= boten erscheint, nicht an eine eigentliche Ableitung der weltlichen Gewalt aus der geistlichen als deren Quelle und Ursprung denken. Dieses kirchliche Recht der Einsetzung der Fürsten und des Ge= richtes über sie wird nämlich gerade mit jenem Ausspruche des Propheten unterstützt, welchen wir schon im fünften und sechsten Jahrhunderte in der morgenländischen Kirche in diesem Sinne verwendet finden, um dann gleichsam stehende Formel der Päpste und der kirchlichen Schriftsteller des Abendlandes zu werden, wenn die Gewalt der Kirche über die weltlichen Machthaber be= zeichnet werden sollte [1]). Die Stelle des Propheten lautet aber nach dieser traditionellen Auslegung dahin, daß die geistliche Gewalt über die Völker und über die Königreiche gesetzt sei, um auszurotten und niederzureißen, aber auch um wiederum zu bauen und zu pflanzen [2]). Das instituere, welches in der Bulle vorhergeht, wird offenbar durch diesen Schrifttext ebenso gut be= legt, wie das judicare; dieses mit: ut evellas et destruas, et disperdas et dissipes — jenes mit: ut aedifices et plantes.

Läßt man also, wie es kaum anders geschehen kann, dem Worte instituere sein altes Recht, welches vom Erlasse der Bulle

---

[1]) Philipps, Kirchenrecht, Band III, Kap. 10, S. 258. — Hergen= röther, a. a. O. VI, S. 303, Anm. 11; S. 274, Anm. 8.

[2]) Jerem. I, 10. Ecce constitui te hodie super gentes et super regna, ut evellas et destruas et disperdas et dissipes, et aedifices et plantes.

Unam sanctam jedenfalls durch zweihundert Jahre bis zu Hugo von Sct. Victor hinaufsteigt, und hält man daran fest, daß hier in einem gewissen Sinne von einer Einsetzung der Fürsten durch die geistliche Gewalt die Rede sei: so ist damit nicht im entferntesten zugegeben, daß die Decretale für die geistliche Gewalt das Recht und die Macht in Anspruch nehme, den weltlichen Fürsten die weltliche Gewalt in jenem Sinne des Wortes zu übertragen, als ob diese letztere etwa lediglich ein Ausfluß der erstern und von ihr abgeleitet sei, so zwar, daß diese Uebertragung eine förmliche Delegation von Seite der Kirchengewalt in sich befasse. Diese vermochte das nicht, da der Grundsatz feststeht, daß die weltliche Obrigkeit eine Anordnung Gottes, nicht der Kirche oder des Papstes ist. Die Bulle Unam sanctam ist aber auch weit davon entfernt, einen solchen Lehrsatz aufzustellen, was klar erhellt, sobald man den Gedankengang derselben schärfer in das Auge faßt. An der fraglichen Stelle spricht sie nemlich von der Erhabenheit der geistlichen Gewalt über die weltliche, und deutet auf den Beweis hin, welcher für diese Wahrheit aus der Natur der Sache entspringt [1]). Das Geistliche steht überhaupt, sagt sie, an Würde und Adel höher als das Weltliche, also auch die geistliche höher als die weltliche Gewalt. Daran reiht sie weitere besondere Argumente für jene Wahrheit aus dem öffentlichen Rechte des Mittelalters und aus der Ordnung der Schöpfung überhaupt, welche in die Augen springe. Diese höhere Stellung der geistlichen Gewalt — fährt die Decretale fort — geht aber nicht minder klar aus gewissen Rechtsverhältnissen zwischen Staat und Kirche, als aus dem Gesetze des Weltalls selbst hervor. Die Völker geben der Kirche den Zehnten, die Könige werden von ihr geweiht[2]), empfangen aus ihren Händen die Insignien ihrer Macht und wer-

---

[1]) Spiritualem autem et dignitate et nobilitate terrenam quamlibet praecellere potestatem, oportet tanto clarius nos fateri, quanto spiritualia temporalia antecellunt. c. Unam sanctam.

[2]) Gen. XIV. 18 seqq. Hebr. VII. 1 seqq. Ein oft bei den Kanonisten wiederkehrender Gedanke. Dignior est, qui decimas recipit quam qui decimas tribuit, et minor qui benedicitur, quam quam qui benedicit. Innocenz III. Reg. ep. 18. (Migne CCXVI, col. 1012.)

den von ihr zum Throne geführt; so wie überhaupt das geistige
Princip die materiellen Dinge lenkt[1]). Die Autorität der Schrift
tritt aber noch hinzu um diesen Rechtszustand zu begründen[2]).
Denn sie gibt der Kirche nach dem Ausspruche des Propheten
die Gewalt, nicht nur den irdischen Herrscher mit der Weihe in
die Herrschaft einzuweisen, sondern auch über ihn zu Gericht
zu sitzen wenn er fehlt[3]). In dieser Weise verstehen wir das
instituere, und wir glauben damit keine gezwungene Auslegung
zu geben. Die Kirche ertheilt gleichsam, um einen kanonistischen
Ausdruck zu gebrauchen, die institutio corporalis, welche das
Recht nicht gibt, sondern in dessen factischen Besitz einweist.
Wir sagen: gleichsam. Denn es bleibt jedenfalls in Frage, ob
dieser technische Terminus seinem ganzen Sinne nach hier in
Anwendung komme[4]).

---

[1]) Quod etiam ex decimarum datione et benedictione et sanctificatione,
ex ipsius potestatis acceptione, ex ipsorum rerum gubernatione claris oculis
intuemur. c. Unam sanctam.

[2]) Nam, veritate testante, spiritualis potestas, terrenam instituere habet,
et judicare si bona non fuerit. Ibid.

[3]) **Glossa ad vocem.** Nam veritate testante..... Continuetur
ergo sic: Benedictum est, quod potestas Ecclesiastica potestatem terrenam
benedicit, sanctificat, et ab ea potestas terrena potestatem accipit. Nam
veritate attestante, id est, canone Bibliae asserente, spiritualis potestas
terrenam potestatem instituere habet: et supple, si habet eam instituere,
habet eam judicare, si bona non fuerit: quia cujus est condere, ejus est
destruere...... Sic enim secundum hunc modum de Ecclesia et Ecclesiastica potestate verificatur vaticinium Hieremiae: Ecce constitui te
hodie, id est, a die qua formata est Ecclesia, super gentes et regna,
ut evellas, et destruas et disperdas et dissipes ea destituendo:
aedifices et plantes ea instituendo. Notandum autem, quod dicit: veritate testante spiritualis potestas terrenam instituere habet, quia, ut patet ex
veteri lege et ex canone Bibliae, primum a Deo sacerdotium institutum est,
et post, jubente Domino, per sacerdotium regalis potestas ordinata est.

[4]) Bouix, De Papa, Tom. III, l. c. S. 24. ..... apud eruditos
jam explorata res est, Hugonis a S. Victore tempore et anterioribus sae-
culis hanc generaliter viguisse catholicorum persuasionem: Principi quidem
ex electione vel jure nativitatis (pro vario regionum aut temporum
instituto) jus quoddam acquiri ad obtinendam potestatem regiam, ita nempe
ut eam non adipisceretur aut legitime exercere valeret, nisi accepta con-
secratione. Ei proinde ante ritum sacrum jus in rem attributum fuisse,
non jus in re, quod posterius in ipsum ab Ecclesia dimanare existimabatur.

Mit dieser Auffassung steht auch die erhabene Liturgie im Einklange, welche die Kirche für die Königskrönung festgesetzt hat [1]). Gleich beim Beginne der feierlichen Handlung in den ersten Worten der Anrede ist als Zweck ausgesprochen: die Salbung und die Uebergabe der Insignien [2]). Mögen auch andere Worte dieser Liturgie mehr auf eine Uebertragung der fürstlichen Gewalt lauten [3]), sie werden wiederum durch andere in der rechten Weise beschränkt, und nirgends findet sich ein Ausdruck, welcher zu der Deutung berechtigte, als vollzöge hier die Kirche einen politischen Act der Uebertragung weltlicher Gewalt [4]).

Hanc ipsissimam generalem persuasionem expressit Hugo verbis apertissimis. Wir lassen es dahingestellt sein, ob dieser große Theologe so dachte; jedenfalls geht die Bulle Unam sanctam nicht so weit, daß sie das historisch gewordene mittelalterliche Staatsrecht definire, da sie nur die Principien des Christenthums, aus welchen sich jenes entwickelt hat, zum Gegenstande haben kann.

[1]) Pontificale romanum. De benedictione et coronatione regis.

[2]) Cum hodie per manus nostras, optime Princeps, qui Christi Salvatoris nostri vice in hac re fungimur, quamvis indigne, sacram unctionem et Regni insignia sis suscepturus: bene est, ut te prius de onere, ad quod destinaris, moneamus.

[3]) Z. B. „.... Postulat Sancta mater Ecclesia Catholica, ut praesentem egregium militem ad dignitatem regiam sublevetis." — „Scitis illum esse dignum et utilem ad hanc dignitatem." — „Regiam hodie suscipis dignitatem et regendi fideles populi tibi commissos curam sumis." — „... super hunc famulum tuum, quem supplici devotione in Regem eligimus, benedictionum tuarum dona multiplica, eumque Dexterae tuae potentia semper et ubique circumda."

[4]) Z. B. In der Oration gleich nach der Salbung: Quaesumus omnipotens Deus, ut famulus tuus, Rex noster, qui tua miseratione suscepit regni gubernacula, virtutum etiam omnium percipiat incrementa. Bei der Uebergabe des Schwertes: Accipe gladium de altari sumptum per nostras manus, licet indignas, vice tamen et auctoritate sanctorum Apostolorum consecratas, tibi regaliter concessum nostraeque benedictionis officio in defensionem sanctae Dei Ecclesiae divinitus ordinatum. Bei der Inthronisation: Sta et retine amodo locum tibi a Deo delegatum per auctoritatem omnipotentis Dei et per praesentem traditionem nostram, omnium scilicet Episcoporum ceterorumque Dei servorum etc. Es läßt sich dabei nicht verkennen, daß die Kirche durch ihre Weihe der weltlichen Königswürde einen höhern Charakter verleiht, und das Fürstenamt gleichsam zu einem priesterlichen macht. Dieser tiefe Gedanke

Wenn aber auch in solcher Weise, je mehr man in den eigentlichen Gedankengang der Decretale eindringt, die erhobenen Schwierigkeiten schwinden und die vermeintlich Anstoß gebenden Stellen sich in ihrem wahren, durchaus unverfänglichen und berechtigten Sinne erklären, so bleibt die Bulle Unam sanctam doch immerhin eine Urkunde von so idealem Gehalte, daß es Wunder nehmen müßte, wenn sie weniger Mißverständnisse, Verdächtigungen und Herabwürdigungen zu erleiden gehabt hätte, als dies wirklich der Fall ist. Die Decretale bewegt sich aber gerade um deßwillen auf solcher Höhe, weil sie nicht nur die wahren christlichen Principien bezüglich des Verhältnisses zwischen Staat und Kirche verkündigt, sondern dabei auch den erhabensten Standpunkt, welcher gedacht zu werden vermag, und im Mittelalter theilweise verwirklicht war, einnimmt. Es kann nämlich keine Frage sein, daß sich das Verhältniß zwischen den beiden Gewalten, abgesehen von den Principien, welche davon unberührt bleiben, in der Wirklichkeit in vollkommenerem und unvollkommenerem Maße darstellen kann. Denn auch dieses Verhältniß hat seine Rechtordnung, welcher Befugnisse und Pflichten entspringen und jene können mehr oder weniger uneigennützig in Anspruch genommen, diese mehr oder minder opferwillig geleistet werden, ohne daß dabei die einfache Linie der Gesetzmäßigkeit verletzt würde. Wenn wir das an jenen beiden Bildern veranschaulichen sollen, welche so häufig bezüglich des Verhältnisses von Kirche zu Staat gebraucht werden, so bleibt auch in der Frage, wie weit sich die Herrschaft der Seele über den Leib erstrecken solle, ein weiter Spielraum, ohne

---

ist in der Liturgie deutlich genug ausgesprochen. Von der Krone heißt es: Quam sanctitatis gloriam et honorem et opus fortitudinem significare intelligas, et per hanc te participem ministerii nostri non ignores: ita ut sicut nos in interioribus pastores rectoresque animarum intelligimur, ita et tu in exterioribus verus Dei cultor strenuusque contra omnes adversitates Ecclesiae Christi defensor assistas, regnique tibi, a Deo dati et per officium nostrae benedictionis in vice Apostolorum omniumque Sanctorum, regimini tuo commissi utilis executor proficuusque regnator semper appareas etc. Bei der Inthronisation wird der Fürst als **Mittler zwischen Klerus und Volk** bezeichnet: .... quatenus mediator Dei et hominum, te mediatorem Cleri et plebis permanere faciat.

daß dabei das richtige Verhältniß der geistigen Sphäre im Menschen zu der körperlichen an und für sich gestört wäre. Von der Erfüllung der unerläßlichen Christenpflicht in dieser Beziehung bis hinauf zu dem erhabenem Standpunkte, zu welchem das vollkommen geheiligte Leben sich erschwungen hat, gibt es unendlich viele Abstufungen. Ebenso vermag die Ehe mehr oder weniger vollkommen aufgefaßt zu werden: und es ist ein großer Unterschied zwischen dem geordneten Hausstande christ= licher Eheleute, wie er die gewöhnliche Regel bildet, oder wenigstens bilden sollte, und jenem Verhältnisse zwischen den Ehegatten, welche sich über die ideale Auffassung ihres sacramen= talen Bundes verständigt haben.

Die Kirche war aber berechtigt, ja sogar verpflichtet, zu jener Zeit den katholischen Völkern gleichsam einen Spiegel des vollkommen christlichen Staatsrechtes vorzuhalten, nachdem bereits seit einem halben Jahrtausende die christliche Gesellschaft in die Bahnen eingelenkt hatte, welche zu jenem hohen Ziele des idealen Verhältnisses zwischen Staat und Kirche hinaufführen. Je mehr der apostolische Stuhl die Zeichen der Zeit erkannte und voraussah, in welches unabsehbare Unheil die Nationen getrieben wurden, welche sich der Kirche zu entfremden begannen, desto entschiedener mußte er seine Aufgabe erfassen, dem ver= hängnißvollen Bruche des geheiligten Bandes zwischen den bei= den Gewalten entgegen zu wirken, und mit dem Aufgebote aller Kräfte die christliche Ordnung der Dinge, wie sie bestand, auf= recht zu erhalten. Frankreich und sein Fürst gab damals, wie so oft in der Geschichte, den Ton an; und das gewaltthätige Auftreten Königs Philipp des Schönen, die Unehrerbietigkeit, welche der französische Adel gegen den Papst zur Schau trug, die unentschiedene Haltung des Klerus dieses Landes zeigten nur zu deutlich, wie weit das Unheil bereits vorangeschritten war. In dem leidenschaftlichen Kampfe der Geister entwickelten sich die Ideen des Nationalkirchenthums, welche die durch das griechische Schisma schon so schwer geschädigte katholische Einheit zu zerreißen drohten. Man warf dem Papste vor, daß er sich eine unbefugte Herrschaft über die weltlichen Gewalten anmaße; aber die Verleumdung war nur der Deckmantel der Auflehnung gegen alle geistliche Gewalt, welche der Cäsaropapismus abermals in die Hand des weltlichen Machthabers spielen wollte. Das war für die Kirche Grund genug, um solcher Vermessenheit geraden Weges entgegenzutreten. Die Fassung der Bulle Unam sanctam scheint es aber anzudeuten, daß man es zwar bei der allgemeinen Verwirrung und Erbitterung für gerathen hielt, von dem obschwebenden Zerwürfnisse zwischen der Krone Frankreich und dem apostolischen Stuhle abzusehen, nichtsdestoweniger jedoch die Nothwendigkeit erkannte, der Wahrheit ein feierliches unumwundenes Zeugniß zu geben. So kam auf jenem römischen Concile die Constitution Unam sanctam zu Stande, welche die französische Frage gänzlich bei Seite läßt, kein Urtheil über erhobene Zweifel oder begangene Frevel spricht, sondern in dogmatischer Fassung die Einheit und Einzigkeit der Kirche unter Einem Haupte, deren selbstständiges Gebiet und souveräne Stellung, ihr Verhältniß zu der weltlichen Gewalt und die Unterordnung der letzteren unter die geistliche ausspricht, dann auf den übernatürlichen Ursprung dieser von Gott an Menschen übertragene Gewalt hinweist, und mit dem Glaubenssatze schließt, daß das ewige Heil von dem gesammten Menschengeschlechte die Unterwerfung unter die geistliche Gewalt des Statthalters Christi auf Erden erheische [1]).

---

[1]) Bianchi, Della Potestà e della Politia della chiesa. Tom. II, Lib. VI, § VII, Nr. VII. Finalmente è necessario mirare all' occasione, che ebbe Bonifacio di pubblicar questa costituzione, la quale occasione fu, che sdegnando Filippo riconoscere l'autorità suprema del Pontefice nell' esercizio di quello spiritual potestà, che a lui appartiene di correggere ogni uomo per ragion del peccato, e a quest'effetto negandogli apertamente ubbidienza, et impediendo i Prelati di Francia a prestargliela; acciochè un sí pernicioso esempio non fosse cagione di gran scandalo nella Chiesa, fu necessario che ei dichiarasse, ogni uomo esser suggetto al Romano Pontifice per necessità di saluto; e che nella parte espositiva di questa sua definizione facesse vedere che la potestà terrena e temporale non esenta i Principi Christiani dalla suggezione alla potestà spirituale, cosichè non possa da questa per ragion del peccato esser ripresa, ammonita, corretta et indirizzata all' eterna saluto. Questa è lo scopo della costituzione Unam sanctam tanto malo lacerata, o allora da i defensori di Filippo e ora da i contradittori della potestà indiretta di chiesa. Der Inhalt der Bulle scheint aber hiemit nicht erschöpft.

Hiernach wird sich das Verhältniß des Capitels Unam sanctam zu dem Capitel Per venerabilem unschwer feststellen lassen. Die Extravagante von Bonifacius VIII bewegt sich lediglich in principiellen Sätzen, und hat keinen einzelnen Fall im Auge, welcher zu entscheiden wäre. Die Innocentianische Decretale dagegen enthält die Entscheidung eines einzelnen bestimmten Falles; sie weist das Bittgesuch Wilhelms von Montpellier um Legitimation seiner unehelichen Kinder ab. Ist aber in solcher Weise das Capitel Per venerabilem auf ein engeres Gebiet beschränkt, so erweitert sich dort der kanonische Gesichtskreis durch verschiedene Rechtsfragen, welche nothwendig zur Erörterung kommen. Namentlich aber ist dies der Fall bei jenem Ausspruche von Innocenz, womit derselbe für gewisse Fälle ausnahmsweise dem apostolischen Stuhle eine Jurisdiction in weltlichen Angelegenheiten beilegt [1]). Hier kann gesagt werden, daß die Decretale von Innocenz III gleichsam einen allgemeineren Standpunkt einnimmt, und die päpstliche Autorität mit ausdrücklichen Worten noch weiter ausdehnt, als dies dem Wortlaute, aber allerdings nicht dem Sinne nach, in der Bulle Unam sanctam geschieht. Denn wenn wir in letzterer lesen, daß die geistliche Gewalt die weltliche richte, wenn sie nicht gut sei [2]) und vom rechten Pfade abweiche [3]), so ist darin unbestreitbar ausgesprochen, daß die geistliche Gewalt auch in das weltliche Gebiet in gewissen Fällen einzugreifen habe. Aber diese Zuständigkeit beschränkt sich dann zunächst auf die Fälle, in welchen sich die weltliche Macht von dem Pfade der Gerechtigkeit und der guten Sitten verirrt: woraus sich ergibt, daß in diesem Punkte das Capitel Unam sanctum in völliger Uebereinstimmung mit dem besprochenen Capitel Novit bleibt, wo Innocenz III für den Fall der Verletzung des christlichen Sittengesetzes das Ein-

---

[1]) — quod non solum in Ecclesiae patrimonio, super quo plenam in temporalibus gerimus potestatem, verum etiam in aliis regionibus, certis causis inspectis, temporalem jurisdictionem casualiter exercemus. c. Per ven.

[2]) — spiritualis potestas terrenam potestatem instituere habet et judicare, si bona non fuerit. c. Un. sanct.

[3]) Ergo si deviat terrena potestas, judicabitur a potestate spirituali. Ibid.

schreiten der geistlichen Gewalt in weltlichen Sachen beansprucht [1]).

Nichtsdestoweniger erhellt die Uebereinstimmung der Extravagante Unam sanctam und der Decretale Per venerabilem aus dem allgemeinern Satze der ersteren, daß das weltliche Schwert dem geistlichen untergeordnet sein müsse [2]). Denn wenn dieser Satz eine rechtliche und kanonistische Bedeutung haben soll, so kann es sich nicht etwa lediglich um einen Ehrenvorzug handeln, welcher der geistlichen Gewalt vor der weltlichen zustände; sondern es muß vielmehr die geistliche Gewalt eine höhere Instanz bilden, deren Bereich die Bulle Unam sanctam nur nach einer Seite hin bezeichnet, wenn sie sagt, daß es der geistlichen Gewalt zustehe, die weltliche einzusetzen und zu richten. Der ganze Umfang dieser Competenz ist in der Decretale Per venerabilem dargelegt, wo Innocenz III die an den französischen Königskindern vollzogene Legitimation durch die Aufstellung des allgemeinen Satzes rechtfertigt, daß dem apostolischen Stuhle auch in weltlichen Angelegenheiten ausnahmsweise unter gewissen Vorbedingungen eine Jurisdiction zustehe.

In diesem Sinne hat auch, wie wir alsbald zu zeigen versuchen, die kanonistische Doctrin unsere Quelle ausgelegt.

Wir verzichten darauf, in andere hierher einschlagende Decretalen, worunter namentlich Capitel Venerabilem [3]) und Capitel Solitae [4]), einzugehen. Denn, wie wir schon im Eingange dieser Schrift [5]) bemerkt haben, bewegt sich die letztere Decretale nur in allgemeinen Gedanken über den Vorrang des Priesterthums, und die erstere behandelt einen Gegenstand, die Kaiserwahl nämlich, welcher zu sehr mit einem positiven, historisch gewordenen Rechtszustande zu rechnen hat, als daß sie dazu

---

[1]) Non enim intendimus judicare de feudo — sed decernere de peccato, cujus ad nos pertinet sine dubitatione censura, quam in quemlibet exercere possumus et debemus. c. Novit.

[2]) Oportet autem gladium sub gladio esse, et temporalem auctoritatem spirituali subjici potestati. c. Un. sanct.

[3]) 34, X. de electione et electi potestate. (I, 6.)

[4]) 6, X. de majoritate et obedientia. (I, 23.)

[5]) Siehe S. 6.

dienen könnte, hier die Principien zu erläutern: obgleich die Betrachtung der historischen Schöpfung des christlichen Kaiserthums nothwendiger Weise auf den Grundgedanken unserer Untersuchung führen würde.

§ 8.

Die kanonistische Doctrin über das Verhältniß der beiden Gewalten. Gegensätze und Irrthümer. Das dreifache Reich Christi nach Bellarmin.

Die Erörterung hat bisher, wenn dieses nicht zuvor bekannt gewesen wäre, zur Genüge dargethan, welche Schwierigkeiten die Materie bietet, die wir hier behandeln. Dieselben sind freilich vielfach durch die subjectiven Auffassungen veranlaßt und in den Stoff hineingetragen; aber sie liegen doch in nicht geringem Maße in diesem selbst, indem er auf die innersten Principien des kanonischen Rechtes zurückführt und mit den Fundamentallehren der kirchlichen Verfassung, welche in ein eigenthümliches Dunkel gehüllt erscheinen, auf das engste zusammenhängt. So müßte es weit mehr Wunder nehmen, wenn die geschichtliche Entwickelung dieser Doctrin weniger Verirrungen und Mißgriffe aufzeigte, als dies wirklich der Fall ist. Sicherlich aber hätten sich die Streitpunkte nicht so vervielfältigt, und die ganze Frage wäre nicht, wie das wirklich geschah, verschoben worden, wenn auf der einen Seite der leidenschaftliche Haß gegen den Stuhl Petri nicht unermüdlich, und dabei wenig wählerisch in in den Waffen des Kampfes gewesen wäre, auf der andern Seite aber mehr Muth und Entschlossenheit in der Vertheidigung der Wahrheit gegenüber der Zeitströmung und Tagesmeinung sich gezeigt hätte.

Wenn wir es nunmehr versuchen, die irrigen und falschen Meinungen über das Verhältniß der beiden Gewalten zu erörtern und ihr dann die richtige kirchliche Lehre gegenüber zu stellen, so erachten wir es zunächst nicht als unsere Aufgabe, überall in das Einzelne einzugehen. Sind doch die Ansichten der

Kanonisten und Dogmatiker in dieser Materie die mannich=
faltigsten, und stufen sich in unzähligen subjectiven Anschauungen
ab, so daß deren erschöpfende Aufzählung, wenn man sich ihr
unterzöge, nur zu verwirren vermöchte. Es kann sich nur
darum handeln, auf der einen Seite die hauptsächlichen Ver=
irrungen zu bezeichnen, und anderseits einen klaren Ueberblick
über die geschichtliche Entwickelung der gesunden Doctrin zu
geben. Charakteristisch bleibt es, daß die allzugroße Ausdeh=
nung der päpstlichen Gewalt ausschließlich ihre Vertreter im
Mittelalter hat, während die Läugnung und die Verkürzung
derselben zwar dieser Periode der Geschichte nicht fremd sind,
aber ihre Anwälte bis herab in unsere Zeit finden.

Eine Uebertreibung ist vor allem jene abenteuerliche Doctrin,
welche den Papst in solcher Weise zum Herrn der Welt macht, daß ihm
sogar ein förmliches Eigenthum des ganzen Erdkreises zustände ¹).
Eine solche Behauptung, welche sich so weit verirrt, den privat=
rechtlichen Begriff des Eigenthums in eine Frage des öffent=
lichen Rechtes hereinzuziehen, verdient kaum eine Widerlegung.
Bellarmin hat sie nichtsdestoweniger gegeben, indem er die
Falschheit der drei Sätze nachweist, als ob der Papst der Herr
der ganzen Welt, oder aller christlichen Länder oder überhaupt
nach göttlichem Rechte der weltliche Herrscher über irgend ein
Gebiet sei ²). Verwandte Ansichten, welche aber im Grunde
nicht soweit gehen, wenn sie auch nichtsdestoweniger unhaltbar
erscheinen, sind jene des Hostiensis, welcher dem Papste eine
unbeschränkte Gewalt über alle Nichtchristen einzuräumen scheint ³),

---

¹) Molina, De justitia. Tract. II, Disp. 29. Alii (ut Joannes Pa-
risiensis de potestate regia et papali in principio et cap. 11 refert) Summo
Pontifici tribuunt, non solum dominium jurisdictionis temporalis in universum orbem, sed et dominium proprietatum, ita ut, si usurarium absolvat,
non teneatur deinceps usurarius restituere, quae per injustitiam acquisivit;
et si res unius alteri concedat, teneat factum, esto Summus Pontifex peccet.

²) Bellarminus, De Romano Pontifex. Lib. V, Cap. II. Quod
ad primum attinet, tria ordine probabimus. Primo, Papam non esse Dominum totius orbis. Secundo, non esse Dominum totius orbis Christiani.
Tertio non esse Dominum ullius provinciae, aut oppidi, nullamque habere
jure divino jurisdictionem mere temporalem.

³) Hostiensis, Comm. in c. Quod super his, De voto et vot. red.
(III. 34.) Credimus tamen, imo scimus, quod Papa est generalis vicarius

jene des Aegidius von Rom, welcher den Satz aufstellt, daß außer der Kirche von einem rechtmäßigen Eigenthum keine Rede sein könne¹), jene des Alvarus Pelagius und des Alvarez Guerrerus, welche dem Hostiensis folgen, und mit andern behaupten, ein heidnischer Fürst besitze kein rechtmäßiges Gebiet²), und wer kein Christ sei, könne keine weltliche Herrschaft ausüben³). Die allgemeine Lehre folgte aber dem h. Thomas von Aquin, welcher in seiner gewohnten bündigen Weise die Unhaltbarkeit einer Theorie darlegte, gemäß welcher das Naturrecht unberücksichtigt bliebe, und das darauf begründete positive

---

Jesu Christi Salvatoris, et ideo potestatem habet non solum super christianos, sed etiam super omnes infideles, cum Christus plenariam receperit potestatem.... Mihi tamen videtur, quod in adventu Christi omnis honor et omnis principatus et omne dominium et jurisdictio de jure et ex causa justa et per illum, qui supremam manum habet nec errare potest, omni infideli subtracta fuerit et ad fideles translata.

¹) Aegidius Romanus, De eccl. potestate. P. II, c. 7 (l. c.) — volumus descendere ad propositum et ostendere, quod nullum sit dominium cum justitia nec rerum temporalium nec personarum laicarum, nec quorumcunque, quod non sit sub Ecclesia et per Ecclesiam, ut agrum vel vineam, vel quodcunque, quod habet hic homo, vel ille, non possit habere cum justitia, nisi habeat id sub Ecclesia et per Ecclesiam. — c. 8. Quod nullus est dignus haereditate paterna, nisi sit servus et filius Ecclesiae, et nisi per Ecclesiam sit dignus haereditate aeterna. Und dennoch stellt Aegidius im dritten Buche unter anderm wiederum die These auf (c. 2): Cum Ecclesia super temporalibus habeat universale dominium, quomodo intelligendum est, quod summus pontifex non vult jurisdictionem regum perturbare, et quod non ad Ecclesiam, sed ad reges spectat de possessionibus judicare. Eine Beschränkung, welche fast wie ein Widerspruch lautet.

²) Alvar. Pelagius, De planctu Ecclesiae. Lib. I, art. 13: Item imperatores pagani et idolatrae nunquam juste possiderunt accipiendo justitiam theologice vel divine.

³) Alphonsus Alvarez Guerrerus, De jure ac potestate Romanorum Pontificum, Imperatorum, Regum et Episcoporum aliisque ad jus pertinentibus, c. 31, n. 16. Ideo mihi videtur, quod in adventu Christi omnis honor et omnis principatus et omne dominium et jurisdictio de jure et ex causa justa per illum, qui habet supremam manum nec errare potest, omni infideli subtracta fuerit et ad fideles translata. (Die ganze Stelle ist dem Hostiensis entlehnt. Siehe oben S. 112, Anm. 3) Nr. 17. Et licet omnis potestas dicatur a Deo, quandoque tamen potestas non a Deo est, sed ex perverso hominis appetitu, qui per ambitiones vel quocunque alio illicito modo potestatem adipiscitur etc.

menschliche Recht seine Geltung verlöre¹). Ueberhaupt steht fest, daß die Kirche gegenüber den Nichtgetauften keinerlei Jurisdiction in Anspruch nimmt²). Bezüglich des Papstes aber lehrt die offenbar richtige Meinung, daß er selbst in Betreff der Kirchengüter nicht als Herr und Eigenthümer, sondern als höchster Verwalter zu betrachten sei, da das Eigenthum daran den einzelnen Kirchen und kirchlichen Stiftungen zustehe³).

---

¹) S. Thom. Summa 2. 2. qu. 12. a. 2. Infidelitas secundum se ipsum non repugnat dominio, eo quod dominium introductum est de jure gentium, quod est jus humanum; distinctio autem fidelium est secundum jus divinum, per quod non tollitur jus humanum.

²) S. Thomas ibid. Ad Ecclesiam autem non pertinet punire infidelitatem in illis, qui nunquam fidem susceperunt, secundum illud Apostoli: Quid mihi de his qui foris sunt? — Tarquini, Juris eccl. publ. inst. Lib. I, Cap. I, Sect. 2, Art. 2, S. 111. De Ecclesiae potestate quoad infideles.

³) Molina, De justitia Tract. II, Dis. 29, concl. 2. Licet summus Pontifex jurisdictionem universalem habeat in temporalia bona Ecclesiae, non tamen est illorum Dominus, sed dispensator ac gubernator, qui proinde non ad libitum de illis potest disponere, sed solum ex rationabili causa, adeo ut si illa donet absque aliqua causa, donatio sit nulla; et tam ipse, quam donatarius teneatur ad eorum restitutionem Ecclesiae illi, ad quam pertinet. Haec est Turrecrematae 2. libro Summae c. 113 propositione 6. Cajetani in hac 2. 2. qu. 43. art. 8 quo loco eam ostendimus, et est communis. Ratio vero illius est, quoniam hujusmodi bona non sunt collata Summis Pontificibus, aut aliis praelatis Ecclesiae, sed quaedam Ecclesiae Romanae, quaedam vero particularibus Ecclesiis, ut Toletanae, Eboracensi et caeteris. Quo fit, ut eorum dominium non sit apud Summum Pontificem, aut alios praelatos, sed apud Ecclesias ipsas, quibus talia bona donata sunt: praelati vero sint dispensatores et gubernatores eorum. At vero Summus Pontifex, quatenus caput est Ecclesiae universalis, illorum omnium bonorum fit dispensator et gubernator universalis, non solum eorum quae propria sunt Ecclesiae Romanae, sed etiam omnium universim ad quascunque Ecclesias pertinentium, quae eo ipso ad Ecclesiam universalem pertinent, cujus Summus Pontifex est caput et gubernator, habens sibi subordinatos et a se dependentes dispensatores et administratores bonorum omnium particularium Ecclesiarum. Hac ergo de causa licet Summus Pontifex dispensator sit et jurisdictionem habeat in omnia bona temporalia Ecclesiae universalis, non tamen est eorum dominus, neque potest de illis ad libitum suum disponere. Comparatione vero bonorum, quae particularia et propria sunt singulorum, tam saecularium, quam Ecclesiasticorum nec ipse, nec rex, aut Imperator dominium habent proprietatis: quin neque eorum dispensationem, eo quod non sint bona communitatis, ut eorum dispensatio ad rectores communitatum pertineat, sed sint bona propria singulorum, quorum proinde dispensatio ad ipsos, et non ad rectores multitudinis spectat.

Jene andere Anschauung von dem Verhältnisse der beiden Gewalten, welche sich zwar nicht auf das Gebiet des Privatrechtes verirrt, und namentlich gewissen Kanonisten des Mittelalters zugeschrieben wird, erscheint nicht minder unhaltbar, obgleich sie sich von jenen Uebertreibungen ferne hält. Nach dieser Meinung besteht, wie Suarez auseinandersetzt, in der Kirche nur ein höchstes Haupt, welchem auch die höchste Gewalt in weltlichen Dingen unmittelbar zustehen soll, und dieses Haupt ist gemäß der Anordnung des göttlichen Stifters der Kirche der Papst. Daraus wird dann geschlossen, daß weder Kaiser noch König noch sonst irgend eine legitime Obrigkeit in der Christenheit souveräne weltliche Gewalt besitze, weil auf demselben Gebiete zwei höchste Gewalten neben einander nicht bestehen können. Die natürliche Folge dieser Theorie war, daß man so weit ging, die weltlichen Fürsten als die Statthalter und Beamten des Papstes zu bezeichnen, welche diesem in allem Rechenschaft zu stehen haben und seinem Gerichte in jeder Beziehung unterworfen sind [1]). Daß auch hier wieder bei den einzelnen Schriftstellern mannichfache Beschränkungen und Er-

---

[1]) Suarez, Defensio fidei contra Anglos, Lib. III, cap. V. Fuit itaque quorumdam catholicorum, praesertim jurisperitorum sententia ... in universa Ecclesia catholica unum tantum esse supremum principem temporalem, habentem per se et directe supremam potestatem civilem in universam Ecclesiam, eumque esse summum Pontificem ex Christi institutione. Unde consequenter collegere, nullam rempublicam, nullum regem aut imperatorem habere supremam potestatem in temporalibus, quia non possunt esse duo capita in eodem ordine. Igitur si Pontifex habet supremam potestatem directe ac per se, necesse est, ut in reliquis omnibus principibus temporalibus non sit suprema potestas, quia nullus erit qui superiorem in temporalibus non recognoscat. Imo aliqui etiam addunt, omnia jura regnorum et dominia Petro collata esse tamquam Christi vicario, et ita Romanum pontificem in illo jure succedere; ideoque supremam potestatem civilem in habitu (ut ipsi loquuntur) solum esse in Pontifice, quamvis per alios reges ex tacita vel expressa concessione illam administret. Ita loquuntur praecipue ex antiquis juris Pontificii interpretibus, Glossa, Innocentius, Hostiensis, Joannes Andreae, Panormitanus, Felinus et Decius ... Et ex interpretibus juris Caesarei, Bartholus, Oldradus, Paulus de Castro et alii, quos Navarrus et Covarruvias infra citandi referunt. Quibus accessit divus Antoninus. (III. p. tit. XXII, c. V, § 13 u. 17.) Alvarus Pelagius et Augustinus de Ancona cum multis aliis. Cf. Bellarmin De Summo Pontifice, Lib. V, c. 1.

weiterungen des Gedankens vorkommen, liegt in der Natur eines so schwierigen Gegenstandes. Als der älteste Vertreter dieser Meinung wird wahrscheinlich mit Recht Johannes von Salisbury¹) genannt; er spricht ausdrücklich, wie auch sein Zeit- und Leidensgenosse Thomas von Canterbury²) von einer Uebertragung der weltlichen Gewalt von Seite der Kirche an die Fürsten³). Ebenso behauptet mehr als ein Jahrhundert später Aegidius von Rom in seiner dem Papste Bonifacius VIII gewidmeten Schrift, daß die königliche Gewalt durch die kirchliche da sei und von dieser angeordnet werde⁴). Augustinus von Ancona (Triumphus), wie Aegidius ein Schüler des hl. Thomas von Aquin, widmete nicht lange hernach dem Papste Johannes XXII eine Schrift über denselben Gegenstand, welche vielleicht die schärfste Ausprägung jenes Systems enthält, das den Namen der Theorie der directen Gewalt des Papstes im Zeitlichen trägt⁵). Hier lehrt er mit den unzweideutigsten

---

1) Joannes Saresberiensis, Polycraticus sive de nugis curialium. (Migne PP. lat. CXCIX.)

2) S. Thom. Cant., Lib. I, ep. 64 ad Henricum Regem. — Et quia certum est, reges potestatem suam accipere ab Ecclesia, non ipsam ab illis sed a Christo, ut salva pace vestra loquar, non habetis Episcopis praecipere, absolvere aliquem vel excommunicare etc.

3) Joann. Saresb. Polycraticus, Lib. IV, c. 3. Hunc ergo gladium de manu Ecclesiae accipit princeps, cum ipsa tamen gladium sanguinis omnino non habeat. Habet tamen et istum, sed eo utitur per principis manum, cui coercendorum corporum contulit potestatem, spiritualium sibi in pontificibus auctoritate reservata. Est ergo princeps sacerdotii quidem minister, et qui sacrorum officiorum illam partem exercet, quae sacerdotis manibus videtur indigna. Sacrarum namque legum omne officium religiosum et pium est, illud tamen inferius, quod in poenis criminum exercetur, et quandam carnificii repraesentare videtur imaginem.

4) Aeg. Rom. De ecclesiastica potestate, P. II, c. 5 l. c. — potestas regia est per potestatem ecclesiasticam, et a potestate ecclesiastica constituta est et ordinata in opus et obsequium ecclesiasticae potestatis, propter quod clarius adparebit, quomodo temporalia sunt sub dominio Ecclesiae collocata.

5) Aug. Triumphus, De potestate ecclesiastica. Quaestio I, art. 1. Primo, utrum sola potestas Papae sit a Deo immediate et nulla alia .... Respondetur, dicendum, quod, dimissis opinionibus, ad quaestionem sic puto esse respondendum: quod loquendo de potestate jurisdictionis temporalis et spiritualis dicere possumus, quod talis potestas est triplex: scilicet

Worten, daß die weltliche Fürstengewalt im förmlichen Verhältnisse des übertragenen und widerruflichen Dienstes zu der Kirchengewalt stehe, und bringt dafür vier freilich nicht stichhaltige Argumente bei.

Zu den Vertretern dieser Ansicht darf aber sicherlich nicht der hl. Bernhard, dessen Aussprüche wir schon kennen [1]), gezählt werden. Einmal gibt er nichts weniger als eine vollständige Theorie, und behandelt die Frage nur gelegentlich mit Hilfe jener mystischen Schriftauslegung der beiden Schwerter, welche die Apostel bei der Gefangennehmung des Herrn mit sich führten. Dann aber lassen sich, wie wir gesehen haben, jene Sätze des hl. Kirchenlehrers, welche auch Bonifacius VIII in der Bulle Unam sanctam wiederholt hat, in ganz anderer Weise

---

immediata, derivata et in ministerium data. Prima potestas jurisdictionis omnium spiritualium et temporalium est solum in Papa. Secunda potestas est in omnibus episcopis et praelatis. Tertia potestas jurisdictionis temporalis est in omnibus imperatoribus, regibus et principibus saecularibus.... Sed quod potestas temporalis imperatorum, regum, et aliorum principum saecularium sit in ministerium data a Deo Papae et aliis praelatis Ecclesiae in quibus resident potestas spiritualis, probatur quantum ad praesens quattuor rationibus. Primo sic: illa potestas est data in ministerium alteri, per quem habet institui, regulari, ordinari atque confirmari, si bona sit: et per quem habet judicari et condemnari, si non bona sit. Sed talis est potestas saecularis imperatorum, regum et principum, quae per potestatem Papae habet institui, regulari et ordinari, si bona est, et per ipsam habet condemnari et judicari, si bona non sit. Ergo talis potestas non est immediate a Deo, sed est in ministerium potestatis spiritualis data. ... Secundo sic: illa potestas est in ministerium data alteri, cui juramentum fidelitatis praestat, et ab eo cognoscit omne quod habet. Sed omnis potestas saecularium principum, imperatorum et aliorum est talis.... Tertio sic: illa potestas est in ministerium data alteri, quae est subdelegata respectu ejus. Nam (ut dicitur XI. qu. 1. c. Quicunque litem habens), cuilibet licitum est sacrosanctae sedis antistitis judicium eligere. Ergo omnis potestas saecularis est in ministerium data potestati spirituali. Quarto sic: illa potestas est in ministerium data alteri, quae est restringenda, amplianda, et executioni mandanda ad imperium illius, cui est in ministerium data. Sed talis est omnis potestas saecularis.... Potestas ergo jurisdictionis spiritualium et temporalium immediata est in solo Papa. Derivata vero est in omnibus Episcopis et praelatis. Sed in omnibus saecularibus principibus est in ministerium data. Et ista est conclusio, quam nunc ad praesens teneo de quaestione.

[1]) Siehe oben S. 92, Anm. 1 u. 2.

erklären. Das Irrige jener Ansicht besteht hauptsächlich darin, daß die selbstständige Eigenart der beiden Gewalten, welche verschiedenen Ordnungen angehören, und ihrem Ursprunge und ihren Gebieten nach in bestimmter Weise auseinander zu halten sind, geleugnet oder übersehen wird. Weder bei dem hl. Bernhard, noch auch in der Bulle Unam sanctam läßt sich jedoch Aehnliches finden; denn weder hier noch dort wird der Satz ausgesprochen, daß die weltliche Gewalt lediglich als ein Ausfluß der geistlichen zu betrachten sei, wenn auch der hl. Bernhard lehrt, daß beide Schwerter dem Petrus gehören, und die Bulle Unam sanctam sagt, daß sie beide in der Kirche und in deren Gewalt sich befinden. Wenn der heilige Abt von Clairvaux an einer andern Stelle [1]) von dem dem Papste zustehenden Verfügungsrechte über Königreiche und Kaiserreiche spricht, so wollen wir durchaus den Gedanken des heiligen Kirchenlehrers nicht abschwächen; aber es ist doch erlaubt anzunehmen, daß dieser rhetorische Klimax, auch abgesehen von den wirklichen weltlichen Hoheitsrechten, welche der Papst im Mittelalter vielfach als oberster Lehnsherr besaß [2]), nicht geeignet sei, ein ganzes System darauf zu bauen.

Ebenso wenig kann für jene Meinung der hl. Thomas [3]) angeführt werden, wenn er lehrt, daß in der Machtfülle des

---

[1]) Ep. ad omnem curiam Romanam, quando elegerunt Abbatem S. Anastasii in Papam Eugenium (CCXXXVI). Quid igitur rationis seu consilii habuit, defuncto Summo Pontifice repente irruere in hominem rusticanum, latenti injicere manus, et excussa e manibus securi et ascia vel ligone in palatium trahere, levare in cathedram, inducere purpura et bysso, accingere gladio ad faciendam vindictam in nationibus, increpationes in populis, ad alligandos reges eorum in compedibus, nobiles eorum in manicis ferreis (Ps. CXL)? Sic non erat inter vos sapiens et exercitatus, cui potius ista convenirent? Ridiculum profecto videtur, pannosum homuncionem assumi ad praesidendum principibus, ad imperandum episcopis, ad regna et imperia disponenda.

[2]) Hergenröther, Kath. Kirche und christlicher Staat. V. Die Päpste und die Vasallenreiche. S. 224 ff.

[3]) S. Thomas Aquin. In II lib. Sentent. dist. ultima quaest. II, articulo ultimo. Potestas spiritualis est altior quam saecularis. Si ergo majori potestati magis est obediendum, praelatus spiritualis semper absolvere poterit a praecepto potestatis saecularis, quod est falsum.... Ad quartum

Papstes die geistliche mit der weltlichen Gewalt verbunden sei. Denn zunächst stellt hier der hl. Thomas nur den Unterschied auf, welcher gegenüber der weltlichen Obrigkeit zwischen dem Papste und den übrigen Prälaten der Kirche besteht. Dann aber, wie Bellarmin bemerkt [1]), ist keineswegs gesagt, daß dem Papste die beiden Gewalten in einer und derselben Weise zukommen, worauf wir später zurückkommen werden.

Auch Innocenz IV und Hostiensis werden wir nicht ohne Weiteres, wie das zu geschehen pflegt, und auch von Suarez geschah, zu den Vertretern jener Meinung rechnen. Der gelehrte Innocenz gibt in seinem Commentare zu der Decretale Per venerabilem genug zu verstehen, daß er an der Scheidung und Selbstständigkeit beider Gewalten festhalte [2]); und als Papst hat er, wie wir noch sehen werden, dieselben Grundsätze zur Richtschnur genommen. Es liegt sogar nahe, wie wir versuchen werden zu beweisen, in ihm den eigentlichen Urheber des kanonistischen Terminus der sogenannten indirecten Gewalt zu

---

dicendum, quod potestas spiritualis et saecularis utraque deducitur a potestate divina: et ideo in tantum saecularis potestas est sub spirituali, in quantum est ei a Deo supposita, scilicet in his quae ad salutem animae pertinent: et ideo in his magis est obediendum potestati spirituali, quam saeculari. In his autem, quae ad bonum civile pertinent, est magis obediendum potestati saeculari quam spirituali, secundum illud Matthaei 22, 21: Reddite quae sunt Caesaris Caesari; nisi forte potestati spirituali etiam saecularis potestas conjungatur sicut in Papa, qui utriusque potestatis apicem tenet, scilicet spiritualis et saecularis; hoc illo disponente, qui est sacerdos et rex in aeternum secundum ordinem Melchisedech, rex regum et dominus dominantium, cujus potestas non auferetur et regnum non corrumpetur in saecula saeculorum. Amen.

[1]) Bellarminus, De Romano Pontifice, Lib. V, Cap. V. Secundo responderi potest, velle S. Thom. in Papa esse apicem utriusque potestatis respectu totius orbis Christiani, sed non eodem modo: apicem enim spiritualis potestatis esse in eo directe ac per se, apicem vero potestatis saecularis esse in eodem indirecte et consequenter. Neque enim probabile est, sanctum Thomam existimasse, in rebus mere civilibus magis obediendum esse summo Pontifici, quam proprio Regi, etiam in provinciis Romanae Ecclesiae temporaliter modo subjectis.

[2]) Inn. IV Comm. in IV libr. Decr. Qui filii sint legitimi, cap. Per venerabilem: „Temporalia et spiritualia diversa sunt, et diversos judices habent; nec unus judex habet se intromittere de pertinentibus ad alium, licet se ad invicem juvare debeant."

erblicken, wenn auch sonst Ausdrücke von ihm anders gedeutet zu werden vermöchten. Auch Hostiensis erklärt sich deutlich über die Scheidung der beiden Gewalten schon ihrem Wesen nach ¹).

Dagegen bleibt allerdings kein Zweifel, daß Panormitanus, welcher über die Frage eine ausführliche Erörterung gibt ²),

---

¹) Host. Summa aurea, Lib. IV. Qui filii sint legitimi. Ego jurisdictiones distinctas assero, et utramque a Deo processisse, ut dicit Authentica: Quomodo oportet Episcopos. Tamen quanto altera magis Deo appropinquatur, tanto major est: ergo sacerdotium majus etc.

²) Panormitanus, Comm. in Decr. Lib. II. De judiciis c. Novit. Et ut habeas aliqua principia in hac materia scias, quod duplex est potestas, una spiritualis, quae est penes summum pontificem, alia temporalis, quae penes reges saeculi.... Spiritualis autem est prior temporali in tribus, ut dicit Hostiensis ... in dignitate seu majoritate; item in institutione; item in autoritate seu potestate. Est enim prior in majoritate sicut spiritus est major corpore. Et est prior in institutione, unde sacerdotium Melchisedech praecessit legem scriptam .... Item per sacerdotem Deo jubente fuit ordinata regalis potestas; I Reg. c. 8. in fine dicit Dominus ad Samuelem: Constitue super eum regem. Est ergo sacerdos prior potestate et autoritate, quia spiritualis potestas instituit et judicat temporalia .... Item patet haec majoritas ratione subjecti: quanto quis melioribus praeest, tanto major est ... Sed anima, cui papa praeest, praeferenda est omnibus rebus humanis, quibus imperator praeest ... Ergo papa praeest imperatori. Item hoc probatur ex vi fidei. Sicut enim ponere duo principia, est haereticum .... sic et ponere duos vicarios aequales in terris est hereticum .... Est enim Ecclesia militans divinitus exemplata ab Ecclesia triumphante, dicente Joanne in apocalypsi (cap. 12 in principio). Vidi Hierusalem sanctam novam descendentem de coelo etc. Et Moysi dictum est (Exod. 25) quod omnia faceret secundum exemplum sibi monstratum. Cum igitur in Ecclesia triumphante sit unus princeps summus, cujus obedientiae tota Ecclesia perfectissime est subjecta, scilicet Deus: necessario sequitur, quod etiam Ecclesiae militanti unus summus princeps praesideat. Imperator ille esse non potest, cum non valeat praeesse in spiritualibus: ergo est papa, qui et temporalibus praeesse potest, et per alios ministros saeculi vindictam sanguinis exercere: nam et sacerdotes exercuerunt et habuerunt utramque potestatem .... Item Christus utramque potestatem in hoc saeculo exercuit, quando voluit; unde flagello facto de funiculo ejecit vendentes et ementes de templo, cathedras vendentium columbas evertit et mensas nummulariorum, ut habetur Matth. XXI et Marc. XI ... unde in psalmo: Deus judicium tuum regi da etc. Et hanc simpliciter potestatem transtulit in Petrum dicendo: Pasce oves meas, non distinguens in modo pascendi. Imo cum Petrus diceret: Ecce duo gladii hic, Christus respondit: Satis est. Non dixit: Nimis est. Item cum vellet uti gladio, Christus prohibuit dicens: Mitte gladium

jener Meinung gehuldigt habe, wonach die weltliche Fürsten=
gewalt als Ausfluß der geistlichen angesehen wird. Seine höchst
interessante Ausführung, welche so ziemlich den Abschluß der
hier besprochenen mittelalterlichen Doctrin enthalten dürfte,

<hr />

tuum in vaginam. Non dicit: Abjice gladium. Unde tamen prohibuit
executionem ratione superdicta. Omnia enim illa ponderanda sunt, cum
Christus fere semper loqueretur figurative. Nec obstat, si dicatur, quod
imperium et sacerdotium profluxerunt ex eodem principio, scilicet a Deo
(in Auth. Quomodo oportet episc. in princip. et in c. Solitae, De
majoritate et obedientia: „Fecit Deus duo magna luminaria" etc. ut ibi: et alibi canon dicit: „Cum ad verum ventum, ultra
sibi nec imperator jura pontificatus accipiet, nec pontifex
jura imperatoris usurpet, quoniam idem mediator Dei et
hominum homo Christus Jesus actibus propriis et dignitatibus distinctis officia potestatis utriusque discernit" etc.
XCVI Dist.): quia fatendum est, quod imperium sicut sacerdotium processit a Deo: et nedum summum imperium, imo et quaelibet inferior potestas dicitur a Deo. Unde in passione Christus ait ad Pilatum: Non ha-
beres in me potestatem ullam, nisi data esset tibi desuper.
Sed haec potestas non derivatur in principem saecularem immediate a Deo:
sed per debitam et subalternatam emanationem a vicario Christi Jesu, apud
quem sunt jura coelestis et terreni imperii . . . . Hinc est, quod imperium
transferre potest de certo genere personarum ad aliud genus . . . imperatorem inungit, approbat, confirmat, reprobat, deponit causis exigentibus; et
ab eo juramentum fidelitatis recipit . . . . Et secundum hoc intelligi debet
Apostolus ad Romanos: „Non est potestas nisi a Deo; quae autem
sunt, a Deo ordinata sunt." Vel responderi potest ad praemissum
contrarium et aliter: quod quatenus consideratur potestas temporalis
respectu exercitii, est ex Dei voluntate penes saeculares, sed isti exercentes
istos duos gladios habent se ad invicem, ut minor et major, ut sic unus sit
supremus in Ecclesia militante sicut in triumphante. Nec hoc obstat, quod
Christus tributum solvit, et quae sunt Caesaris Caesari mandavit donari,
quum ipse solvit, ut vitaret scandalum . . . . . Item solvit tributum, in quantum homo, et ut daret aliis exemplum solvendi . . . sicut et legem spiritualiter in omnibus observavit, licet sibi non incumberet necessitas. Nec
simpliciter dixit: Reddite omnia Caesari, sed: quae sunt Caesaris . . . .
Jussit ergo reddi non omnia, sed quae sunt sua. Ex quibus omnibus et
multis aliis, quae possunt adduci, quae brevitatis causa omitto, satis con-
cluditur, quod papa sit major imperatore, et quod penes ipsum papam sit
suprema potestas, licet non habeat exercitium gladii temporalis. Sed diceres:
Ad quid valet ista majoritas et praerogativa, cum non valeat papa perturbare illam jurisdictionem temporalis principis, nec minuere, nec exercere per
se . . . . et ipse Deus exercitium interdixerit, ut supra dictum est. Respondetur, quod valet ad multa. Et primo, ut ipsum imperatorem tamquam
inferiorem destituat exigentibus causis, sicut et pluries legitur factum, cum

zeigt aber zugleich, wie der scharfsinnige Kanonist seine Meinung dadurch modificirt und mildert, daß er zugesteht, es könne gesagt werden, die **Ausübung** der weltlichen Gewalt sei den Fürsten durch den Willen Gottes unmittelbar übertragen.

Die Ursachen, welche eine solche Auffassung des Verhältnisses zwischen den beiden Gewalten herbeigeführt haben, liegen ohne Zweifel zum Theile in jener Unbestimmtheit der Begriffe, welche man mit den Ausdrücken: gladius spiritualis, gladius temporalis oder materialis, jurisdictio spiritualis oder ecclesiastica und jurisdictio temporalis oder auch saecularis verband. Man kann nemlich, wie wir bereits auseinandergesetzt haben [1]), unter geistlicher Gewalt jene verstehen, welche das ganze Gebiet der sogenannten Spiritualien beherrscht, und ebenso unter weltlicher Gewalt jene begreifen, deren Zuständigkeit sich über alle Angelegenheiten erstreckt, welche die Temporalien heißen. Man kann aber auch mit dem Ausdrucke „geistliche Gewalt" jene meinen, welche überhaupt von Christus der Kirche ist übergeben worden, und mit dem Namen „weltliche Gewalt" jene bezeichnen, welche jeder irdischen Obrigkeit, als solcher, gemäß der im Naturgesetze begründeten Ordnung zukömmt. Je nachdem man aber den Eintheilungsgrund wählt, sind die Begriffe, wie man sich leicht überzeugt, specifisch verschieden, und ihre Vermengung muß nothwendiger Weise Unklarheiten und

---

approbet et confirmet ... Item in omnibus arduis negotiis et maximis difficultatibus, generantibus scandalum in Christianitate, Papa potest hujusmodi majoritatis ratione se intromittere etiam inter laicos et exercere istam potestatem, sibi a Deo attributam ....; Sicut enim ipse rex Christus, qui non erat solitus hanc potestatem exercere, ipsam tamen exercuit in arduo facto et concernente decorem cultus divini, ut quondam flagello facto de funiculis etc. ita et ipse papa, licet regulariter exercere non debeat, attamen instantibus negotiis arduis hoc potest. Ubi ista negotiorum necessitas non contingit, habent locum jura generaliter loquentia, quod papa debet præesse spiritualibus, imperator temporalibus. Et haec sufficiant quoad hunc passum: et vide Bartolum ff. de requirendis reis in l. 1. in § 1 (Dig. de requirendis vel absentibus damnandis XLVIII, 17) ubi dicit, Dantem fuisse post mortem quasi propter hoc de haeresi damnatum, quia in quadam sua disputatione super monarchia tenuit, imperium non descendere ab Ecclesia. Nam ut ipse Bartolus dicit, Ecclesia pulcherrimis rationibus tenet contrarium.

[1]) Siehe oben S. 97 ff.

zuletzt irrige Schlußfolgerungen herbeiführen. Sodann mochte man sich vielfach bezüglich der Frage nicht klar sein, welcher Unterschied zwischen der unmittelbaren positiven Einsetzung der geistlichen Gewalt in der Kirche und der mittelbaren göttlichen Anordnung bezüglich der bestehenden weltlichen Gewalten sei [1]). Außerdem ist gewiß auch den factischen Verhältnissen des Mittelalters Rechnung zu tragen, welche leicht verleiten konnten, alles historisch Gewordene in dem Verhältnisse von Kirche zu Staat als etwas von den Principien unbedingt Gefordertes aufzufassen, und das positive menschliche Recht, wie es sich in der Christenheit ausgebildet hatte, mehr oder weniger mit dem eigentlichen göttlichen Rechte der Kirche zu vermischen und zu verwechseln. Die natürliche Folge davon war, daß das im Naturgesetze begründete göttliche Recht des Staates beeinträchtigt und, wenn nicht geleugnet, doch wenigstens nicht gehörig gewürdigt wurde.

Namentlich aber wirkte hier noch die irrige oder unklare Auffassung mit, welcher man bezüglich des Verhältnisses zwischen Christus, dem göttlichen Stifter der Kirche und seinem irdischen Statthalter huldigte. Denn es hatte sich die Meinung Geltung zu verschaffen gewußt, als ob die dem hl. Petrus und seinen Nachfolgern übertragenen Vollmachten die unbeschränkte Gewalt, welche Christus im Himmel und auf Erden besitzt, gleichsam vollständig erschöpfen müßten. Noch zur Zeit Bellarmins wurde über das „Reich Christi" gestritten, und zwar um so lebhafter, weil gerade in jener Periode die Frage des Verhältnisses der beiden Gewalten durch die Herausforderung der Irrlehrer zur Tagesfrage geworden war [2]). Diesem Umstande verdanken wir eine meisterhafte Darstellung dieses Gegenstandes, welche der große Theologe in der Recognition seiner Werke am Abende

---

[1]) Taparelli, Saggio teoretico di dritto naturale. Dissert. I Dell' essere sociale.

[2]) Bellarmini Recognitio librorum de Summo Pontifice, Lib. V, cap. 4 § Caet. hoc etiam. De regno Christi scripsi, quae vera esse credidi, atque etiam nunc credo. Sed quia, dum haec recognoscerem, acriter de hac re inter scriptores disceptabatur, operae pretium esse duxi, paulo clarius et fusius meam sententiam aperire.

seines Lebens niedergelegt hat. Da dieselbe ganz dazu geeignet ist, Licht über die Materie, welche uns hier beschäftigt, zu verbreiten, so gehen wir näher auf dieselbe ein.

Vor allem bemerkt Bellarmin, daß man sich vor einer doppelten Verirrung zu hüten habe: einerseits nemlich das Reich Christi in dieser Zeitlichkeit nicht so aufzufassen, daß dadurch die wahre Armuth des Heilandes der Welt, wie er sie auf Erden in Wirklichkeit geübt, in Abrede gestellt werde; andrerseits dagegen nicht in solcher Weise die Armuth Christi zu urgiren, daß dadurch dessen wahres und wirkliches Reich hienieden beeinträchtigt werde [1]). Dann stellt er den Satz auf, daß in der heiligen Schrift ein dreifaches Reich begründet sei [2]). Das erste und eigentliche Reich Christi ist jenes, welches der Engel der Jungfrau verkündete [3]). Daß dieses Reich des Messias kein zeitliches, sondern ein geistiges sei, lehrten schon die Väter. Es wird das Reich Davids genannt, nicht als ob es ein zeitliches und irdisches wäre, sondern weil es im David'schen Königreiche vorgebildet, und dem David selbst unter dem Vorbilde dieses seines Reiches verheißen war. Ebenso darf in jenen Worten des Engels bei der Verkündigung unter dem „Hause Jacob" nicht die leibliche, sondern die geistliche Familie

---

[1]) Ibid. Igitur cavendum esse censeo piis hominibus, ne sic regnum Christi temporale defendant, ut verum ejus paupertatem negare videantur, atque eo modo ingrati sint magnae illi gratiae, de qua dicit Apostolus ad Corinthios: Scitis gratiam Domini nostri Jesu Christi, qui propter nos egenus factus est, cum esset dives, ut illius inopia vos divites essetis, 2. Cor. 8. Et contra, ne sic paupertatem Christi propugnent, ut verum ejus Regnum oppugnent, et eo modo desinant in ipsius Regno partem habere.

[2]) Ibid. In Scripturis sanctis Christi Regnum evidentissime praedicatur, neque unum tantum sed tria.

[3]) Ibid. Primum et proprium Christi Regnum est illud, de quo loquitur Angelus ad Virginem Luc. 1. Dabit ei Dominus Deus sedem David patris ejus, et regnabit in domo Jacob in aeternum, et Regni ejus non erit finis; quae verba videntur desumpta ex cap. 9. Isaiae, ubi dicitur: Super solium David et super Regnum ejus sedebit, ut corroboret illud et confirmet in justitia et judicio a modo et usque in sempiternum, quibus locis conformia sunt multa alia. Hier werden angeführt Ps. II, 6; Ps. CXXXI, 11; Daniel II, 44; Zach. IX, 9; Mich. V, 2; Jerem. XXIII, 5; Ezechiel XXXVII, 22.

des Patriarchen, welches die Kirche ist, verstanden werden¹). Sowie es ein Mißverständniß ist, wenn man jene Stelle des hl. Lucas chiliastisch interpretirt, so bleibt es ein ebenso großer Irrthum der Synagoge, wenn man die damit in Verbindung stehenden Verse des Propheten Isaias auf ein weltliches Reich, wie die übrigen irdischen Reiche sind, auslegt²). Der König dieses Reiches der Wahrheit, Christus, eroberte es sich im Kampfe nicht gegen Herodes oder Cäsar, sondern gegen den Vater der Lüge, welcher der Fürst dieser Welt war. Aus den Herzen der Menschen, die er unsichtbar beherrschte, wurde dieser durch den Triumph des Weltheilandes verdrängt, welcher nunmehr in diesen Herzen sein Reich aufgeschlagen hat³). So

---

¹) Ibid. Hoc autem Regnum proprium Messiae non temporale, sed spirituale futurum fuisse, praeter Ambrosium, Hieronymum, Augustinum et Bernardum, qui paulo post citabuntur, docent duo interpretes scripturarum accuratissimi Cornelius Jansenius et Adamus Sasbouth. Ille, Jansenius videlicet, sic scribit in cap. 3. Concordiae, explicans verba Lucae I: „Dicitur, inquit, regnum Messiae sedes et regnum David, non quod temporale esset, sensibile et terrenum, sed quod in regno Davidis adumbratum fuit, et Davidi in proprio semine promissum sub typo regni ejus. Ita et domus Jacob hic non potest accipi pro familia Jacob carnali, sed pro spirituali, quae est omnium fidelium congregatio."

²) Ibid. Adamus Sasbouth in commentario cap. 9 Isaiae, declarans illud: Super solium David et super regnum ejus sedebit — „Ad haec verba, inquit, alludit Angelus Gabriel apud Lucam, ubi ait: Dabit ei Dominus sedem patris ejus. Et quemadmodum locum illum apud Lucam male intelligunt illi, qui millenarii dicuntur, putantes Christum in terra mille annos regnaturum: sic Judaei praesentem locum interpretantur de regno corporeo, quale est regnum principum hujus mundi; cum apertissimae scripturae sint in Testamento veteri, testantes Regnum Christi hujusmodi non futurum. Dicitur enim apud Zachariam 9. „et ipse erit pauper" etc. Dicitur autem Christus super solium David sedere, et regnum ejus non habiturum finem, quoniam in Ecclesia et populo fideli, cujus typus erat regnum David, ipse dominium tenet et imperium a modo usque in sempiternum." Haec ille, et confirmantur haec omnia ex Evangelio et Epistolis S. Pauli.

³) Ibid. Nam princeps, cum quo pugnavit Christus, ut Regnum sibi acquireret, non fuit Herodes, aut Caesar, sed Diabolus et sicut Diabolus Princeps erat hujus mundi, quia invisibiliter regnabat in cordibus hominum

spricht der hl. Augustinus von der Ueberwältigung des Erdkreises nicht durch das Schwert, sondern durch das Kreuz ¹). Und der hl. Papst Leo begrüßte dieses Kreuz, welches jene geheimnißvolle Inschrift trägt ²), als den Richterstuhl des Herrn, das Gericht der Welt und die Gewalt des Gekreuzigten ³). — Gleichwohl aber dieses Reich eigentlich ein geistiges und zu dem Eintritte in dasselbe der Glaube erforderlich ist, so läßt sich dennoch nicht leugnen, daß es sich auch gewissermaßen auf das Gebiet des Zeitlichen erstreckt: insoweit nämlich, als das Zeitliche in einer Zweckbeziehung zu dem Geistlichen steht, was die allgemeine kirchliche Lehre ist ⁴). Das widerspricht auch nicht der Armuth Christi, weil es etwas anderes ist, die Gewalt zu haben, über das Zeitliche zu geistlichen Zwecken zu verfügen, und etwas anderes, förmlicher Eigenthümer zeitlicher Dinge zu sein. So haben Prälaten und namentlich die Ordensvorstände das Verfügungsrecht bezüglich des Vermögens ihrer Kirchen und ihres Ordens; aber darum sind sie noch keine Eigenthümer. So konnte selbst Christus, als König der Kirche, über alle zeitlichen Güter derselben, ja der ganzen Welt verfügen, und dennoch mit Recht von sich sagen, daß der Menschensohn nicht habe, wohin er sein Haupt lege, und in Lehre und Beispiel das

---

per infidelitatem, et inobedientiam: sic Diabolo per Christum superato et triumphato coepit Christus regnare in cordibus fidelium per fidem et obedientiam mandatorum Dei. Hier sind angeführt Luc. XI, 20, 21; Joann. XII, 31, 32; Col. I. 13, II. 15.

1) Ibid. De qua re S. Augustinus tract. in Psalm. 54: „Attendo gloriam Crucis ipsius. Jam in fronte Regum Crux illa fixa est, cui inimici insultaverunt. Effectus probavit virtutem, domuit orbem, non ferro, sed ligno."

2) Ibid. Nec sine magno mysterio in titulo Crucis scriptum fuit literis Hebraeicis, Graecis et Latinis: Rex Judaeorum, ut totus mundus agnosceret Christum per passionem suam de Diabolo triumphasse et Regnum sibi peperisse.

3) Ibid. Et S. Leo Serm. 8 de Passione Domini: O admirabilis potentia Crucis, o ineffabilis gloria passionis, in qua et tribunal Domini et judicium mundi et potestas est crucifixi.

4) Ibid. Quamvis autem hoc Regnum proprie spirituale sit, et per fidem ad illud pertinere incipiamus, tamen negari non potest, quin etiam ad temporalia se extendat: quatenus ad spiritualia ordinantur, ut omnes Theologi confitentur.

vollkommene Leben der evangelischen Räthe predigen: wie das die Kirche wiederholt ausgesprochen hat [1]).

Das andere, zweite Reich Christi ist jenes der unbeschränkten göttlichen Herrschaft, welches ihm gemäß der hypostatischen Union gebührt; und zwar ist es die göttliche Sohnschaft, durch welche ihm eigentlich diese Herrschaft eigen ist. Denn der Menschensohn ist der Erbe des Weltalls, weil er der natürliche Sohn Gottes ist. Wenn es aber auch nicht seine menschliche Sohnschaft ist, durch welche er jene Universalherrschaft besitzt, so kommt dennoch in gewissem Sinne seiner Menschheit ebenfalls eine ähnliche Universalherrschaft als ein Geschenk des Vaters zu gemäß der hypostatischen Union. Diese höchste Herrschaft über alles hebt das Eigenthumsrecht des Einzelnen nicht auf, sondern wahrt es gerade; in ihr ist jenes Recht begründet, wonach Christus alle Reiche der Erde hätte an sich nehmen können, wenn er gewollt hätte [2]). Von diesem Reiche sind die

---

[1]) Ibid. Neque hoc Regnum verae paupertati Christi repugnat, quia aliud est habere potestatem disponendi de temporalibus in ordine ad spiritualia, aliud habere proprietatem et dominium particulare rerum temporalium. Praelati enim Ecclesiastici, ac praesertim ii, qui sunt Praepositi ordinum Religiosorum, habent potestatem disponendi de rebus temporalibus suae Ecclesiae, vel Religionis, et tamen non habent dominium vel proprietem rerum temporalium. Sic igitur Christus, ut Rex Ecclesiae, disponere potuit de temporalibus rebus Ecclesiae, imo etiam de rebus totius mundi, et tamen vere dicere potuit, filius hominis non habet, ubi caput suum reclinet. Luc. 9. et verbo et exemplo docuit statum Religiosae vitae, quae abdicat omne dominium in particulari: ut definierunt summi Pontifices, Nicolaus IV, Clemens V et Joannes XXII. Qui Joannes definivit quidem in Extravaganti Quia quorundam: Christum habuisse dominium in communi cum Apostolis earum pecuniarum, quas ex eleemosynis collectas in loculis Judas ferebat; sed admisit, Christum vere fuisse pauperem, ut sunt omnes veri Religiosi, sive habeant dominium in communi, sive non habeant.

[2]) Ibid. Alterum Christi regnum est Regnum divinum universale, quod Christo convenit ratione unionis hypostaticae, sed recte Caietanus admonet in Commentario primi capitis Epistolae ad Hebraeos, hoc dominium convenire Christo homini ratione divinae filiationis, non ratione humanae. Ille enim homo Christus, quia vere est filius Dei naturalis, est haeres universorum sine ulla exceptione. Quamvis autem Christus non habeat ex humana filiatione dominium universale, habet tamen Christi humanitas ex donatione Patris ratione hypostaticae unionis dominium quoddam universale simile dominio divino, quod non tollit dominia particularia, sed ea conservat.

Worte der Schrift zu verstehen, wenn der Heiland sagt, daß ihm alles vom Vater übergeben sei, daß alles, was dem Vater gehört, sein, und was ihm gehört, des Vaters ist, daß ihm die Gewalt über alles Fleisch gegeben ist; wenn der Apostel von ihm schreibt, daß er zum Erben des Weltalls eingesetzt ist; und wenn er in der Apokalypse König der Könige und Herr der Herrscher heißt [1]). Dieses Reich trat Christus im ersten Augenblicke der Menschwerdung an, und hat es mit dem Vater gemein; einem bloßen Geschöpfe kann kein Theil daran werden [2]). Es steht in keinem Widerspruche mit der wahren Armuth, welche Christus für die Zeit seines sterblichen Lebens gewählt hat. Derselbe Christus war zugleich der Reichste in Hinsicht auf diese unbeschränkte Herrschaft über alles, und der Aermste in Hinsicht auf das irdische Eigenthumsrecht. Er kam in sein Eigenthum, denn sein ist die Erde und alles auf ihr; und zugleich blieb ihm keine Stätte in der Herberge zu Bethlehem, und er war, wie der hl. Gregor lehrt, in der Fremde geboren. Auch wollte er keinen Menschen seines rechtmäßigen Besitzes berauben [3]). Dieses Reich kann nicht ein zeitliches genannt werden, wie es die Fürsten der Erde besitzen; denn es bedarf keiner weltlichen Gewalt, ohne welche jene nicht bestehen können, noch auch beeinträchtigt es die weltliche Herrschaft der Menschen, welche es

---

Et in hoc dominio fundatur jus illud, quo potuisset Christus, si voluisset, regna omnia sibi assumere.

[1]) Ibid. De hoc Regno intelligimus illa verba Matth. 11. Omnia mihi tradita sunt a Patre meo; et Joann. 13. Omnia dedit ei Pater in manus; et Joann. 17. Omnia tua mea sunt — et: sicut dedisti ei potestatem omnis carnis; et Hebr. I. Quem constituit haeredem universorum; et Apocal. 3. Habet in vestimento et in femore suo scriptum, Rex regum et Dominus Dominantium.

[2]) Ibid. Hoc regnum accepit Christus ab initio conceptionis, et est illi commune cum Patre, sed non potest communicari cum ulla pura creatura.

[3]) Ibid. Neque repugnat verae paupertati, quam Christus elegit, pro tempore mortalitatis suae. Nam ipse idem Christus homo ratione dominii universalis ditissimus erat, ratione particularis pauperrimus. Ipse idem vero in propria venit, ut dicitur Joann. 1, quia Domini est terra et plenitudo ejus, et simul vere non erat ei locus in diversorio, ut dicitur Luc. 2 et in alieno natus est, ut dicit Gregorius homil. 8 in Evangelio. Neque enim privare voluit ullum hominem dominio rerum suarum.

weitaus überragt ¹). Christus hätte zwar kraft dieser seiner oberhoheitlichen Gewalt jeden und alle irdischen Könige ihrer Herrschaft entkleiden können, und es wäre ihnen kein Unrecht geschehen, wenn er es gethan hätte. Aber er ließ den Königen ihre Königreiche und zog die Niedrigkeit und die Armuth, die Geduld und den Gehorsam vor, um uns das Beispiel zu geben ²).

Das dritte Reich Christi endlich ist das Reich der himmlischen Glorie, welches in dem vollkommenen seligen Zustande des Leibes und der Seele besteht. Christus, welchen auch hierin sein Ahnherr David vorgebildet hatte, hat es in der Auferstehung und Himmelfahrt erlangt, obgleich es ihm vom ersten Augenblicke seiner Empfängniß bestimmt gewesen. Aber er mußte zuvor leiden, um dann erst in seine Herrlichkeit einzugehen ³). Von diesem Reiche spricht nach Bellarmin die Parabel bei Lucas XIX, 12 ff. ⁴), und die Worte des Herrn, welche er vor seiner Verklärung, vor seinen Leiden und vor seiner Him-

---

¹) Ibid. Neque Regnum hoc temporale dici potest, quale est regnum hujus mundi. Nam neque opibus, neque militibus, neque armis, neque arcibus, neque aliis ejusmodi praesidiis indiget; sine quibus regna temporalia conservari non possunt; neque tollit hoc Regnum regna hominum, qui juste illa possident, sed illis praeest potestate quadam altiore et sublimiore, quam potestas ullius regis aut monarchae temporalis.

²) Ibid. Et potuisset quidem Christus ex hac potestate sua eminentissima privare regnis temporalibus quoscunque reges terrae, neque fecisset illis injuriam, si hoc fecisset, sed maluit regna temporalia iis dimittere, qui ea possidebant, ut humilitatis et paupertatis, patientiae et obedientiae exemplum daret.

³) Ibid. Tertium Regnum est Regnum gloriae, quod in perfecta corporis et animae beatitudine et felicitate consistit, ex qua sequitur exemptio et libertas ab omni subjectione creaturarum et potestas seu potestatis executio super omnes creaturas. Hoc Regnum adeptus est Christus in ipsa resurrectione et ascensione, quamvis ei destinatum fuisset ab initio conceptionis. Licet enim David, qui figura Christi fuit, in pueritia rex inunctus est a Samuele, et tamen regni possessionem nonnisi post multos labores et dolores obtinuit: sic etiam Christus ab initio conceptionis Dominus gloriae esse coepit, sed tamen oportuit Christum pati, et ita intrare in gloriam suam. Luc. ult.

⁴) Ibid. De hoc Regno dicitur Luc. 19. „homo quidam nobilis abiit in regionem longinquam accipere sibi Regnum et reverti;" ubi aperte loquitur de passione sua, per quam abiturus erat accipere sibi Regnum gloriae coelestis, et reversurus tandem in die judicii.

melfahrt über das Reich Gottes und seine Gewalt sprach, be=
ziehen sich darauf ¹). Bei diesem Reiche Christi, welches nun
ein unsichtbares, nur durch den Glauben zu erfassendes ist, aber
beim Weltgerichte sichtbar werden wird ²), ist die Frage gegen=
standslos, ob es der Armuth Christi widerstreite; denn jene
Armuth sollte keine ewige, sondern nur eine zeitliche sein ³).
Auch dieses Reich kann kein zeitliches genannt werden, da es
einer höheren Ordnung angehört und bestimmt ist, erst mit dem
Abschlusse der Zeitlichkeit in seiner ganzen Herrlichkeit sich zu
entfalten ⁴).

Es sind also drei Reiche Christi: das eine ist ihm eigen=
thümlich, das andere hat er mit dem Vater gemeinsam, das
dritte theilt er mit den Heiligen. Das erste beginnt mit seiner

---

¹) Ibid. De hoc etiam dicitur Marci 9. „Sunt quidam de hic stantibus, qui non gustabunt mortem, donec videant Regnum Dei in virtute veniens," et paulo post describitur transfiguratio Domini, per quam viderunt tres Apostoli gloriam claritatis Domini, quam Regnum Dei paulo ante nominaverat. De hoc quoque Regno intelligitur illud Lucae 22. Non bibam de generatione vitis, donec Regnum Dei veniat. Et Luc. 23. Memento mei, dum veneris in Regnum tuum. De hoc Regno intelligimus illud Math. ult. Data est mihi omnis potestas in coelo et in terra. Nam tunc demum datum est Christo homini, ut non amplius subjectus esset ulli creaturae, non solum de jure, quomodo nunquam fuit, sed neque de facto, id est, neque hominibus neque fami, neque siti, neque laboribus aut doloribus aut ipsi morti: sed contra omnibus omnino dominaretur. In hoc, inquit Apostolus Rom. 4. Christus mortuus est et resurrexit, ut vivorum et mortuorum dominaretur. Weiter führt Bellarmin an: Dan. VII, 13, 14. I Petr. III, 22. II Petr. I, 11. Phil. II, 9. Apoc. I, 5.

²) Ibid. Hoc Regnum nunc est invisibile, et sola fide percipitur, sed in die judicii visibile fiet, ut ipse Dominus ait Matth. 26. Amodo videbitis filium hominis sedentem a dextris virtutis Dei, et venientem in nubibus coeli. II Timoth. IV, 1. Endlich führt Bellarmin noch an: Phil. III, 20, 21. Rom. VIII, 19. Coloss. III, 4. Apoc. III, 21. Matth. XIX, 28.

³) Ibid. De hoc Regno non oportet quaerere, an repugnet paupertati Christi, quia paupertas illa non erat duratura, nisi pro tempore mortalitatis.

⁴) Ibid. Neque dici potest hoc Regnum temporale, cum sit alterius rationis et longe eminentius omni regno temporali et tandem in die judicii, ut praedixit Dan. cap. 2. consumere et destruere debet omnia regna temporalia, et ipsum in aeternum permanere.

Predigt vom Reiche Gottes, das zweite mit dem Augenblicke der Menschwerdung, das dritte mit der Auferstehung [1]).

Von einem vierten Reiche Christi — so schließt Bellarmin — welches wirklich weltlich wäre, finden wir weder in der hl. Schrift eine Andeutung, noch lesen wir davon in den Vätern; es muß vielmehr als Irrlehre bezeichnet werden, von einem solchen Reiche zu sprechen [2]). Dann widerlegt er noch den Einwand, welcher von Moses und Melchisedech als Vorbildern Christi hergenommen wird, indem er bemerkt, daß Christus nicht um deßwillen keine weltliche Herrschaft gehabt habe, weil es nicht in seiner Macht gestanden, sondern weil es des Welttheilandes unwürdig war [3]), und fügt endlich Stellen von Irenäus, Tertullian, Cyprian, Eusebius von Cäsarea, Hilarius [4]), Cyrillus von Jerusalem, Ambrosius [5]), Epiphanius, Hieronymus [6]), Chry-

---

[1]) Ibid. Sunt igitur tria Christi Regna, unum proprium ipsius, alterum commune cum Patre, tertium cum electis. Illud primum incipit a praedicatione, secundum a conceptione, tertium a resurrectione.

[2]) Ibid. Praeter ista Regna, quartum Regnum, quod proprie temporale dici debet, qualia sunt regna principum terrenorum nos quidem in Scripturis et in Patribus non invenimus; imo existimamus repugnare Christi paupertati, et sapere errorem Judacorum et Haereticorum.

[3]) Ibid. Quod autem Christus non habuerit regnum temporale, non fuit in causa, quia non potuerit illud habere: sed quia indignum erat Christo, qui est Rex Angelorum, ut fieret quasi unus de regibus terrae et sederet ad judicandas lites terrenas, ut sederunt Moses, Melchisedech et David. Quod si ii, qui regnum temporale Christo tribuunt, per Regnum temporale nihil aliud intelligant, nisi dominium universale, quod non tollit particularia, et eminentem potestatem disponendi de rebus temporalibus, in sententia convenimus, et solum de verbis disceptamus.

[4]) S. Hil. in Ps. II v. 6. ad: Ego autem constitutus sum Rex ab eo super montem sanctum ejus — sic ait: „Non super illum utique terrenae civitatis montem, comploratae scilicet et homicidae et parricidae Hierusalem, sed Hierusalem ejus, quae est mater nostra, quae civitas magni Regis."

[5]) S. Ambr. Lib. III in Lucam in fine: „Ipsum Regem secundum honorem saeculi non accepimus Christum . . . Quod regnavit Christus, non contra prophetiam est; non enim saeculi honore regnavit, nec in Jechoniae sedibus sedit, et ibidem regnare se dixit, qui non regnavit in terris."

[6]) S. Hieron. Lib. 4 in Jerem. c. 22. Non sedebit super thronum David vir et homo, sed sedebit Deus, regnumque ejus non erit terrenum et breve, ut fuit David, sed perpetuum et coeleste, dicente scriptura: Regnabit super domum Jacob in aeternum et regni ejus non erit finis.

ſoſtomus ¹), Auguſtinus ²), Cyrillus von Alexandrien ³), Gregor dem Großen ⁴), Iſidor von Sevilla, Johannes Damascenus, Beda, Bernhard ⁵), Thomas von Aquin ⁶) und Bonaventura ⁷) bei,

---

¹) S. Chrysostomus, hom. 83 (al. 82) in Joann. c. XVIII. 36. Εἶτα οὐκ ἔστιν ἐκ τοῦ κόσμου τούτου ἡ βασιλεία αὐτοῦ; Πάνυ μὲν οὖν. Πῶς οὖν φησιν, οὐκ ἔστιν; Οὐχ ὅτι οὐ κρατεῖ καὶ ἐνταῦθα, ἀλλ' ὅτι ἄνωθεν ἔχει τὴν ἀρχήν, καὶ οὐκ ἔστιν ἀνθρωπίνη, ἀλλὰ πολλῷ μείζων ταύτης καὶ λαμπροτέρα ..... Οὕτω καὶ τὴν βασιλείαν οὔ φησιν ἐντεῦθεν εἶναι, οὐ τὸν κόσμον ἀποστερῶν αὐτοῦ τῆς προνοίας καὶ τῆς ἐπιστασίας, ἀλλὰ δεικνὺς, ὅπερ ἔφην, οὐκ οὖσαν ἀνθρωπίνην οὐδὲ ἐπίκηρον.

²) S. August. Tract. 115 in Joann. Audite Judaei et Gentes, audi circumcisio, audi praeputium, audite omnia regna terrena! Non impedio dominationem vestram in hoc mundo; regnum meum non est de hoc mundo. Nolite timere timore vanissimo ... Venite ad regnum, quod non est de hoc mundo, venite credendo et nolite saevire metuendo.

³) S. Cyrillus Alexandr., lib. XII in Joann. ad c. XVIII. 36. Ἔλυσε τῷ Πιλάτῳ τὸν φόβον, ἅτε δὴ τῆς τοῦ Καίσαρος βασιλείας κεχειροτονημένῳ φύλακι ... Ἀπολογούμενος δὲ πρὸς ταῦτα Χριστὸς, τὸ μὲν εἶναι βασιλεὺς οὐκ ἠρνήσατο (λέγειν γὰρ ἔδει τὸ ἀληθές), ὅτι δὲ τῆς τοῦ Καίσαρος βασιλείας οὐ πολέμιος ἦν, ἀπελέγχει σαφῶς, οὐκ ἐπίγειον οὖσαν τὴν ἑαυτοῦ σημαίνων ἀρχήν, ἀλλ' οὐρανοῦ τε καὶ γῆς καὶ τῶν ἔτι μειζόνων θεοπρεπῶς ἐξάρχουσαν.

⁴) S. Gregorius Papa, lib. I in I. Regum prope finem. Per regnum Christi Sancta Ecclesia designatur, quod profecto cornu sublimatur, quia ima nostra ad Angelorum aequalitatem perducentur.

⁵) S. Bern. hom. 4. sup. Missus est. Quaero, quomodo dederit ei Dominus sedem David, cum ipse in Hierusalem non regnaverit, quin imo turbis volentibus eum constituere Regem non acquieverit, sed et ante faciem Pilati protestatus sit: Regnum meum non est de hoc mundo? Denique quid magnum promittitur ei, qui sedet super cherubim, quem Propheta vidit sedentem super solium excelsum, et elevatum sedere in throno David Patris sui? Sed novimus aliam Hierusalem multo ista nobiliorem, multa ditiorem. Hanc igitur puto hic significatam.

⁶) S. Thomas. in com. ad cap. 18. Joann. Sciendum est, quod Dominus ad quaestionem respondens de regno, ita responsionem temperavit, ut nec manifeste confiteretur se esse regem, cum rex non esset eo modo, quo intelligebat Pilatus, nec negaret, cum spiritualiter esset rex regum. Dicit ergo: Tu dicis, quia rex sum ego, scilicet carnaliter, secundum quem modum rex non sum; sed alio modo rex ego sum.

⁷) S. Bonav. Coll. 85. in Ev. Joann. Ait ergo: Regnum meum, ad differentiam aliorum regnorum. Est enim regnum Satanicum, quo regnat Diabolus. Item est regnum mundanum, quod est infimum ordine, quia de

um nachzuweisen, daß die Väter und Kirchenlehrer oft die weltliche Herrschaft Christi in Abrede stellen, niemals behaupten[1]).

Es ist aus dieser Erörterung Bellarmins klar, daß das Reich Christi auf Erden, welches, wie wir so eben vom hl. Gregor gehört haben[2]), die Kirche selber ist, kein weltliches Reich sei, wie es die Mächtigen dieser Erde besitzen. Zugleich aber hat uns der große Theologe davon überzeugt, daß die Vollmachten des Statthalters Christi in der Kirche auf der einen Seite nicht so weit gehen können, als die göttliche Herrschergewalt des menschgewordenen Sohnes geht, da diese in ihrer Fülle an ein Geschöpf nicht übertragen zu werden vermag, auf der andern Seite aber auch die Begriffe der streitenden und triumphirenden Kirche nicht vermischt werden dürfen, indem man in der Kirche jetzt schon auf Erden jenes Reich der Herrlichkeit finden will, welches erst nach dem Abschlusse der Zeiten vollkommen verwirklicht werden soll. Das Reich Christi auf Erden bleibt immerhin ein Reich mit sichtbarer Gewalt, mit sichtbaren Unterthanen und wirklichem Territorium. Aber, wie Bellarmin lehrt, sind hier zwei Irrwege zu vermeiden. Die Ausgestaltung dieses Reiches auf Erden darf nicht in solcher Weise behauptet werden, daß die freiwillige Armuth Christi dadurch geleugnet werde; und wiederum darf dieses Reich, in welchem allerdings Christus in den Herzen der Seinigen durch den Glauben und die Liebe herrscht, nicht in solcher falschen, spiritualistischen Weise aufgefaßt werwerden, daß die Sichtbarkeit desselben, womit es sich in das Gebiet des Zeitlichen erstreckt und in gewissem Sinne dieses beherrscht, verflüchtigt werde.

---

hoc mundo. Et est regnum divinum, quod est sublime majestate, quia regnum coelorum.

[1]) Bell. l. c. Et ego quidem libros veterum Patrum ea qua potui diligentia evolvi, et legi non raro Patres negantes Christi regnum temporale aut terrenum: affirmantes autem idipsum non legi. Cf. Molina De Justitia Tract. II, Disp. 28. Utrum Christus quatenus homo rex fuerit temporalis et dominus orbis.

[2]) S. S. 132 Anm. 4.

Aus dem irrigen Grundsaße, daß Christus ein weltliches Reich gestiftet und förmlich ein weltlicher Herrscher gewesen sei, sind aber, wie Bellarmin anderswo bemerkt [1]), zwei einander ganz entgegengesetzte Irrthümer entsprungen. Auf der einen Seite leitet man daraus den Satz ab, daß der Papst, als Statthalter Christi, Hohenpriester und weltlicher König zugleich sei. Auf der andern Seite stehen die Wiclifianer, welche aus demselben Principe folgern, die Würde der weltlichen Fürsten sei erhabener und herrlicher als die des Papstes, weil die Könige, und nicht der Papst, Statthalter Christi, des Königs, seien und das Königthum Christi ihm nach gewichtigerem Rechts= titel zustehe als sein Priesterthum [2]).

Die Irrlehre, welche überhaupt die geistliche Gewalt leug= net, ist übrigens älter als Wiclifs Häresie. Bekanntlich taucht schon im vierten Jahrhunderte jene Lehre des Aerius von Se= baste auf, welche die Jurisdiction und die gesetzgebende Gewalt der Kirche anfocht [3]). Im Mittelalter aber wurden gerade in jenem Zeitalter, welchem Bonifacius VIII in der Bulle Unam sanctam die Richtschnur der vollkommenen concordia inter sacerdotium et imperium wies, mannigfache Irrthümer bezüg= lich der Kirchengewalt und deren Verhältniß zum Staate um so lauter, als die politischen Leidenschaften sich derselben nament= lich in Frankreich und dann in Deutschland als Waffen be= dienten. Hatte schon ein Jahrhundert früher die schwärmerische Secte der Waldenser derlei häretische Lehren [4]) vorbereitet, so

---

[1]) Bellarmin, De Rom. Pontifice, Lib. V, c. 4.

[2]) Bell. l. c. Ex hoc falso principio, quod Christus homo fuerit Rex temporalis, nati sunt duo contrarii errores: hinc enim deducunt quidam tamquam ex praecipuo fundamento, Papam, qui est Christi vicarius, esse Regem et Pontificem simul; e contrario autem Wiclefistae (ut refert Valdensis lib. 2. doctrin. fidei Art. 3. c. 76.) ex hoc eodem principio deducunt, reges esse pontificibus majores et digniores, quia reges sunt vicarii Christi regis, et pontifices vicarii Christi pontificis. Christus autem magis rex fuit, quam pontifex: nam descendit ex tribu regia Judae, et familia David, non ex tribu Levi et familia Aaronis. Ac proinde haereditaria successione fuit rex non pontifex.

[3]) S. Epiphanius, Panarium Libr. III, Tom. I. haer. c. 75.

[4]) Charvas, Origine dei Valdesi e carattere delle primi- tive loro dottrine. Cap. XVIII. Torino, 1838.

trat jetzt der Aftertheologe Ludwigs des Bayern, Marsilius von Padua, mit Johannes von Jandun, Ubertin von Casale und andern gegen den apostolischen Stuhl, die Kirchengewalt und die Kirchenverfassung mit den Sätzen auf: daß alle zeitlichen Güter der Kirche des Kaisers Gewalt anheimgegeben seien, und er sie in Besitz nehmen könne; daß Petrus keinen Vorrang vor den übrigen Aposteln gehabt, und Christus sich keinen Vicar auf Erden bestellt habe; daß dem Kaiser die Befugniß der Einsetzung, Bestrafung und Absetzung der Päpste zustehe; daß allen Priestern nach dem Willen Christi die gleiche Gewalt eigen, und die hierarchischen Stufen der Jurisdiction vom Kaiser angeordnet seien; daß die Kirche an sich keine Strafgewalt habe, und eine solche nur vom Kaiser erhalten könne. Papst Johann XXII verurtheilte die unter dem Titel: Defensor pacis von Marsilius von Padua und Johannes von Jandun verfaßte Schrift im Jahre 1327 durch die Bulle Licet juxta doctrinam [1]). Das hinderte aber Wilhelm von Occam nicht mit seinen Genossen, Michael von Cesena und Bonagratia, schismatische Minoriten wie er selber, ebenfalls in den Sold Ludwigs des Bayern zu treten, und wenn auch mit einer gewissen Vorsicht in seinen Schriften: Dialogus, Opus nonaginta dierum, Compendium errorum Joannes XXII, Octo questiones super potestate ac dignitate papali und andere, gleiche Irrthümer zu verbreiten [2]). Schon früher im Conflicte Philipps des Schönen mit Bonifacius VIII hatte er für den erstern in einer Schrift Partei ergriffen, worin er den Fürsten gewissermaßen zum unbeschränkten Herrn über das Kirchenvermögen erklärte, soferne es das Staatswohl, welches bei Occam schon ganz charakteristisch betont wird, es erheische [3]). Am unverhülltesten trat er aber wohl in jener Abhandlung auf, worin er den Beweis zu führen sich erkühnte, daß der Kaiser die Machtvollkommenheit besitze, eingegangene Ehen zu annulliren und von Ehehindernissen zu

---

[1]) Rainaldus, Ann. Eccl. ad. ann. 1327.
[2]) Goldast, Monarchia S. R. Imperii I. p. 13. seqq. II. p. 313.
[3]) Super potestate praelatis et principibus commissa. Goldast. I, 13. sqq.

dispensiren¹). Gab übrigens Occam selber den Dichter Dante wegen dessen Schrift über die Monarchie²) für seine Autorität aus, so kann er hinwieder mit mehr Recht der Vater der modernen Anschauung über das Verhältniß von Kirche und Staat, welche zuletzt auf eine absolute Staatsomnipotenz hinausläuft, angesehen werden. Huß, Luther und Calvin haben dieselben

---

¹) De jurisdictione imperatoris in causis matrimonialibus. Goldast. I. 21.

²) Dante, De monarchia. (Sehr brauchbar ist die Ausgabe von Torri mit der italienischen Uebersetzung von Marsilio Ficino und Noten Delle prose e poesie liriche di Dante Alighieri. Vol. III. Livorno, 1844.) Dante führt im ersten Buche aus, daß die Monarchie, worunter er nichts anderes als das römische Kaiserthum versteht, zum wahren Frieden der Welt unumgänglich nothwendig sei; denn eine höchste Macht müsse an der Spitze stehen zur Schlichtung jeglichen Streites, zur vollkommenen Aehnlichkeit mit der göttlichen Weltregierung und zur Gewähr unbestechlicher Gerechtigkeit, welche zuletzt in dem befriedigten Ehrgeize des obersten Machthabers liege. Im zweiten Buche sucht er den Beweis zu liefern, daß nach der Fügung Gottes das Kaiserthum den Römern angehöre. Im letzten Buche endlich stellt er die Behauptung auf, daß der Kaiser nicht unter dem Papste stehe, sondern vielmehr beide auf gleicher Rangstufe, das weltliche und geistliche Gebiet der Weltordnung selbstständig zu beherrschen haben. Ohne Zweifel sind in dieser Schrift gewisse Wahrheiten mit großen theoretischen und historischen Irrthümern gemischt. „Der große Dichter erblickte in der von den Päpsten den Kaisern und Königen gegenüber in Anspruch genommenen indirecten Gewalt über das Zeitliche, von seinem Standpuncte aus, indem er den Papst dem Kaiser in allen weltlichen Dingen unterordnete, eine Störung des Friedens. Aber wenn er hierin irrte, so wie darin, daß er eine längst entschwundene historische Erscheinung als Postulat hinstellte, und sich gewissermaßen zu der Lehre von der Coordination der beiden Gewalten bekennt, so kam es ihm doch nicht in den Sinn, sich gegen die päpstliche Autorität auflehnen und sich vom kirchlichen Boden entfernen zu wollen." (Philipps, Kirchenrecht, Bd. III, § 133, S. 313.) Als Vorläufer des Protestantismus ist aber deßhalb Dante noch lange nicht zu bezeichnen, wie die Schlußworte der Schrift hinlänglich verkünden: Enucleata est veritas illius ultimae quaestionis, qua quaerebatur, an Monarchae autoritas a Deo vel ab alio dependeret immediate. Quae quidem veritas ultimae quaestionis non sic stricte recipienda est, ut Romanus princeps in aliquo Romano Pontifici non subjaceat, cum mortalis illa felicitas quodammodo ad immortalem felicitatem ordinetur. Illa igitur reverentia Caesar utatur ad Petrum, qua primogenitus filius debet uti ad patrem, ut luce paternae gratiae illustratus, virtuosius orbem terrae irradiet.

Gedanken in ihrer Weise wiederholt. Unterstützt von Autoritäten, wie jene des Cujacius [1]), welchem Jacob Gothofredus [2]) folgte, brachten dann Bobin in jener Schrift, welche als die erste systematische Darstellung des Staatsrechtes gilt [3]), Hugo Grotius [4]), Pufendorf [5]), Christian Thomasius [6]), J. H. Böhmer [7]) und andere ihre Theorien zu Stande, welche darauf hinausliefen, die Kirche lediglich als eine Religionsgemeinschaft im Staate und unter dem Schutze und der Oberaufsicht des Staates zu betrachten, und ihr somit alle eigentliche legislative, judicielle und administrative Gewalt abzusprechen. Wie es in der Natur der Sache liegt, und durch die historische Entwickelung des Protestantismus bedingt ist, gingen auch hier im Einzelnen die Anschauungen weit auseinander; aber im Ganzen einigte man sich doch in der Annahme jenes despotischen jus majestaticum circa sacra, welche nicht nur das jus cavendi und das jus advocatiae, wie es mit erborgtem Namen genannt wurde, sondern auch jenes jus reformandi einschloß, das mit der gepriesenen Freiheit des Evangeliums im schreiendsten Widerspruche stand. Dabei kann nicht verkannt werden, daß der Gallicanismus und Jansenismus, und später der Febronianismus und Josephinismus die Begriffsverwirrung bezüglich des Verhältnisses zwischen Staat und Kirche unausgesetzt neue Nahrung zuführten, gegen welche bedeutende Schriftsteller, wie Bianchi [8]) und Mamachi [9]) und andere nur mit geringem Erfolge arbeiteten. Zuletzt bemächtigte sich auch noch die moderne

---

[1]) Cujacius in paratit. Cod. de episcopalibus audientiis.
[2]) Gothofr. ad l. 47. Cod. Theod. De Episcopis et Clericis.
[3]) Bodinus, De republica. Paris, 1597.
[4]) Hugo Grotius, Jus belli et pacis (1625).
[5]) Pufendorf, De habitu religionis ad vitam civilem 1687.
[6]) Thomasius, Vindiciae juris majestatici circa sacra. 1699. Das Recht evangelischer Fürsten in Kirchensachen. 1713.
[7]) J. H. Böhmer, Diss. de jure episc. princ. evangel. 1712. Später ließ jedoch Böhmer wenigstens das sogenannte Territorialsystem fallen. Jus eccles. Protestantium, Praeloquium de systemate universi juris canonici § 9 ff. Consultationes et Decisiones. Tom. 1, pars I, resp. 15.
[8]) Bianchi, Della potestà e della polizia della Chiesa.
[9]) Mamachi, Epistolae ad Justinum Febronium de ratione regendae christianae reipublicae, deque legitima Romani Pontificis auctoritate.

Philosophie dieser Frage, und erreichte den Höhepunkt in der Vergötterung des Staates, wie sie der Hegelianismus lehrte. Aber auch diese Verirrung hat in der neuesten Zeit wieder der ganz materialistischen Auffassung weichen müssen. Diese versagt dem Staate zwar jene Apotheose, aber nichtsdestoweniger erkennt sie die absolute Gewalt in ihm an, welche nicht nach den ewigen Principien des Rechtes, sondern nach der Utilitätsmaxime des Augenblickes, welche sich über alle sittlichen Pflichten erhaben dünkt, die Verfassung des Staates ordnet, und seine Gesetzgebung zuwege bringt [1]).

Wir sehen, daß die Theorien über das Verhältniß von Kirche zu Staat, welche der ersteren alle eigentliche jurisdictionelle Gewalt absprechen, während sie dem Staate rücksichtsloser oder bescheidener eine unbedingte Machtvollkommenheit beilegen, entweder außerhalb der Kirche entstanden sind, oder aus derselben, welche nun einmal als eine societas perfecta anerkannt werden will [2]) hinausführen. Eine andere Theorie hat sich innerhalb der Kirche geltend zu machen gesucht. Sie ist natürlich viel gemäßigter, und sicherlich von ihren Vertretern in dem besten Glauben aufgestellt worden; aber dennoch läuft sie zuletzt auf eine Leugnung der Kirchengewalt in dem Sinne hinaus, wie sie nach unserm Dafürhalten festgehalten werden muß, wenn wir nicht mit der Lehre der Kirche in Widerspruch gerathen wollen.

Diese Ansicht geht dahin, daß der Kirche keinerlei wirkliche jurisdictionelle Gewalt in Bezug auf die weltliche Ordnung zukomme. Auf das Gebiet der letzteren habe sie nur durch ihre weisen Lehren und ihren guten Rath einzuwirken; mit ihren Geboten und Entscheidungen dürfe sie sich nur an die Gewissen der Fürsten und der Völker wenden, sie mahnen und aufklären;

---

[1]) Stöckl, Lehrbuch der Philosophie, 1869, § 203. Der moderne Staatsabsolutismus. S. 527 ff.

[2]) Syllabus. § V. Errores de Ecclesia ejusque juribus. XIX. Ecclesia non est vera perfectaque societas plane libera, nec pollet suis propriis et constantibus juribus sibi a divino suo Fundatore collatis, sed civilis potestatis est definire, quae sint Ecclesiae jura ac limites, intra quos eadem jura exercere queat.

als Zuchtmittel habe sie dazu lediglich die kirchlichen Censuren [1]). Dies wird sodann die Theorie der directiven Kirchengewalt in Betreff der weltlichen Ordnung genannt, und die Thatsache der im Mittelalter in dieser Beziehung von den Päpsten in großartigem Maßstabe ausgeübten Gewalt durch das historisch zu Stande gekommene öffentliche Recht der Völker erklärt [2]).

Fragt man nach den Autoritäten, welche diese Theorie vertreten, so beschränkt sich das laut der eben angeführten eigentlich anonym erschienenen Schrift Gosselins hauptsächlich auf den allerdings berühmten Namen Fenelons, welcher in seiner Dissertation über die Gewalt des Papstes Aehnliches behauptet hat [3]). Wenn dieser sich dabei auf Gerson beruft, als ob derselbe eine gleiche Lehre vorgetragen habe, so wird sich eine solche Annahme schwerlich erweisen lassen. Hört man Gerson selber, so kann wohl kein Zweifel darüber bestehen, daß derselbe unter dem dominium regitivum, directivum, regulativum et ordinativum, was er der Kirche in Bezug auf die weltliche Ordnung beilegt, nichts anderes verstanden hat, als gerade das, was die Theologen und Kanonisten die potestas indirecta in temporalibus nennen [4]). Wenn außerdem in jener Schrift Leib-

---

[1]) Dieser Satz, sowie die ganze Theorie geräth auch, wie man sieht, leicht in Widerspruch mit dem Syllabus § V, XXIV. Ecclesia vis inferendae potestatem non habet, neque potestatem ullam temporalem directam vel indirectam.

[2]) Gosselin, Pouvoir du Pape au moyen age. Nouvelle édition, Lyon, 1845. Deutsche Ausgabe, Münster 1859.

[3]) Fénélon, Dissertatio de auctoritate summi pontificis. c. 27. Haec autem potestas, quam Gersonius directivam et ordinativam nuncupat, in eo tantum consistit, quod Papa, utpote princeps pastorum, utpote praecipuus in majoribus moralis disciplinae causis Ecclesiae director et doctor, de servando fidelitatis sacramento populum consulentem edocere teneatur. De caetero, nihil est, quod pontifices regibus imperare velint, nisi ex speciali titulo, aut possessione aliqua peculiari, id sibi juris in aliquem regem feudatorium sedis apostolicae adepti fuerint. Namque Apostolis omnibus ac proinde Petro dictum est: Reges gentium dominantur eorum vos autem non sic.

[4]) Gerson, De potestate ecclesiastica. Consid. XII. Potestas ecclesiastica non ita habet dominia et jura terreni simul et coelestis imperii, quod possit ad libitum suum de bonis clericorum et multo minus laicorum disponere, quamvis concedi debeat, quod habet in eis dominium

niz und de Maistre, Hurter und Möhler und noch andern gleiche oder ähnliche Ansichten zugeschrieben werden¹), so hat doch keiner von ihnen eine förmliche Theorie aufgestellt, und ihre Ausdrücke können auch noch anders aufgefaßt werden. Wir haben es daher hier mit einem System zu thun, welches eigentlich zum ersten Male von dem genannten Autor zusammengestellt ist, und vor allem durch die Art und Weise, wie er der Autorität des Verfassers der Defensio Declarationis Ecclesiae Gallianae huldigt, Befremden erregt.

Dabei zeigt die Beweisführung höchst bedenkliche Blößen, welche um so auffallender erscheinen müssen, als es sich der Verfasser kaum verbergen konnte, daß er eine geschlossene Reihe der bedeutendsten Vertreter der kirchlichen Wissenschaft, welche bereits durch Jahrhunderte geht, in seiner Auffassung zu Gegnern hat. Er stützt sich vor allem darauf, daß man vor den Zeiten Gregors VII keine Spur der späteren scholastischen Theorien über das Verhältniß von Staat zu Kirche finde²). Seine Behauptung geht also dahin, daß wir in der theologischen und kanonistischen Auffassung des Mittelalters eine förmliche unberechtigte Neuerung vor uns haben. Offenbar verkennt er hierin das Wesen des wahren Fortschrittes der kirchlichen Wissenschaft, worüber uns Vincenz von Lerin jenes herrliche Wort hinterlassen hat³). Das Depositum des Glaubens bleibt für

---

regitivum, directivum, regulativum et ordinativum..... Postremo suis se terminis ita potestas ecclesiastica coerceat, ut meminerit, potestatem saecularem etiam apud infideles sua habere propria jura, suas leges, sua judicia, de quibus occupare se ecclesiastica potestas non praesumat, nisi dum redundat abusus saecularis potestatis in impugnationem fidei et blasphemiam creatoris et in manifestam potestatis ecclesiastici injuriam; tunc enim ecclesiastica potestas habet dominium quoddam regitivum, directivum, regulativum et ordinativum.

¹) Gosselin, Partie II, Introd. Nro. 13 seqq.
²) Gosselin, l. c. Partie II, Chap. III, Art. 1.
³) Vinc. Lirin. Commonitorium, Cap. XXIII. Sed forsitan dicit aliquis: Nullusne ergo in Ecclesia Christi profectus habebitur religionis? Habeatur plane et maximus. Nam quis ille est tam invidus hominibus tam exosus Deo, qui istud prohibere conetur? Sed ita tamen, ut vere profectus sit illo fidei, non permutatio. Si quidem ad profectum pertinet, ut in semet ipsum unaquaeque res amplificetur: ad permutationem

alle Zeiten unveränderlich und unantastbar in der Kirche: die kirchliche Wissenschaft dagegen hat ihre Phasen der Entwickelung, sowohl auf dem Gebiete ihres Dogmas und ihrer Moral als ihres Rechtes. Aber es ist stets eine naturgemäße Entfaltung, keine willkürliche Veränderung in der Doctrin. Das Letztere bleibt das charakteristische Kennzeichen der Irrlehre. Gerade unsere Frage liefert, wie wir später darzulegen haben, dafür einen der schlagendsten Beweise. Alle Argumente, welche in jener Schrift zusammengestellt werden, sind auch nur geeignet, darzuthun, daß das Bewußtsein von der Scheidung beider Gewalten von Anbeginn in der Kirche vorhanden war. Damit ist aber noch lange nicht bewiesen, daß nicht auch das Gleiche mit der Superiorität und Autorität der Kirche über die weltliche Ordnung der Fall war. Zu verlangen, daß die Kirche im Zeitalter ihrer Gründung und in jenem ihrer Verfolgung[1] bereits die ausgestaltete Lehre vom Verhältnisse der beiden Gewalten in einem Lehrsystem vortrage, verräth wenig Einsicht in den historischen Weg, welcher der Kirche gewiesen ist. Einer solchen Auffassung bleibt es dann natürlicher Weise eine schwere Aufgabe, sich die angebliche Thatsache des plötzlichen Vorhandenseins einer Doctrin zu erklären, welche, wie man wohl fühlt, wenn man es auch nicht eingestehen will, nicht das Hirngespinnst eines einzelnen Kopfes, sondern die sentenia communis der Kirche im Mittelalter ist[2]. Ebenso wäre es nichts weniger

---

vero, ut aliquid ex alio in aliud transvertatur. Crescat igitur oportet et multum vehementerque proficiat tam singulorum, quam omnium, tam unius hominis, quam totius Ecclesiae, aetatum ac saeculorum gradibus, intelligentia, scientia, sapientia, sed in suo dumtaxat genere, in eodem scilicet dogmate, eodem sensu, eademque sententia.

[1] Siquidem ea tunc erant tempora, ut potius ad martyrium subeundum Episcopi, quam ad Principes coercendos parati esse deberent. Bellarminus, De pot. Summi Pontif. in temp. adv. Barclaium, cap. VI.

[2] Gosselin l. c. Partie II, Chap. III, Nro. 188. Concluons de ces explications et de tous les témoignages que nous avons cités pour établir notre première position, que l'opinion théologique du droit divin (sc. du pouvoir du Pape au moyen age) n'existait pas encore, ou du moins qu'elle avait à peine quelques partisans avant le pontificat de Grégoire VII; que par consequent, elle n'a pu être le fondement de la persuasion générale,

als dem von der Kirche stets eingehaltenen Verfahren angegemessen gewesen, in jenem Zeitalter, wo es ihre Aufgabe war, die Völker unter dem Kreuze zu sammeln, mit einer förmlichen Gesetzgebung über die Competenz des Staates und der Kirche hervorzutreten, wie man derlei wohl heute zu Tage mit der größten Selbstgefälligkeit zu Stande zu bringen glaubt. Die Kirche ist eben, wie Vincenz von Lerin, den wir für uns weiter sprechen lassen wollen, so schön sagt, ein Körper, der seine Jugend und sein Alter hat, welcher klein ist und größer wird, aber stets derselbe bleibt. Er wächst und dieses Wachsthum ist seiner Natur angemessen, und das Wesen derselben wird dadurch nicht verändert. Nur müssen die verderblichen Auswüchse ferngehalten werden, welche keine naturgemäße Ausbildungen sind, sondern unnatürliche Verunstaltungen erzeugen, und den Körper verkommen lassen [1]). So erging es

---

qui attribuait dès lors au Pape et au concile un si grand pouvoir sur les souverains. Bien loin que ce pouvoir ait eu pour fondement l'opinion théologique, dont il s'agit, peut-être pourrait on soutenir, avec beaucoup de vraisemblance, que cette opinion n'est insensiblement répandue depuis, que par suite de l'établissement de ce pouvoir, dont quelques auteurs ont cru trouver le fondement dans le droit divin, comme on a cru y trouver le fondement de quelques autres privilèges et immunités, accordés à l'Eglise par la libéralité des princes.

[1]) Vinc. Ler. Comm. l. c. Imitetur animarum religio rationem corporum: quae licet annorum processu numeros suos evolvant et explicent, eadem tamen quae erant permanent. Multum interest inter pueritiae florem et senectutis maturitatem; sed iidem tamen ipsi fiunt senes, qui fuerant adolescentes; ut quamvis unius ejusdemque hominis status habitusque mutetur, una tamen nihilominus eademque natura, una eademque persona sit. Parva lactentium membra, magna juvenum; eadem ipsa sunt tamen. Quot parvulorum artus, tot virorum; et si qua illa sunt, quae aevi maturioris aetate pariuntur, jam in seminis ratione proserta sunt; ut nihil novum postea proferatur in senibus, quod non in pueris jam ante latitaverit. Unde non dubium est, hanc esse legitimam et rectam proficiendi regulam, hunc ratum atque pulcherrimum crescendi ordinem, si eas semper in grandioribus partes ac formas numerus detexat aetatis, quas in parvulis creatoris sapientia praeformaverat. Quod si humana species in aliquam deinceps non sui generis vertatur effigiem, aut certe addatur quidpiam membrorum numero vel detrahatur, necesse est ut totum corpus vel intercidat, vel prodigiosum fiat, vel certe debilitetur: ita etiam christianae religionis dogma sequatur has decet profectuum leges, ut annis scilicet consolidetur, dilatetur

mit den kirchlichen Principien über das Verhältniß von Staat und Kirche, welche, wie uns die Worte des Herrn und der Apostel in der Schrift bezeugen, in dem Depositum des Glaubens ihren Ausgangspunkt haben. Aber es blieb dem kirchlichen Lehramt vorbehalten, dieselben zu rechter Zeit zu verkünden und zu erklären, und es wurde die Aufgabe der kirchlichen Wissenschaft, dieselbe allmählig in ein helleres Licht zu stellen [1]).

Der Verfasser jener Schrift scheint zwar diese von Vincenz von Lerin vorgetragene Wahrheit anzuerkennen, wendet sie aber nichtsdestoweniger in seiner Untersuchung nicht an [2]). Was ihn zum wenigsten minder zuversichtlich in seinen Aufstellung hätte machen sollen, ist die auch von ihm nicht bestrittene Thatsache, daß es nicht möglich ist, den eigentlichen Ursprung und die ächte Quelle jener angeblichen Neuerung aufzufinden. Bei einer neuen Lehre, welche in keinem Zusammenhange mit dem Glaubensdepositum steht, und namentlich bei jeder Irrlehre, ist diese Quelle in der Regel leicht zu finden. Denn sie knüpft sich an

---

tempore, sublimetur aetate, incorruptum tamen illibatumque permaneat et universis partium suarum mensuris cunctisque quasi membris ac sensibus propriis plenum atque perfectum sit, quod nihil praeterea permutationis admittat, nulla proprietatis dispendia, nullam definitionis sustineat varietatem.

[1]) Ibid. Jus est etenim, ut prisca illa coelestis philosophiae dogmata processu temporis excurentur, limentur, poliantur; sed nefas est, ut commutentur, nefas ut detruncentur, ut mutilentur. Accipiant licet evidentiam, lucem, distinctionem; sed retineant necesse est plenitudinem, integritatem, proprietatem.

[2]) Gosselin, Part. II. Chap. VIII, No. 177. Note 1. Il est certain, en effet, que la nouveauté d'ume opinion théologique n'est pas, par elle même, une raison suffisante de rejeter cette opinion comme fausse; le dogme catholique seul est immuable, invariable, et aussi ancien que l'Eglise, parcequ'il est essentiellement fondé sur la révélation divine; mais les systèmes et les opimons théologiques sont quelquefois de pures inventions de l'esprit humain, fondées sur des conjectures ou de probabilités, sujets par conséquent à la variation, à l'incertitude et à l'erreur. Die Schrift zeigt überhaupt eine gewisse Vorliebe, gewichtige Einwände dadurch zu beseitigen, daß sie zwar mit großer Bestimmtheit aufgestellt werden und dann doch keine genügende Wiberlegung erhalten. Einen charakteristischen Beleg dazu bietet die Erörterung über die „Barbarei und Ignoranz" des Mittelalters, wo der Standpunkt außerdem ein höchst befangener ist. II Partie, Chap. I. 93 seqq.

gewiſſe Perſonen und gewiſſe Thatſachen. Die Entfaltung der Wahrheit in der Kirche geht aber einen andern Gang; und weil ſie niemals etwas Neues aufſtellt, ſondern nur das einmal Gegebene im neuen Lichte erſcheinen läßt, iſt es in der Regel ſchwer, die Ausgangspunkte einer Lehre zu finden, da ſie alle eigentlich im Depoſitum des Glaubens ſelber beſchloſſen ſind, und von dort aus ſich, wie das Wachſende in der Natur, nach geheimen Geſetzen und noch geheimerem Fortſchritte entfaltet und ausgeſtaltet haben [1]).

Eine Hauptſchwäche der Beweisführung liegt ferner in dem Widerſpruche, in welchen ſie ſich ſelbſt verwickelt. Auf der einen Seite wird der mittelalterlichen Gewalt der Päpſte das angeblich gewohnheitsmäßig öffentliche Recht der chriſtlichen Nationen als Grundlage unterſchoben; auf der andern Seite können die Einwendungen nur ſchwach widerlegt werden, welche man gegen dieſe Annahme zu erheben vermag, indem man behauptet, daß die päpſtliche Machtſtellung im Mittelalter denn doch nicht ſo allgemein anerkannt war und vielfachen Widerſpruch erlitt: ſo daß von einer förmlichen consuetudo juris publici keine Rede ſein kann. Denn es vermag, um nur Eines zu erwähnen, nicht in Abrede geſtellt zu werden, daß das Verfahren Gregors VII gegen Heinrich IV das größte Aufſehen erregte [2]), und ſelbſt Gutgeſinnten Zweifel bereitete, ſo daß ſich der Papſt ſogar veranlaßt ſah, in jenen zwei Briefen, welche er im Jahre 1076 und 1081 an den Biſchof Herrmann von Metz ſchrieb, ſein Verfahren gegen Heinrich IV eingehend zu rechtfertigen [3]).

---

[1]) Vinc. Ler. Common. Ibid. Christi vero Ecclesia, sedula et cauta depositorum apud se dogmatum custos, nihil in his unquam permutat, nihil minuit, nihil addit, non amputat necessaria, non apponit superflua, non amittit sua, non usurpat aliena, sed omni industria hoc unum studet, ut vetera fideliter sapienterque tractando, si qua sunt illa antiquitus informata et inchoata, accuret et poliat; si qua jam expressa et enucleata, consolidet, firmet; si qua jam confirmata et definita, custodiat.

[2]) Otto von Freising. Hist. lib. VI. c. 35. Cujus rei (sc. depositionis Henrici IV) eo vehementius indignatione motum suscepit imperium quo nunquam, ante haec tempora, hujusmodi sententiam in principem Romanorum promulgatam noverat.

[3]) Hergenröther, Kath. Kirche und Chriſtlicher Staat S. 124 ff.

Ebenso bleibt uns die Schrift die Antwort auf die Frage schuldig, wie die Päpste, wenn sie jene Machtfülle lediglich dem Vertrauen und der Ehrfurcht verdankten, womit ihnen die christlichen Nationen entgegenkamen, ohne schwere Verletzung des Friedens und des Rechtes nichtsdestoweniger fortfahren konnten, jene Gewalt in weltlichen Angelegenheiten in Anspruch zu nehmen, als die Staaten offenbar dieselbe nicht mehr anerkennen wollten. Denn daß von Seite der Päpste solches jedenfalls noch im sechzehnten Jahrhunderte geschehen ist, kann doch wohl nicht geleugnet werden. Auch läßt sich schwer begreifen, mit welchem Rechte die Päpste eine solche Machtstellung, welche eine furchtbar ernste Verantwortlichkeit auf ihre Schultern lud, hätten annehmen können, wenn sie außerhalb des Bereiches des ihnen zugewiesenen hohenpriesterlichen Amtes lag. Dieses Bedenken muß wenigstens jeder theilen, welcher über die moderne Phrase von der angeblichen Herrschsucht der Hierarchie sich die richtige Meinung gebildet hat. Ebenso wenig erklärlich ist es, wie die Päpste selber ohne Ausnahme diese ihre Gewalt auf das göttliche Recht stützten, wenn sie hin und wieder auch, und mit gutem Grunde, auf das öffentliche Recht der christlichen Nationen hinweisen mochten[1]). Denn es ist zuzugeben, und hierin findet sich eigentlich das Körnchen Wahrheit in jener unhaltbaren Theorie von der directiven Gewalt, daß die fragliche Gewalt der Kirche in weltlichen Dingen, obwohl sie lediglich auf göttlichem Rechte fußt, dennoch, wenn sie ausgeübt werden soll, die Anerkennung von Seite der christlichen Nationen erfordert. Dies ist so wahr, daß es selbst, wie Cardinal Manning

---

[1]) So **Gregor VII an die deutschen Fürsten** (Reg. Greg. VII Lib. II ep. 26 ad Germ.) Qua de re, gravi dolore percussi ... misimus ad eum (sc. regem Henricum) tres religiosos viros, suos utique fideles, per quos eum secrete monuimus, ut poenitentiam ageret de sceleribus suis, quae quidem horrenda dictu sunt, pluribus autem nota et in multis partibus divulgata: propter quae non solum excommunicari usque ad dignam satisfactionem, sed etiam ab omni honore regni eum absque omni spe recuperationis debere destitui divinarum et humanarum legum testatur et jubet auctoritas.

in der bereits angeführten Schrift ausführt [1]), Verhältnisse geben kann, wo der Papst auf die Ausübung jener Gewalt verzichten muß. Denn sie ist ihm gegeben, um die weltliche Ordnung aufrecht zu erhalten, und deren Frieden und Wohlfahrt zu wahren, damit die höheren Aufgaben der Kirche gefördert und erzielt werden können. Wo dieser Zweck nicht erreicht wird, kann es nicht Sache des Papstes sein, in weltliche Angelegenheiten einzugreifen. Verwirrung in den Geistern, Mißtrauen und Zwietracht zwischen den Nationen kann aber nimmermehr zur Lösung dieser Aufgabe führen. So oft demnach solche und ähnliche Uebel unvermeidlich erscheinen, hat die Gewalt des höchsten Richters der Christenheit kein Feld der Wirksamkeit. Wo sie nicht zum Aufbauen und zur wahren Erhöhung der Kirche und zum wirklichen Heile der christlichen Völker dienen kann, darf sie nicht zum Werkzeug der Schädigung werden [2]).

Ungemein leicht erscheint sodann die Arbeit, welche sich jene Schrift mit der Argumentation aus den einschlagenden

---

[1]) Manning The Vatican Decrees. S. 80. The moral principles on which the exercise of supreme powers and rights was justifiable in the age of Boniface VIII exist no longer in the nineteenth century in England. Let no one cynically pretend that this is to give up or to explain away ... The first principles of morals forbid the exercise of the supreme judicial power of the Church on such a civil order, as that of England. When it was de facto subject to the Church, England had by its own free will accepted the laws of Christendom. It can never be again subject to such laws except on the same condition — namely, by its own free will. Till then the highest laws of morality render the exercise of such Pontifical acts in England impossible. Mr. Gladstone has called on Pius IX to repudiate such powers. But Pius IX cannot repudiate powers which his predecessors justly exercised, wishout implying that their actions were unjust. He need not repudiate them for himsef, for the exercise of them is impossible and, if physically possible, would be morally impossible, as repugnant to all equity, and under correction, J will say to natural justice. The infallible witness for justice and equity and charity among men, cannot violate these laws which unerringly govern his office.

[2]) Vergleiche damit Goltgreven, Verhältniß zwischen Staat und Kirche nach den Quellen des kanonischen Rechtes. Berlin 1875. S. 42 ff. Anm. 53. Er bestreitet Mannings Auffassung; aber in einer Weise, welche eine Versöhnung beider Ansichten am Ende nicht ausschließt.

Schriftstellern und kirchlich=politischen Ereignissen macht. Sie übernimmt hiebei nichts geringeres als den Beweis, daß jene Theorie der sogenannten directiven Gewalt nicht allein die ein= zig richtige, sondern auch die von jeher in der Kirche anerkannte sei. Es war dabei zweierlei zu beweisen, einmal, daß die Kirche nie etwas anderes, als jene directive Gewalt nach gött= lichem Rechte in Anspruch genommen habe, und dann, daß die Päpste jene erhabene Machtstellung dem öffentlichen Rechte des Mittelalters verdanken. Wo nun die Quellen überhaupt von der Scheidung beider Gewalten sprechen, legt jene Schrift so= fort den Gedanken von der directiven Gewalt unter; und wo immer die Quellen oder die Ereignisse augenscheinlich nöthigen, die Jurisdiction des Papstes in den Temporalien anzunehmen, findet der Verfasser regelmäßig ein Entgegenkommen und ein ausdrückliches oder stillschweigendes Zugeständniß der Fürsten und Völker. In solcher Weise kommt man ohne Schwierigkeiten über jene beiden bedeutsamen Jurisdictionsacte Gregors des Großen [1]) hinweg, und es gelingt sogar, nicht nur die Ansicht des heiligen Bernhard für die directive Gewalt zu gewinnen [2]), sondern sogar Bonifacius VIII zum Vertreter derselben in der Extravagante Unam sanctam zu machen [3]). Sehr charakteristisch

---

[1]) Bouix. De Papa. Tom. III. Pars IV. Sectio III. Cap. VII. Pag. 146. Cfr. Gosselin Partie I, Chap. I No. 13 seqq. Partie II, Chap II Art. 2 No. 127 seqq. Siehe unten § 9.

[2]) Gosselin, Partie II, Chap. III. Art. I, § 1, No. 197. La pensée de saint Bernard est donc que le souverain pontife peut et doit, en certains cas, solliciter les princes à la guerre, par ses avis et ses ex- hortations, mais que le prince seul peut donner des ordres sur ce point. Das ist gewiß in der Regel richtig; aber damit offenbar „der Gedanke" des hl. Bernhard noch nicht erklärt, so wenig als es aus seinen Worten unmittelbar folgt.

[3]) Ibid. No. 219. Concluons de cette discussion que Boniface VIII n'avait pas sur ce point d'autres sentiments que ses prédécesseurs; que la bulle Unam Sanctam en particulier ne favorise pas aucunement l'opinion theologique du droit divin ... Gleich darauf heißt es dennoch: Il est vrai, que Philippe le Bel se montra extrêmement choqué de la doctrine de Boniface, particulièrement de celle, qu'il avait exprimée dans la bulle Unam Sanctam etc. Wir begegnen nur zu oft in diesen Werken ähnlichen, un= vermittelten Gegensätzen, aus welchen nichtsdestoweniger Schlüsse für das System gezogen werden.

bleibt unter Anderem, was wir übergehen, die Behandlung, welche Heinrich von Segusia, dem berühmten Hostiensis, widerfährt. Sein Ruf war so groß, daß der Ausdruck Hostiensem sequi gleichbedeutend mit dem Studium des kanonischen Rechtes galt; er und Sinibald Fiesco, der spätere Papst Innocenz IV, wurden als die Leuchten der kirchenrechtlichen Wissenschaft ihrer Zeit betrachtet[1]). Als gefeierter Lehrer an den Hochschulen zu Bologna und Paris, hatte er tausende von Schülern und Anhängern; und seine Autorität ist von allen Glossatoren und Kanonisten seit sechshundert Jahren anerkannt. Gosselin glaubt eine solche Autorität dadurch beseitigen zu können, daß er dem „Vater der Kanones und dem Höchsten der Doctoren", wie Hostiensis genannt wird[2]), nur einen unbedeutenden Wirkungskreis zugesteht[3]) und seinen Theorien, wie allen ähnlichen, jeden praktischen Einfluß abspricht[4]).

Was uns jedoch in besonderer Weise der Aufgabe überheben dürfte, weiter auf jene Schrift und ihre Theorie über das Verhältniß der beiden Gewalten einzugehen, ist der bemerkens-

---

[1]) Guil. Durantis, Speculum juris, prooem. „Novissime autem duae stellae lucidissimae nostris temporibus mirifice rutilarunt: vidolicet sanctissimae recordationis Dominus Innocentius Papa IV ... pater juris, et reverendus pater Dominus meus Henricus, Dei gratia Hostiensis episcopus, lumen juris: quorum veneranda memoria fulget, ut splendor firmamenti perpetui .... Quidqnid namque alibi circa juris theoricam quaeritur, in eorum scriptis perfectissime reperitur. Durantis ist jedenfalls ein competenter „Fachmann".

[2]) Philipps Kirchenrecht Bd. IV S. 327.

[3]) Gosselin. Pièces justificatives VIII. On s'étonne aujourdhui, qu'une opinion si dangereuse, et si contraire aux droits des souverains, ait à peine excité, dans le principe, quelque réclamations, soit de la part des docteurs, soit de la part des princes eux-mêmes, si intéressés à la combattre. Mais l'étonnement diminue, lorsqu'on fait attention que cette opinion n'eut pendant assez longtemps, qu'un très petit nombre de partisans, et qu'à l'époque où elle parut, le pouvoir de l'Eglise et du Pape sur les souverains était depuis longtemps reconnu etc.

[4]) Ibid. En de pareilles conjonctures, on conçoit que l'opinion théologique du pouvoir direct était une pure spéculation, aussi indifférente pour la pratique, que celle qui expliquait le pouvoir temporel du Pape par la prétendue donation de Constantin.

werthe Umstand, daß diese mit einem solchem Aufwande von Argumenten ausgestattete Schrift die uns hier speciell beschäftigende Decretale Per venerabilem kaum berührt. Nach dem Urtheile der Kanonisten gehört sie doch zu den bedeutendsten der ganzen Decretalensammlung Gregor IX; und wenn irgend eine kanonistische Quelle Berücksichtigung und eingehende Behandlung in der fraglichen Schrift verdiente, so war es gewiß jene Entscheidung des Papstes Innocenz III auf das Bittgesuch Wilhelms von Montpellier. Gosselin aber eilt mit wenigen Zeilen über diese wichtige Urkunde weg, und diese Zeilen benützt er, charakteristisch genug, lediglich dazu, die uns bekannte Stelle der Decretale mitzutheilen, wo Innocenz zur Begründung der göttlichen Anordnung jener von ihm in Anspruch genommenen Jurisdiction schreitet, und nachdem er versichert hat, daß er keine fremde Gewalt usurpire, die beiden Schriftstellen aus dem neuen Testamente anführt [1]). So wie diese Worte hier aus dem Zusammenhang gerissen mitgetheilt werden, erhalten sie aber eine Färbung, welche ihrem wahren Sinne geradezu widerspricht; und der Verfasser nimmt keinen Anstand, sie so zu gebrauchen [2]). Der Kernsatz der ganzen Decretale dagegen wird völlig übergangen [3]), wie nicht minder die Ausführ-

---

[1]) Quum non ignoremus, Christum in Evangelio respondisse: Reddite quae sunt Caesaris, Caesari, et quae Dei Deo; propter quod postulatus, ut haereditatem divideret inter duos: quis, inquit, constituit me judicem super vos? C. Per ven. Pars decisa.

[2]) Gosselin. Ibid. No. 205. Ajoutons que le discours d'Innocent III. (Es handelt sich von der Responsio Domini Papae, facta nuntiis Philippi in consistorio) (S. o. S. 46.) s'il avait quelque chose d'obscur ou d'équivoque, devrait naturellement s'expliquer par la doctrine, qu'il professait expréssement vers le même temps, dans une lettre au comte de Montpellier, ou il reconnaît et marque nettement la distinction des deux puissances, de l'aveu même de Fleury. „Nous ne voulons pas, dit le Pape dans cette lettre, préjudicier au droit d'autrui, ni usurper une puissance, qui ne nous appartient pas; car nous n'ignorous pas cette parole de Jésus Christ dans l'Evangile: Rendez à César ce qui est à César, et à Dieu ce qui est á Dieu. C'est pourquoi étant prié de partager un héritage entre deux frères, il leur fit cette réponse: Qui m'a établi juge sur vous?

[3]) C. Per. vener. „non solum in Ecclesiae patrimonio, super quo plenam in temporalibus gerimus potestatem, verum etiam in

ung, welche Innocenz III über den Rechtsgrund jener päpstlichen Jurisdiction gibt, welche er nicht aus dem öffentlichen Rechte des Mittelalters, sondern aus der göttlichen Ordnung der Kirche herleitet [1] im klaren Bewußtsein, daß er damit die weltliche Gewalt nicht beeinträchtige [2]).

Es ist evident, daß die hier von Innocenz ausgesprochenen Sätze in wenigen Worten das ganze weitschichtige Gewebe der Theorie von der sogenannten directiven Gewalt, wie es in jener Schrift angelegt ist, geradezu zerreißen und vernichten. Der Papst legt sich in gewissen Fällen eine wirkliche Jurisdiction in weltlichen Angelegenheiten bei; er gibt sich nicht blos für einen Rathgeber und eine mahnende Stimme aus. Sodann leitet er diese Jurisdiction aus dem göttlichen Rechte der Kirche ab, nicht aus der historischen Machtstellung der Päpste im Mittelalter. An den Worten von Innocenz III in der Decretale Per venerabilem scheitert in der That das ganze System jener directiven Gewalt; diese Decretale allein genügt, um uns von der Unhaltbarkeit derselben, trotz ihres speciosen Wesens, welches manche getäuscht haben mag, zu überzeugen.

Diese Theorie hat übrigens auch, wie wir bereits bemerkt haben, viel zu wenig Autoritäten für sich, als daß man ihr größeres Gewicht beilegen könnte. Die Theorie über das Verhältniß der beiden Gewalten, welche die vorherrschende bleibt, ist eine davon grundverschiedene. Sie ist diejenige, welche von weitaus den meisten klassischen Autoritäten in dieser Materie vertreten wird, und zugleich als jene bezeichnet werden muß, welche sich aus den höchsten Principien des kirchlichen öffentlichen Rechtes im Verlaufe der Jahrhunderte ganz naturgemäß entwickelt hat.

---

aliis regionibus certis causis inspectis **temporalem jurisdictionem casualiter exercemus.**"

[1] Ibid. causam tuam ex veteri quam ex novo testamento trahentes.

[2] Ibid. — non quod alieno juri praejudicare velimus, vel potestatem nobis indebitam usurpare. P. dec.

§ 9.

Fortsetzung. Die sogenannte Lehre von der indirecten Gewalt. Bellarmin, Molina, Suarez und die Späteren.

Die Lehre von der indirecten Gewalt der Kirche in Bezug auf die weltliche Ordnung, womit wir uns nunmehr zu beschäftigen haben, läßt sich etwa in folgenden Sätzen zusammenfassen.

Die Kirche besitzt keine zeitliche Gewalt im eigentlichen Sinne des Wortes; die Gewalt, welche ihr übertragen ist, bleibt eine geistliche. Diese geistliche Gewalt hat etwa nicht lediglich einen Ehrenvorzug vor der weltlichen, sondern steht wesentlich höher als jene. Da sie einer erhabeneren Ordnung angehört, und ihr Zweck überhaupt das Höchste ist, was das Menschengeschlecht erreichen kann, so müssen sich, gemäß des Grundsatzes, welchen schon die Philosophen des Alterthums anerkannt haben [1]), die Gebiete der niedrigeren Ordnung, jene des Staates, dem höheren Gebiete der Kirche unterordnen; alle Zwecke, welche weniger erhaben sind, als der Zweck der Kirche, müssen sich zu diesem zuletzt wie mittelbare Zwecke, wie Mittel verhalten, und sich ihm fügen, indem sie ihn unterstützen. Die Kirche als geistige Anstalt steht über der bürgerlichen Organisation der menschlichen Gesellschaft. Das ist ein Gedanke, welchen nicht blos das Mittelalter, sondern schon die Kirchenväter vertreten [2]) bis hinauf zu den apostolischen Constitutionen [3]) und jener judenchristlichen Schrift, dem „Patriarchentestament" [4]),

---

[1]) Aristoteles, Ethica Nicom. I. 1. Polit. I. 1.

[2]) Chrysostomus, Hom. XV in II Cor. ὅσον οὖν ψυχῆς καὶ σώματος τὸ μέσον, τοσοῦτον πάλιν αὕτη διέστηκεν ἐκείνης ἡ ἀρχή. Hergenröther, Kath. Kirche und christlicher Staat. VIII. Die Lehre von der Superiorität der Kirche und ihrer Gewalt über das Zeitliche. S. 273 ff.

[3]) Const. Apost., Lib. II, Cap. 34. ὅσῳ ψυχὴ σώματος κρεῖττον, τοσούτῳ ἱερωσύνη βασιλείας.

[4]) Testamentum Juda, c. XXI. Καὶ νῦν, τέκνα μου, ἀγαπήσατε τὸν Λευὶ ἵνα διαμείνητε, καὶ μὴ ἐπαίρεσθε ἐπ' αὐτόν, ἵνα μὴ ἐξολο-

worin die moderne Wissenschaft bereits die Anfänge der angeblichen hierarchischen Usurpation eines Gregor VII entdeckt hat [1]).

Bei dieser Ueberordnung der Kirche ist aber ebenso entschieden die Trennung der beiden auf ihrem eigenthümlichen Gebiete unabhängigen Gewalten festzuhalten. So geschieht es, daß die Kirche in der Regel und im Ganzen zwar die weltliche Gewalt auf ihrem Gebiete frei und unabhängig schalten und walten zu lassen hat, und keinen Beruf besitzt, sich unmittelbar und direct in deren Angelegenheiten einzumischen, daß sie aber nichtsdestoweniger, so oft ihr eigner Zweck berührt oder gefährdet wird, ihre geistliche Gewalt auch in das Bereich der weltlichen Ordnung erstreckt, und dort eine wirkliche Jurisdiction ausübt.

Suarez lehrt das folgendermaßen [2]). Man pflegt in dieser Frage eine zweifache Unterwerfung oder Abhängigkeit von einer

---

θρευθῆτε. Ἐμοὶ γὰρ ἔδωκε κύριος τὴν βασιλείαν, κἀκείνῳ τὴν ἱερατείαν, καὶ ὑπέταξε τὴν βασιλείαν τῇ ἱερωσύνῃ. Ἐμοὶ ἔδωκε τὰ ἐπὶ τῆς γῆς, κἀκείνῳ τὰ ἐν οὐρανοῖς. Ὥσπερ ὑπερέχει οὐρανὸς τῆσ γῆς, οὕτως ὑπερέχει θεοῦ ἱερατεία τῆς ἐπὶ γῆς βασιλείας. Fabricius, Codex Pseudographus veteris Testamenti. Cabe verlegt die Schrift an das Ende des zweiten Jahrhunderts, Dodwell in das erste. A. a. O. Pars I, S. 501.

[1]) Neander, Kirchengeschichte (III. Auflage) I. Band, S. 201.
[2]) Suarez, Def. Fidei, Lib. III, cap. V 2. Deinde solet in praesenti distingui duplex subjectio, directa scilicet et indirecta. Directa vocatur, quae est intra finem et terminos ejusdem potestatis; indirecta, quae solum nascitur ex directione ad finem altiorem, et ad superiorem ac excellentiorem potestatem pertinentem. Propria enim potestas civilis de se solum directe ordinatur ad convenientem statum, et temporalem felicitatem humanae reipublicae pro tempore vitae praesentis, et ideo etiam potestas ipsa temporalis appellatur. Quamobrem tunc civilis potestas dicitur in suo ordine suprema, quando in eodem et respectu sui finis ad illam fit ultima resolutio in sua sphaera, seu in tota communitate, quae illi subest; ita ut a tali principe supremo omnes inferiores magistratus, qui in tali communitate vel in parte ejus potestatem habent, pendeant, ipse vero princeps summus nulli superiori in ordine ad eundem finem civilis gubernationis subordinetur. Quia vero felicitas temporalis et civilis ad spiritualem et aeternam referenda est, ideo fieri potest, ut materia ipsa potestatis civilis aliter dirigenda et gubernanda sit in ordine ad spirituale bonum, quam

Gewalt zu unterscheiden, eine directe und eine indirecte. Direct ist diese Unterwerfung oder Abhängigkeit, wo sie sich innerhalb dem Bereiche jener Macht findet, für deren Zweck sie zugleich dient; indirect, wenn sie blos aus der Beziehung auf einen höheren Zweck entsteht, welcher einer außerhalb liegenden, erhabeneren und vorzüglicheren Gewalt eigen ist. Die eigentliche bürgerliche Gewalt ist nämlich an und für sich direct nur für den entsprechenden Zustand und die zeitliche Wohlfahrt des Staates im gegenwärtigen Leben angeordnet; darum wird sie auch die zeitliche genannt. Deßhalb heißt die weltliche Gewalt die höchste in ihrer Ordnnng, insoweit sie in dieser und bezüglich ihres Zweckes die letzte Instanz in ihrer Sphäre bildet; so daß von dem souveränen Fürsten alle unteren Obrigkeiten, welche im ganzen Staate oder in einem Theile desselben thätig sind, abhängen, der Fürst selbst aber keinem Höheren untergeordnet ist, wo immer der eigentliche Zweck der bürgerlichen Gesellschaft in Frage steht. Weil aber die zeitliche und bürgerliche Wohlfahrt auf die geistige und ewige bezogen werden muß, kann es geschehen, daß die Materie der bürgerlichen Gewalt in Bezug auf das geistliche Wohl in anderer Weise zu leiten und zu behandeln ist, als der bloße Maßstab der bürgerlichen Gesellschaft zu verlangen scheint. Dann kann, obschon der weltliche Fürst und seine Gewalt in ihrem Wirkungskreise direct von keiner andern Gewalt derselben Ordnung und desselben Endzweckes abhängt, gleichwohl die Nothwendigkeit eintreten, daß er und seine Gewalt in seinem Bereiche geleitet, unterstützt und zurechtgewiesen werde durch eine höhere Gewalt, welche die Menschen in Bezug auf den höheren und ewigen Zweck regiert. Diese Abhängigkeit heißt dann eine indirecte, weil jene höhere Gewalt

---

sola civilis ratio postulare videatur. Et tunc, quamvis temporalis princeps ejusque potestas in suis actibus directe non pendeat ab alia potestate ejusdem ordinis, et quae eundem finem tantum respiciat, nihilominus fieri potest ut necesse sit ipsum dirigi, adjuvari vel corrigi in sua materia superiori potestate gubernante homines in ordine ad excellentiorem finem et aeternum; et tunc illa dependentia vocatur indirecta, quia illa superior potestas, circa temporalia non per se aut propter se, sed quasi indirecte et propter aliud interdum versatur.

nicht an und für sich und ihretwegen, sondern gleichsam indirect und bezüglich einer ihr eigentlich fremden Sache sich bisweilen mit dem Zeitlichen befaßt.

Diese Lehre finden wir als die allgemeine bei den bedeutendsten Zeitgenossen von Suarez vertreten. Mögen auch in unwesentlichen Einzelheiten die Ausdrücke mancherlei modificirt werden, im Ganzen ist es mit großer Uebereinstimmung immer wieder derselbe Gedanke.

Bellarmin verbreitet sich darüber eingehend im letzten Buche seiner Schrift De Summo Pontifice; theilweise noch klarer und ausführlicher erörtert er diese Lehre in seiner Controversschrift gegen Barclay [1]). Wenn er auch auf der einen Seite die falsche

---

[1]) Tract. De potestate summi Pontificis in rebus temporalibus adv. G. Barclaium. Cap. V. De potestate in temporalia, quam indirecte Theologi summo Pontifici tribuunt. — Si in summo Pontifice esset potestas spiritualis et temporalis directe, et esset Pontifex Rex mundi, ut est Pontifex Ecclesiae universae, et reges caeteri essent mere executores temporalis jurisdictionis: certe posset Pontifex pro arbitro suo privare quoslibet Reges administratione et executione jurisdictionis temporalis, et hoc modo posset tollere regimen politicum, vel confundere cum Ecclesia; et esset major Christo, cum posset tollere vel confundere potestates, quas ille voluit esse et esse distinctas. At si in summo Pontifice ponatur potestas spiritualis tantum directe et temporalis indirecte, id est, in ordine solum ad spiritualia: non sequitur posse Pontificem tollere, vel confundere politicum regimen; sed solum sequitur, posse Pontificem per spiritualem, atque Apostolicam eminentissimam suam potestatem dirigere et corrigere potestatem politicam, eamque, si opus sit, ad finem spiritualem, uni Principi adimere, et alteri conferre. Cap. XII. Diluuntur argumenta adversus Theologorum sententiam de Potestate Pontificis maximi in temporalibus. Distinctione opus est, ut plane intelligatur, verene an falso Barclaius colligat, Pontificem habere potestatem temporalem super reges, esseque eorum judicem temporalem. Nam si per temporalem potestatem intelligatur potestas disponendi de temporalibus, sive ipsa potestas in se sit spiritualis, sive temporalis, vere colligit, Pontificem habere potestatem temporalem in reges: si vero per temporalem potestatem intelligatur potestas, quae sit politicorum, falso colligit Pontificem habere potestatem in se temporalis, ut est potestas regum, et aliorum principum temporalem in reges ex Theologorum sententia. Theologi enim tribuunt Summo Pontifici temporalem et spiritualem potestatem in Ecclesiastica ditione tantum, quam potestatem plenam in patrimonio S. Petri appellat Innocentius in cap. Per venerabilem: in reliquas provincias Christianas et Principes Christianos tribuunt Pontifici potestatem solum spiritualem, quae per se et proprie respicit

Ausdeutung dieser Gewalt der Päpste in weltlichen Angelegenheiten verwirft, und daran festhält, daß es die eigentliche geistliche Gewalt des Papstes sei, vermöge welcher ihm die Pflicht auferlegt sei, auch in dem Gebiete des Weltlichen mit seiner Autorität aufzutreten: so wahrt er auf der andern Seite die ganze Ausdehnung dieser Autorität der höchsten geistlichen Gewalt.

In höchst lichtvoller Darstellung geht Ludwig Molina[1]) auf diesen Gegenstand ein.

Der Papst hat weder in solcher Weise — so lehrt er — eine Jurisdiction in weltlichen Dingen, daß er der Herr des Erdkreises wäre, oder sich den Kaiser- oder Königsnamen beizulegen das Recht hätte, noch auch so, daß das Recht zur weltlichen Herrschaft von ihm den Königen übertragen würde; sondern die königliche Gewalt ist gänzlich verschieden von der päpstlichen, sie ist von Gott, wenn auch mittelbar zur Verfolgfolgung des natürlichen Zweckes der menschlichen Gesellschaft angeordnet, während die päpstliche Gewalt von Christus unmittelbar eingesetzt ist zur Erreichung des übernatürlichen Zweckes des Menschengeschlechtes[2]). Nachdem Molina sofort

---

spiritualia, temporalia vero respicit, ut subordinantur spiritualibus. Et ideo quando proprie loquimur, dicimus Pontificem habere potestatem in temporalibus, non autem habere potestatem temporalem, qua Pontifex est. Ex quo sequitur, ut discrimen vocum: directe et indirecte, non referatur proprie loquendo, ad modum acquirendi potestatem, ut Barclaius falso dicit, sed ad explicandum objectum secundarium, et consectaneum supremae spiritualis potestatis, quae, ut supra diximus, primario et directe respicit spiritualia, secundario et indirecte, id est, in ordine ad spiritualia, respicit temporalia: quae sententia Theologorum nullo modo repugnat verbis Innocentii in cap. Per venerabilem, ut ex dictis perspicuum est.

[1]) De Justitia et jure, Tom. I, Tract. I, Disp. 29.

[2]) Summus Pontifex neque ita habet potestatem jurisdictionis in temporalibus, ut sit dominus orbis, aut ut nomen regis vel imperatoris sibi possit vindicare, neque ita ut ab eo dominium jurisdictionis temporalis ad reges derivetur; sed potestas regalis est omnino diversa a papali, quae a Deo, mediante consensu et electione Reipublicae, regem sibi ad administrationem in temporalibus finemque naturalem constituentis, habet ortum: papalis vero ortum habet a Deo per Christum eam instituentem ad regimen per comparationem ad finem supernaturalem dumtaxat. Ibid.

den Autoritätsbeweis für diesen Satz ausgeführt hat, fügt er noch einige Argumente an, welche aus der Natur der Sache selbst hervorgehen. Wenn der Papst, sagt Molina, Herr des Erdkreises im wirklichen Sinne des Wortes wäre, so müßte er dies entweder nach Naturrecht sein, oder durch die Bestimmungen des menschlichen oder positiven göttlichen Rechtes. Keines davon ist aber der Fall, da Petrus nur die Schlüssel des Himmelreiches empfangen hat, und beauftragt worden ist, die Schafe zu weiden, was zunächst nur auf eine geistliche Gewalt geht. Der Papst ist also nicht Herr des Erdkreises, und die Könige haben nicht von ihm ihre Gewalt, und sind ihm überhaupt nur in soweit untergeben, als es der übernatürliche Zweck der Kirche erheischt. In allen übrigen Dingen stehen sie nicht unter ihm und sind durchaus unabhängig [1]). Zu dem nemlichen Schlusse kommt Molina durch die Erwägung, daß sich die geistliche Gewalt, welche dem Papste übertragen ist, nicht auf die Ungläubigen erstrecke, welchen er lediglich das Evangelium zu predigen hat. Er ist demnach auch nicht ihr Herr im Weltlichen, und deßwegen auch nicht Herr des Erdkreises [2]). Ebenso folgt dieses daraus, daß die Menschen, wenn sie sich zum Christenthum bekehren, nicht in eine schlimmere Lage versetzt und ihrer Rechte und ihres Besitzes beraubt werden dürfen, was das Christen-

---

[1]) Deinde si summus Pontifex dominus esset orbis, vel id esset jure naturali, vel humano vel divino positivo. Non natura i, neque humano, ut perspicuum est; neque etiam divino positivo, quippe cum Petro et successoribus solum sit dictum: Tibi dabo claves regni coelorum, et: Pasco oves meas, in quibus intelligitur solum spiritualis potestas per comparationem ad finem supernaturalem, et temporalis non nisi ex consequentia, quatenus ad finem supernaturalem necessarium judicabitur. Ergo Summus Pontifex non est dominus orbis, neque Reges ab illo suam habent potestatem, aut aliter, aut plus illi subsunt, quam judicatum fuerit necessarium ad finem supernaturalem: atque adeo in ceteris sunt ab illo exempti et omnino independentes. Ibid.

[2]) Praeterea non majorem potestatem habet Summus Pontifex in temporalibus, quam in spiritualibus: sed in infideles nullam potestatem habet in spiritualibus, cum Paulus I ad Corinthios 5 dicat: Quid enim mihi est de iis, qui foris sunt, judicare, sed solum jus habet ad proponendum explicandumque illis Evangelium, eosque ad fidem invitandum: ergo non est dominus illorum in temporalibus, ac perinde neque est dominus orbis. Ibid.

thum nur verhaßt machen könnte ¹). Christus entzog auch bei seinem Eintritte in die Welt den Menschen keineswegs ihre Rechte und ihr Eigenthum, und sie empfingen und empfangen auch nicht von ihm, als Mensch, jene Rechte und jenes Eigenthum. In gleicher Weise kann der Statthalter Christi, welcher nicht in die Rechte von dessen Gottheit und in die ihm unübertragbar eigenthümliche Gewalten eingetreten ist, keinen Anspruch darauf haben, den Menschen ihre natürlichen Rechte erst noch zu geben und ihnen ihr Eigenthum zuzutheilen, was sehr wenig dem Zwecke der Kirche entspräche ²). Endlich wird auch die Natur durch die Gnade und den Glauben nicht vernichtet, sondern vervollkommnet. Demnach können die weltlichen Fürsten, welche vor der Annahme des Christenthums eine wahre Herrschergewalt ausübten, wie sie ihnen nach Naturrecht überkommen war, durch das Bekenntniß des christlichen Glaubens nicht um den Besitz dieser Gewalt gebracht werden, wenn sie auch durch den Eintritt in die Kirche der Gewalt des Papstes unterstellt sind ³).

Nachdem Molina aus seinem ersten Satze noch mehrere Folgerungen gezogen hat, geht er zu dem zweiten über, und

---

¹) Adde, quod cum ex eo, quod homines ad fidem convertantur, non sint pejoris conditionis, neque sua jura et dominia amittant (id namque esset gravissimum jugum cervicibus hominum una cum fide imponere, eamque illis efficere odiosam) fit, ut (Papa) neque Christianorum sit dominus in temporalibus. Ibid.

²) Item per adventum Christi in mundum non amiserunt homines sua jura et dominia, neque ab illo, quatenus homine, illa acceperunt, aut accipiunt, ut disputatione praecedente ostensum est. Ergo non ita instituit Christus Summum Pontificatum, ut a Summo Pontifice acciperent homines sua jura et dominia, imo neque ut ab eo in illis penderent: id enim minime expediebat. Potestas autem illa ad temporalia, quam disputatione praecedente ostendimus esse in Christo, est in eo excellentiae, quam proinde, sicut neque potestatem excellentiae in spiritualibus, quibus illum praeficiebat, Summo Pontifici non communicavit. Ibid. Vergl. oben Bellarmins Darstellung von dem dreifachen Reiche Christi. S. 124 ff.

³) Adde, gratiam et fidem non destruere sed perficere naturam: quare cum, antequam homines fidem Christi susciperent, veri fuerint reges independentes in suo temporali dominio a quocunque alio, idque per potestatem sibi a Republica communicatam, quae jure naturali eam habet, consequens profecto est ex eo quod fidem susceperint, nequaquam potestatem illam et dominium amisisse: tametsi per ingressum in Ecclesiam Summo Pontifici subjiciantur, ut ab eo, quando per abusum deviaverint, coerceantur. Ibid.

behauptet, daß der Papst, obwohl er eine universelle Jurisdiction über alle zeitlichen Güter der Kirche hat, dennoch nicht der Herr derselben ist, sondern nur der Verwalter¹), da die einzelnen kirchlichen Stiftungen und Corporationen die Eigenthümer bleiben²).

Endlich aber legt Molina dem Papste eine allgemeine höchste, über Fürsten und Völker sich erstreckende Gewalt in zeitlichen Angelegenheiten bei, welche sich nothwendigerweise aus seiner geistlichen Gewalt ergibt, und dann, aber auch nur dann, geübt zu werden vermag, wann und in soweit der übernatürliche Zweck der Kirche, für welchen die geistliche Gewalt in derselben angeordnet ist, in Frage gestellt ist³). Das ist auch, nach Molina, der richtige Sinn jener Worte, welche dem Papste beide Schwerter beilegen⁴). Nichtsdestoweniger bleibt aber diese Gewalt wenigstens ihrem Endzwecke nach eine geistliche⁵). Das

---

¹) Secunda conclusio. Licet Summus Pontifex jurisdictionem universalem habeat in temporalia bona Ecclesiae, non tamen est illorum dominus, sed dispensator et gubernator, qui proinde non ad libitum de illis potest disponere, sed solum ex rationabili causa, adeo ut, si illa donet absque aliqua causa, donatio sit nulla, et tam ipse, quam donatarius teneatur ad eorum restitutionem Ecclesiae illi ad quam pertinent. Ibid.

²) Ratio vero illius est, quoniam hujusmodi bona non sunt collata Summis Pontificibus aut aliis praelatis Ecclesiae, sed quaedam Ecclesiae Romanae, quaedam vero particularibus Ecclesiis, ut Toletanae, Eborensi et ceteris. Quo fit, ut eorum dominium non sit apud Summum Pontificem, aut alios praelatos, sed apud Ecclesias ipsas, quibus talia bona donata sunt, praelati vero sint dispensatores et gubernatores eorum; at vero Summus Pontifex, quatenus est caput Ecclesiae universalis, illorum omnium bonorum sit dispensator et gubernator universalis etc. Ibid.

³) Tertia conclusio. Potestas spiritualis Summi Pontificis ad finem supernaturalem, adjunctam, quasi ex consequenti, habet supremam et amplissimam potestatem jurisdictionis temporalis super omnes principes et reliquos, qui sunt de Ecclesia: praecise tamen, quantam postulat finis supernaturalis, ad quem spiritualis potestas ordinatur. Quare si id exigat finis supernaturalis, potest Summus Pontifex deponere reges, eosque regnis suis privare. Ibid.

⁴) Atque hac ratione vere Summus Pontifex dicitur habere utrumque gladium, supremamque potestatem temporalem et spiritualem. Ibid.

⁵) Observa tamen, supremam hanc potestatem jurisdictionis temporalis, quae in Summo Pontifice residet, cum non ad temporalia ipsa, sed ad supernaturalem finem ordinetur, non esse mere potestatem temporalem, sed

wird aus der Zusammengehörigkeit von Kirche und Staat [1]) und der Unterordnung des letzteren unter die erstere, aus dem allgemeinen obersten Hirtenamte Petri [2]) und aus der Gewalt des altteftamentlichen Hohenpriesterthums bewiesen, welches nur ein Vorbild des Primates gewesen [3]). Hieran schließt sich noch die Berufung auf die Autorität des hl. Bernhard, des hl. Papstes Nicolaus I und Bonifaz VIII in den bekannten Stellen an.

Halten wir weiter Umschau unter den bedeutenderen Theologen und Kanonisten jenes Zeitalters, so finden wir ebenso gut bei Sanchez [4]) wie bei den etwas späteren Kirchenrechtsschriftsteller Barbofa [5]) und Gonzalez Tellez [6]) dieselbe Ansicht

---

esse spiritualem ox parte finis. Quo fit, ut appellanda non sit potestas laica, sed Ecclesiastica, jurisdictionis tamen temporalis, ut illam distinguamus a potestate mere spirituali, quae illam annexam habet.

[1]) Ecclesia Christiana, cui Summus Pontifex jure divino caput et supremus rector praeficitur, et quaecunque alia Respublica saecularis cujusvis Christiani principis non sunt duae diversae Respublicae, perinde atque Respublicae Hispanorum et Gallorum: sed sunt ad in vicem subordinatae, ita ut una in alia includatur, finisque naturalis cujusque Reipublicae saecularis, tamquam imperfectus, ordinatur ad finem supernaturalem, quem respicit Ecclesia. Ibid.

[2]) — Summus Pontifex est pastor universalis totius gregis Christiani a Christo institutus juxta illud Joann. 21. Pasce oves meas: pastoris autem est errantes oves, cujuscunque ordinis sint ac dignitatis, in viam revocare easque quacunque ratione ad viam compellere; idque in pastoris officio censetur esse concessum ac injunctum. Ergo eo ipso, quod a Christo pastor universalis Ecclesiae est constitutus, censetur illi tradita praedicta potestas. Atque hoc argumento utitur adversus quendam Constantinopolitanum Imperatorem Innocentius III cap. Solitae, De Majoritate et obedientia, ut illi ostenderet fas sibi fuisse eum reprehendere. Ibid.

[3]) Non minus potest Summus Pontifex modo in temporalibus, quam quondam poterat Summus Sacerdos in vetere lege: sed ut habetur Deuteronomio orta causa dubia in temporalibus, quam saeculares judices non sufficienter definirent, supremum judicium spectabat ad summum Sacerdotem cum capitis poena ei, qui illius sententia stare non vellet. Ergo ad Summum Pontificem in Ecclesia spectat etiam jurisdictio in temporalibus, saltem quatenus finis spiritualis, cui est praefectus, id postulaverit. Ibid.

[4]) Sanchez de matrimonio, Lib. VIII, Disp. VII, Nr. 1. Siehe oben S. 40, Anm. 4.

[5]) Barbosa, Collectanea Doctorum in jus Pontificium. In cap. Per venerabilem. Notatur ad hoc, quod in terris regum non habet summus Pontifex jurisdictionem directe quoad temporalia; ex vi tamen Pontificalis officii habet sufficientem potestatem super omnia negotia saecu-

vertreten. Die Reihe der großen deutschen Kanonisten von der Mitte des siebenzehnten Jahrhunderts bis in das achtzehnte hinein vertheidigt sie gleichfalls. Sie wird von ihnen als die sententia communis bezeichnet ¹). Reiffenstuel ²) behandelt diese

---

laria, quando id expedierit ad quietem et conservationem ac Ecclesiae defensionem et ad bonum spirituale et ad finem Ecclesiasticae potestatis supernaturalem assequendum.

⁶) Gonzalez Tellez, Comm. perp. in cap. Per venerabilem, not. 9. Licet enim Pontifex non possit uti jurisdictione temporali extra loca proprii patrimonii . . . tamen in ordine ad supernaturalia, quando expedit Ecclesiae ad ipsius defensionem, seu ad bonum spirituale, seu finem ecclesiasticae assequendum, illam exercere valet.

¹) Wagnereck, Commentarius exeg. SS. Canonum in cap. Per venerabilem ad voc. temporalem jurisdictionem causaliter exercemus. Nota prius, communem et receptam esse sententiam, pro qua plurimos allegat Barbosa . . . quod Pontifex directe et ordinarie potestatem non habeat in temporalibus . . . Habet tamen causaliter et indirecte in toto orbe, quando id expedit ad quietem, conservationem et defensionem Ecclesiae, sive ad bonum spirituale fidelium necessarium fuerit.

²) Reiffenstuel, Jus can., Lib. I, Tit. II, § III, Nr. 57. Fatendum nihilominus est, quod Papa, utpote Christi in terris vicarius atque ovium suarum Pastor universalis, habeat indirecte (sive ratione spiritualis potestatis in ordine ad bonum regimen totius Ecclesiae ipsi divinitus concessae) quandam supremam potestatem pro bono Statu Ecclesiae, si id necesse fuerit, judicandi et disponendi de rebus temporalibus omnium Christianorum. Et hoc imprimis patet ex c. Per venerabilem §. Rationibus. Qui filii sint legitimi: ubi Pontifex non solum in Ecclesiae patrimonio (super quo plenam in temporalibus gerit potestatem) verum etiam in aliis regionibus certis causis inspectis, temporalem jurisdictionem casualiter exercere, pluribus Sacrae Scripturae adductis testimoniis fusius comprobatur. Ex quo textu liquet, quod quidem Papa in terris alienis regulariter loquendo, sive ordinaria potestate sua non possit exercere jurisdictionem temporalem cum ipsi directe non sint subjectae, bene tamen casualiter sive, ut loquuntur Doctores, indirecte. — Et hoc posterius accidit tunc, quando agitur de periculo animae sive peccato mortali: ut in c. novit. 13. de judiciis et cap. ult. de Pactis cum similibus. Aut quando factum est valde arduum, difficile et ambiguum, atque idcirco ad Papam veluti supremum in terris judicem provocatur; ut contingit d. c. Per venerabilem et Clem. Pastoralis 2. De sententia et re judicata. Vel quando istud exigit bonum Ecclesiae gubernium et salus animarum, ut patet ex can. Alias XV. qu. 6, ubi Romanus pontifex Regem Francorum urgentibus causis gravissimis deposuit a Regno, subditosque a juramento fidelitatis absolvit. Quod idem legitur factum in c. Ad apostolicae, De sent. et re judic. in VI, ubi Innocentius IV in Concilio Lugdunensi Fridericum II deposuit ab Imperio.

Theorie in seiner gewohnten klaren Weise ausführlicher und läßt deren allmälige Weiterbildung erkennen; Schmalzgrueber kömmt öfter auf diese Frage zurück[1]). In der Mitte des achtzehnten Jahrhunderts ist es vor allem Giacomo Antonio Bianchi, welcher in seinem Werke[2]) das System der sogenannten indirecten Gewalt der Kirche in zeitlichen Angelegenheiten vertheidigt. Wenn Barbosa[3]) diese Lehre für die ächte und recipirte hält, und dafür eine ganze Reihe von Autoren citirt, so ist er damit ebenso im Rechte, wie Hergenröther, wenn er be-

---

Tacentur plura similia exempla, quae refert Bellarminus lib 5. de Romano Pontifice cap. 8. Et hac ratione censetur Papa habere indirecte supremam Potestatem in bona temporalia Christianorum, quatenus nimirum hoc necesse est ad rectum exercitium Potestatis spiritualis ipsi divinitus concessae, rectamque Ecclesiae et commissarum ovium gubernationem. — Alioquin autem constat, quod Potestas spiritualis, sive pontificalis sit diversa a temporali, sive imperiali et regali. Can. Duo sunt Dist. 96 et cit. c. Solitae 6. De majoritate et obedientia, ac Extrav. Unam Sanctam. Et quod spiritualis, seu pontificia potestas licet sit excellentius . . . nolit praejudicare temporali seu regali d. c. Per venerabilem § Rationibus, ibi: „Non quod alieno juri praejudicare velimus." Quin potius utraque potestas sese mutuo juvare debeat, can. Principes cum seq. XXIII qu. 5.

[1]) Schmalzgrueber, Jus eccl. univ., Pars I, Tit. II, § 2, Nr. 16. Beato Petro commissa sunt jura coelestis et terreni imperii; sed unum directe, alterum indirecte, et ita, ut isto Papa uti non possit, nisi quantum hoc exigit Ecclesiae conservatio et communis salus spiritualis alicujus regni vel provinciae. Ibid. Pars IV, Tit. XVII, § 3, Nr. 212. Papa vi generalis potestatis a Deo acceptae potest omnia, quae ad gubernandam Ecclesiam et Religionis ac Justitiae Christianae bonum in ea conservandum necessaria vel admodum utilia sunt, ut alibi saepe diximus.

[2]) Giac. Ant. Bianchi, Della Potesta et della politia della chiesa. Cfr. Mamachi, Origines et antiquitates Christianae. Tom. IV, cap. 2, § 4.

[3]) Barbosa a. a. O. Nachdem er eine große Menge von Autoren angeführt hat, unter andern Vivianus, Driedo, Albert Pighe, Navarrus, Diana u. s. w., fährt er fort: „Ex quorum resolutione vera et recepta illa est sententia, quod scilicet directe Summus Pontifex potestatem non habet in temporalibus, et procedit textus in cap. Cum ad verum 96. Dist. et cap. Novit de judiciis cum similibus. Eam tamen habet casualiter et indirecte in ordine ad spiritualia, quoties scilicet ad spirituale bonum fuerit necessarium, et procedit textus in praesenti (sc. cap. Per venerabilem) et Extrav. Unam Sanctam, De maj. et obed."

hauptet ¹), daß die Theologen der verschiedensten Nationen, Orden und Stellungen im ganzen sechzehnten, siebzehnten und achtzehnten Jahrhunderte so und nicht anders gelehrt haben ²).

Wenn gesagt wird, daß die Theorie der sogenannten indirecten Gewalt hauptsächlich von dem Cardinal Bellarmin zur Geltung gebracht worden sei, und daß die Autoren, welche seiner Ansicht folgten, nur wenig an derselben modificirt hätten ³), so hat schon die bisherige Darstellung gezeigt, daß der erste Theil dieser Behauptung nicht richtig ist, indem auch unter vielen andern die großen Zeitgenossen von Bellarmin, wie Molina, Sanchez, Suarez, dieselbe Lehre, und zwar ganz selbstständig aufstellten und vertheidigten. Der zweite Theil der Behauptung ist dagegen ganz richtig, indem, wie wir uns ebenfalls schon überzeugt haben werden, die spätern Schriftsteller im Grunde gar nichts am Wesen, sondern lediglich nur hin und wieder in den Ausdrücken dieser Theorie geändert haben. Eine noch größere historische Unrichtigkeit ist es aber, wenn man sagt, daß bis zu der Zeit Bellarmins herab, die Theorie von der sogenannten directen Gewalt die allgemeine gewesen sei ⁴). Die Wahrheit,

---

¹) Hergenröther, Katholische Kirche und christlicher Staat. S. 434.

²) Siehe bei Hergenröther a. a. O. S. 433 u. 434, Note 7, 10 u. 11, und bei Gosselin Pouvoir du Pape, S. 327, Note 1, die überaus reiche Literatur.

³) Gosselin Pouvoir du Pape, p. 328, Note 1. Remarquez que le système du pouvoir indirect tel, que nous venons de l'exposer, est principalement soutenu par le cardinal Bellarmin. Les auteurs même, qui ont depuis modifié ce système, ont pris pour base la doctrine du savant Cardinal, qu'ils reproduisent presque dans toutes ses parties; en sorte que les modifications apportées à son système se reduisent, dans le fond, à bien peu de chose. Ibid. Pièces justificationes. VIII. p. 743. Note 3. Le cardinal Bellarmin parait être le véritable auteur de cette opinion, qui a prévalu depuis sur celle de pouvoir direct, généralement (!) admise avant lui par les théologiens scholastiques. Im Texte ist dann wieder sofort diese Behauptung beschränkt, wenn nicht ganz aufgegeben: „Le Cardinal Bellarmin, qu'on peut regarder, sinon comme l'auteur de cette explication, du moins comme son principal défenseur etc."

⁴) Gosselin Pouvoir du Pape. Pièces justificatives VIII, p. 743, Note 3. Siehe diese Stelle in der vorausgehenden Note 3. Es ist dies wieder eine jener grundlosen Behauptungen, wodurch sich jenes Buch nicht vortheilhaft auszeichnet und viel zur Verwirrung der Frage beiträgt.

welche wir zu erhärten gedenken, bleibt, daß die Schule fortwährend, auch schon im Mittelalter, das Verhältniß der beiden Gewalten wesentlich in jenem Sinne auffaßte, wie es die Theorie der potestas indirecta thut, wobei allerdings auch das System der sogenannten directen Gewalt seine bedeutenden Vertreter hatte [1]).

Wenn wir bei unserer Erörterung der Lehre von der sogenannten indirecten Gewalt von dem Zeitalter Bellarmins ausgegangen sind, so hat dies seinen triftigen Grund darin, daß jene Zeit für diese Lehre zu einer höchst bedeutsamen Epoche wurde. Dem unbefangenen Forscher kann es nemlich nicht entgehen, daß diese Lehre bis dorthin als die allgemeine bezeichnet werden konnte, und daß es jedenfalls bis zu jenem Zeitpunkte keine eigentliche Controverse in den katholischen Schulen über die Frage gab, ob die Kirchengewalt sich unter gewissen Verhältnissen auf die weltlichen Angelegenheiten der Christenheit erstrecke [2]). Damals aber, im Anfange des siebzehnten Jahr-

---

1) Hergenröther a. a. O. S. 411, Nr. 24, Note 1 u. 2.

2) Bianchi, Della Potesta della Chiesa, Tom. I, Lib. I, § XIII, p. 113. Chiunque seriamente considera, che fra tanti illustri scrittori Ecclesiastici e Laici, Theologi, Canonisti e Giuriconsulti, che ne' secoli fiorirono in Francia, nè pur uno si trova, il quale pria di Calvino osasse negare questa possanza indiretta della Chiesa supra il temporale de' Principi, massimamente nel caso di apostasia della fede, et di pubblico danno della religione, resterà persuaso, che i primi, i quali predicarono in Francia la contraria opinione, furono gli Hugonotti, i quali la introdussero in odio della Chiesa Romana e con disegno di rendere a' Principi meno dispiacevole l'eresia, liberandogli dal timore di poter essere per via di quella temporalmente puniti. Tuttavia perseverò anche di poi tutto il Clero, e tutto il corpo illustre de' Laici nell' antica sentenza sino all' anno 1615, come si è veduto dagli atti degli Stati Generali ed anche qualche tempo dopo, finche poi o la finchezza o l'adulazione o'l timore di esser creduti meno rispettosi verso il Re, di quel che si mostrassero gli Ugonotti, che nelle loro adunanze non cessavano di esaggerare la regale independenza, come uno de' piu famosi articoli del loro credere, diede luogo ne' Cattolici al contrario parere, al quale prima mostrò di aderire la facoltà di Sorbona nella censura fatta contro il Libro del Santarelli li 4. di Aprile del 1626, e poi espressamente lo professò nella dichiarazione, che fece al Re Luigi XIV nel 1663 e finalmente con ammirazione universale di tutto il mondo Cattolico, con risentimento di tutti i buoni, e con sensibile offesa della Sede Apostolica fu adottato dal Clero Gallicano tra le quattro famose proposizioni, che interno alla potestà Ecclesiastica stabili li 19. di Marzo 1682.

hunderts erhob sich in Frankreich unter dem mächtigen Einflusse
der Hugenotten jene Partei, welche die Frage nach dem Ver=
hältnisse der beiden Gewalten zu einer politischen zu machen
wußte, und mit der ganzen List und Hartnäckigkeit des Jan=
senismus die sententia communis der katholischen Kirche der=
maßen als staatsgefährlich verdächtigte, daß nicht nur gegen den
Ausgang desselben Jahrhunderts die Declaration der gallikani=
kanischen Freiheiten möglich wurde, sondern auch die mit blinder
Leidenschaft und vorbedachter Entstellung controvertirte Frage
bis auf unsere Tage herab in eine vollständige Verwirrung ge=
rieth, wofür nach unserer Ueberzeugung die öfters angeführte
Schrift Gosselins den unwiderlegbaren Beweis liefert. Wie die
Frage im Anfange des siebzehnten Jahrhunderts in Frankreich
stand, darüber gibt am besten Aufschluß die Rede, womit Car=
dinal Duperron im Parlamente im Namen des Adels und des
Clerus auftrat [1]), als der dritte Stand, welchem auch Huge=
notten angehörten, den Antrag einbrachte, es als Reichsgrund=
gesetz zu erklären, daß der Papst keinerlei Gewalt über die
weltlichen Fürsten habe, daß der Eid der Treue gegen dieselben
unbedingt nicht gelöst, und dieselben nicht ihrer Würde entsetzt
werden können, und der Königsmord ein Sacrilegium sei [2]).
Der gelehrte Cardinal erwiderte darauf in ausführlicher Rede,
daß es ohne Zweifel verboten sei, einen Fürsten zu tödten;
auch das Concil von Constanz habe dies erklärt. Dagegen sei
es bisher die stete Doctrin der französischen Theologen, die
überwiegende Ansicht der französischen Kanonisten wie der Le=
gisten, ja die allgemeine, in Frankreich von dem Könige und
der Nation anerkannte Kirchenlehre, gewesen, welche mit der
allgemeinen Lehre in den katholischen Schulen der ganzen
Christenheit sich im Einklange befinde: daß Fürsten, welche vom

---

[1]) Hergenröther a. a. O. S. 446, Anm. 5.
[2]) Damals schrieb der französische Clerus an Papst Paul V. zu
seiner Rechtfertigung: Angobamur enim nos non mediocriter, cum vide-
remus ipsos Catholicos zelo quodam minus prudenti abreptos cognitionem
earum rerum, quae ad fidem pertinent, ad se trahere et de quae-
stionibus ejusmodi statuere velle, quas nisi pastorum suorum vocibus edocti
non debebant attingere. Bianchi, Tom. I, p. 127.

Glauben abfallen, und meineidig die Religion verfolgen, ihrer Würde für verlustig erklärt, und die Unterthanen des Eides der Treue entbunden werden können, und zwar durch die Autorität der Kirche ¹). Sehr bezeichnend bleibt es auch, daß Bellarmin in seiner Widerlegung Barclay's damit beginnt, in einer langen Reihe alle seine Gewährsmänner aus allen Nationen sammt den einschlagenden Concilbeschlüssen vorzuführen, welche für seine Ansicht Zeugniß geben. Denn, wie der bescheidene große Gelehrte sagt, die Sache der Kirche kann nicht durch einen einzelnen Theologen vertreten werden. Wenn aber Barclay noch lebte, meint Bellarmin, so müßte er vor einem solchen Heere von Gegnern verstummen ²).

---

¹) "Tous les docteurs, qui ont été en France depuis que les écoles de théologie y ont été instituées, ont tenu l'affirmation." — "Depuis onze cents ans, il n'y a eu siècle auquel en diverses nations cette doctrine n'ait été crue et pratiquée . . . . Elle a été constamment tenu en France, où nos rois, et particulièrement ceux de la dernière race, l'ont protegée par leur autorité, et par leur armes; où nos conciles l'ont appuyée et maintenue; où tous nos évêques et docteurs scolastiques, depuis que l'école de la théologie est instituée jusqu' à nos jours, l'ont escrite, préchée, et enseignée; et où finalement tous nos magistrats, officiers et jurisconsultes l'ont suivie et favorisée voire même pour des crimes de religion plus legers que l'hérésie ou l'apostasie." Opp. Perron ed. 1622, p. 593. seq. Bouix, Tractatus de Papa, Tom. III, p. 67 seqq.

²) Bellarmin, De Potestate Summi Pontificis in temporalibus adversus G. Barclaium. Praefatio. Ipse enim Barclaius veritus fortasse, ne incredibilis arrogantiae et temeritatis argueretur, si quasi alter Goliath, adversus acies omnium Catholicorum scriptorum unus procederet, dissimulata multitudine adversariorum, mea solius scripta ex proposito oppugnanda suscepit. Sed ego non tanti sum, ut causam Ecclesiae universae a me uno pendere existimem: novi imperfectum meum; scio me unum esse de multis, neque committam, ut communi causae praejudicetur, sive disputando stem, sive cadam. Ea de causa primum adferam in medium sententias clarissimorum Scriptorum ex omni natione orbis Christiani, ut omnes intelligant, Barclaii sententiam singularem esse, et scriptoribus Catholicis omnibus tum Theologis, tum sacrorum Canonum ac civilium legum professoribus repugnare. Mirum autem esset, si Barclaius nunc viveret, et in theatrum tot Virorum doctissimorum, Italorum, Gallorum, Hispanorum, atque Anglorum introductus, tot adversa lumina intueri vel os aperire, aut omnino mutire auderet. Deinde, ut de sententia Catholicae Fidei nemo dubitare possit, plurium Conciliorum Patres in unum quasi maximum concilium cogam; ubi aliquot Summi

Kann man übrigens auch mit Grund einwenden, daß sich die Beweisführung Bellarmins gegen Barclay, welcher überhaupt alle und jede Gewalt des Papstes in weltlichen Angelegenheiten bestritt, mehr im Allgemeinen bewegt [1]), und deßhalb die angeführten Autoritäten nicht durchweg zur Argumentation für das System der indirecten Gewalt gebraucht werden können: so wird es nichtsdestoweniger nicht schwer halten, diese Theorie in die Jahrhunderte aufwärts zu verfolgen, und nachzuweisen, daß Bellarmin zwar einer der glänzendsten Vertheidiger derselben, aber nichts weniger als deren erster Begründer gewesen ist.

§ 10.

Fortsetzung. Die Lehre von Bellarmin bis hinauf in das dreizehnte Jahrhundert.

Bleiben wir zunächst bei dem Reformationszeitalter stehen, wo die katholische Wissenschaft jenen großen Aufschwung nahm, und durch hervorragende Männer vertreten wurde.

Salmeron lehrt nichts anderes als die indirecte Gewalt, indem er das System der directen Gewalt verwirft [2]). Wie

---

Pontifices, non pauci Patriarchae plurimi Archiepiscopi, Episcopi, Abbates, aliique viri doctissimi, qui variis locis et temporibus olim congregati sederunt, nunc iterum simul omnes conveniant et unum Barclayum in medium vocatum sententiis suis obruant.

[1]) Ibid. Et quoniam Barclaius potestatem Summi Pontificis in temporalibus universe negat: ego quoque potestatem eandem universe astruam, non multum laborans, si ea potestas sit absoluta, vel in ordine tantum ad spiritualia se extendat.

[2]) Salmeron, Opp. Tom. IV, Pars III, Tract. 4 in Matth. c. 16. — potestatem habet Summus Pontifex in totum terrarum orbem a Christianis inhabitatum et Principes saeculares, Reges et Magistratus temporales, qui Christi legem profitentur, in quos omnes habet regimen, ut vocant, obliquum seu indirectum: nam illis tanquam ovibus suis ipse velut pastor praecipere potest, et non tantum rogare vel exhortari (quod quivis privatus potest) ut potestatem suam et vires imperii ad salutem animarum et regnum Christi et Evangelium promovendum convertant. . . . . . Atque haec potestas necessario consequitur legitimum usum clavium regni caelorum, confirmationem fratrum et pasturam ovium. Illam denique rei ipsius natura indicat. Nam

Molina stützt er sich namentlich auf die Dominicaner Victoria und Soto, deren ersterer den Satz aufstellt, daß der Papst in zeitlichen Angelegenheiten der weltlichen Gewalt nicht vorzugreifen habe, es sei denn, daß ein bedeutender Nachtheil für die übernatürlichen Interessen der Kirche in Frage stehe[1]). Soto, Victoria's Schüler, bezeichnet es geradezu als eine Irrlehre, die indirecte Gewalt des Papstes im Zeitlichen zu leugnen[2]). Cajetanus, sein älterer Ordensgenosse, tritt nicht minder entschieden und mit klarer Distinction für dieselbe Lehre ein[3]). Almainus, der

---

cum corporea bona ad spiritualia, tanquam digniora, sint instituta, et ad illa et corporea et temporalia bona referantur, cum Pontifex in animas et spiritus potestatem habeat: sequitur ut et oblique (quoniam spiritualia sine temporalibus non possunt consistere) in regna et ditiones autoritatem habeat. Nam Papa quatenus pater spiritualis est, potest dirigere Regum potestatem ad Christi gloriam promovendam et ad vitam aeternam . . . . Quod autem in bona temporalia directum dominium vel regimen non teneat, ex scripturis, et Patribus et rationibus colligitur etc.

[1]) **Franc. Victoria Relectiones de potestate eccl. Sect. V,** n. 12, pag. 37, a tergo ed. 1565. Et similiter dico, quod Papa non potest praevenire potestatem temporalem . . . . si hoc non vergit in detrimentum rerum spiritualium . . . . Sed si hoc vergit in jacturam gravem spiritualium, potest adhibere remedium eo modo, quo dictum est. **Ibid. pag. 36 a tergo.** Ergo Christus non satis providisset et cavisset rebus spiritualibus, si non reliquisset aliquam potestatem, ad quam spectaret, quando opus esset, ordinare et uti temporalibus convenienter ad finem spiritualem.

[2]) **Dominicus a Soto, In libr. IV sent. dist. XXII qu. 2. Art. 2.** Quinta, eademque catholica conclusio contra eorum haeresin, qui omnem abdicant Pontifici temporalem potestatem: Potestas quaecunque civilis catenus est ecclesiasticae subjecta in ordine ad spiritualia, ut Papa possit per suam spiritualem potestatem, quoties ratio fidei et religionis exegerit, non solum ecclesiasticarum censurarum fulminibus adversus reges agere, eosque cogere, verum et cunctos christianos principes temporalibus bonis privare, et usque ad eorum depositionem procedere.

[3]) **Thom. Cajetanus, Apologia de comparata auctoritate Papae et Concilii, pars II, cap. 13, n. 8.** — Nachdem hier der Einwand aufgeworfen ist, daß einige Päpste sich die höchste Gewalt im Zeitlichen beigelegt, andere nicht, lautet die Antwort: Ad octavum dicitur, quod quia potestas Papae directe est respectu spiritualium ad supremum simpliciter finem humani generis, ideo suae potestati duo conveniunt: primo, quod non est directe respectu temporalium, secundo quod est respectu temporalium in ordine ad spiritualia. Hoc enim habet ex eo, quod ad supremum finem omnia ordinari debent, etiam temporalia, ab eo procul dubio, cujus interest ad illum finem omnes dirigere, ut est Christi Vicarius; primum autem ex

Commentator und Anhänger Occams, welcher sich in dem Conflicte zwischen Ludwig XII von Frankreich und Papst Julius II vollständig auf die Seite des Königs schlug, ist sicherlich in dieser Materie ein des Curialismus nicht verdächtiger Zeuge. Er gibt aber nichtsdestoweniger, so gut wie Occam, jene indirecte Gewalt des Primates in gewisser Weise zu [1]).

Gehen wir weiter in das fünfzehnte Jahrhundert zurück, so ist es der berühmte spanische Dominicaner Johannes a Turrecremata, welcher uns den unwiderlegbaren Beweis liefert, daß nicht erst Bellarmin, welcher mehr als ein Jahrhundert später schrieb, das System der potestas indirecta aufgestellt habe. Denn in seiner Schrift, welche den Titel führt Summa de Ecclesia, und gegen Nicolaus de Tudeschis, als Vertheidiger der Baseler Synode gerichtet ist, findet sich schon die ganze Theorie ausgebildet, wie sie Bellarmin nicht minder als Molina, und dessen Gewährsmann Soto und Victoria und andere vorgetragen haben. Wie derselbe Nicolaus de Tudeschis, der sogenannte Panormitanus, als Commentator der Decretalen die Frage der kirchlichen Gewalt behandelt, wissen wir bereits [2]). Dieser berühmte Kanonist war größer als Gelehrter, denn als Charakter. Jedenfalls ist er auch in seinem Commentar, wo er die sogenannte directe Gewalt der Kirche vertritt, von irrigen Sätzen nicht frei. Turrecremata dagegen, welchen Pius II den Be-

---

natura suae potestatis consequitur. Ex his autem sequitur, quod utrumque vere potest determinare, ut Papa; et quod habet supremam potestatem in temporalia, et quod non habet supremam potestatem in temporalibus, quoniam utrumque verum est ad sanum intellectum. Affirmatio namque est vera in ordine ad spiritualia, negatio vero est vera directe secundum se ipsa temporalia.

[1]) Almainus, De potestate ecclesiastica et laica. Quaest. I, c. 9. Christus nunquam dedit auctoritatem Petro aliquem regem temporalem a jurisdictione sua deponendi, et non dedit potestatem laicos suis proprietatibus et dominiis privandi, nisi in casu si contingeret Principem saecularem abuti re sua in perniciem Christianeitatis vel fidei, ita quod ille abusus esset in maximo nocumento pro consecutione felicitatis aeternae. Et non negat doctor (sc. Occam) quin in tali casu Papa possit eum deponere, etsi alii doctores hoc negent, quamvis doceant, Papam habere solum potestatem declarandi ipsum principem esse deponendum.

[2]) Siehe oben S. 120, Anm. 2.

schützer und Vertheidiger des Glaubens nannte, bleibt der Vertreter der richtigen Principien über die indirecte Gewalt der Kirche in zeitlichen Angelegenheiten.

Wie Bellarmin und Molina führt er [1]) zwei von ihm als unhaltbar bezeichnete Meinungen an: die eine, welche dem Papste jegliche Gewalt bezüglich des Zeitlichen bestreitet, es sei denn, es werde ihm von weltlicher Seite eingeräumt, und die andere, welche dem Papste die höchste Herrschaft über den ganzen Erdkreis zuspricht, von welcher alle übrige Gewalten sich herleiten. Cardinal Turrecremata aber lehrt, daß die Gewalt des Papstes im Weltlichen sich eben so weit erstrecke, als es nothwendig ist für das geistliche Wohl der Kirche [2]). Aehnlich wie die Spätern, welche sich offenbar auf ihn, als die Quelle zurückführen lassen, zieht er die Schranken dieser indirecten Ge-

---

[1]) Summa de Ecclesia, Lib. II, c. 113. Consummatis his quae de amplitudine Romani pontificis in spiritualibus visa sunt nobis, venit in animo nostro hunc librum claudere consideratione illa, an scilicet principatus Romani pontificis non solum ad spiritualia, sed etiam ad temporalia se extendat, ita quod in toto orbe Christiano jurisdictionem habeat temporalem. Perlectis autem diversis modis dicendi duos dicendi modos extremos inter alios reperimus. Primus est dicentium, quod Romanus pontifex ratione sui principatus in solis spiritualibus consistat ita quod nullo modo jure papatus ad temporalia se extendat. Jure papatus dicunt, quia alias bene concedunt eum in temporalibus jurisdictionem aliquam posse habere utpote in his quae donatione fidelium, aut principum permissione acquisita sunt Ecclesiae. Secundus modus dicendi est asserentium totaliter oppositum, scilicet, quod Romanus pontifex jure sui principatus sive vicariatus Christi habeat in toto orbe terrarum plenam jurisdictionem non solum in spiritualibus sed etiam in temporalibus, adjicientes quod omnium principum saecularium jurisdictionalis potestas a papa in eos derivata sit. Nos vero declinantes, quantum in nobis fuerit, has praedictas vias, quae nobis videntur minus probabiles, salvo semper Apostolicae sedis judicio, cujus ea quae nunc et alias scripsimus emendationi et correctioni submittimus. Incedentes erga media via ponemus has duas conclusiones.

[2]) Ibidem c. 114. Dicimus autem, quod Romanus pontifex, licet non habeat potestatem regulariter sive directe ita plenam in temporalibus sicut in spiritualibus: nihilominus etiam habet potestatem in temporalibus ex consequenti, et hoc proprio jure, quantum scilicet necessarium est ad conservationem rerum spiritualium, ad directionem fidelium in salutem aeternam et ad correctionem peccatorum et conservandam pacem in populo Christiano.

walt, indem er feststellt, daß der Papst nicht der Herr der ganzen Welt genannt werden könne ¹) und sich nicht den Titel eines Königs oder Kaisers über die ganze Erde beilegen dürfe ²); daß eben so wenig die irdischen Obrigkeiten aus seiner Hand ihre Gewalt empfangen ³), daß er nicht befugt sei, sich direct und regelmäßig in streitige Lehens= und sonstige völkerrechtliche Fragen unter den Fürsten einzumischen ⁴), und sich als die ordentliche höchste Instanz in weltlichen Gerichtsverhandlungen anzusehen ⁵); daß er nicht nach Belieben über die Kirchen= güter ⁶) oder gar über das Eigenthum der Laien verfügen könne ⁷); daß er die weltlichen Fürsten nicht wie die Bischöfe und andere Prälaten ihrer Jurisdiction entheben könne ⁸).

Seine Lehre, daß der Papst nämlich eine Gewalt im Zeitlichen habe, insoferne diese sich als eine nothwendige Folge

---

1) Ibid. c. 115. Papa non est dicendus habere jurisdictionem in temporalibus jure papatus, ut sic dicendus sit totius orbis dominus.

2) Ibid. Romanus Pontifex non dicitur sic principatum sive jurisdictionem plenariam in temporalibus in toto orbe Christiano habere, ut nomen regis aut imperatoris orbis possit sibi vere in temporalibus usurpare.

3) Ibid. Romanus Pontifex non dicitur sic habere potestatem saecularem aut jurisdictionem plenariam in temporalibus, ut quemadmodum omnes dignitates ecclesiasticae a sede apostolica pendere dicuntur, ab ea jurisdictionem sumentes .... ita principatus et jurisdictiones regum et principum saecularium dependent ab ea.

4) Romanus Pontifex jure papatus non sic potestatem sive jurisdictionem in temporalibus habet, quod de feudis principum saecularium aut de posses. sionibus directe se intromittere aut judicare valeat regulariter.

5) Ibid. Papa non ita jurisdictionem in temporalibus habet quod a quocunque judice saeculari passim et regulariter ad eum possit appellari.

6) Ibid. Papa non habet ita jurisdictionem in temporalibus, ut ipse libere disponere possit ad arbitrium suum de bonis ecclesiasticorum.

7) Ibid. — Quod Papa non habet potestatem sive jurisdictionem in temporalibus, ut reges in bonis temporalibus habent dominium, nec ita ut sit regulariter eorum dispensator . . . Considerandum quod bona laicorum non sunt collata communitati sicut bona ecclesiastica, sed sunt acquisita singulis personis arte, labore, industria propria, et personae singulares, quarum sunt, habent in eis et potestatem et verum dominium etc.

8) Romanus Pontifex non habet ita plenum jurisdictionem in temporalibus sicut in spiritualibus, ita quod sicut deponere potest praelatum ecclesiasticum etiam sine culpa sua, ita possit deponere principem saecularem sive laicum.

der geistlichen Gewalt zum Frommen der höheren Zwecke der Kirche ergibt, erhärtet Turrecremata durch zwölf Sätze, welche dem Wesen der Vollgewalt des Statthalters Christi und einzelnen unbestrittenen Theilbefugnissen derselben entnommen sind ¹). Hiebei argumentirt er auch aus den Rechten des Papstes bezüglich der Kaiserkrönung ²) und aus dessen Befugnissen zur Zeit des imperium vacans ³). Bemerkenswerth bleibt dabei, daß auch Turrecremata dem Papste in der bekannten Weise die beiden Schwerter zulegt ⁴). Sodann beseitigt er noch verschiedene Einwürfe, welche gegen seine Sätze erhoben werden könnten. Sie betreffen hauptsächlich jene Frage nach dem Wesen und Umfange der Gewalten Christi, und nach dem Maße, in welchem sie seinem Statthalter auf Erden übertragen sind ⁵).

---

[1] Ibid. Cap. 114.

[2] Ibid. Romanum Pontificem habere potestatem et jurisdictionem temporalem inconvincibili testimonio arguitur ex eo, quod imperium Romanum a Graecis transtulit in Germanos, et postestatem ac jus eligendi regem imperatorem postmodum certis principibus contulit. etc.

[3] Ibid. Romanum pontifex arguitur habere jure suo jurisdictionem temporalem in radice: quia vacante imperio ipse habet jurisdictionem in temporalibus ut in c. Licet de foro comp. dicit Innocentius III et in glossa etiam notatur; et est hodie declaratum X De re judicata, Pastoralis, in Clem. Et ex hoc clare patet, quod Papa jure suo jurisdictionem habet temporalem, quia alias executionem in praedicto casu et in aliis non haberet, nisi cui concederet imperator.

[4] Ibid. Cap. 114. Romanus pontificem habere jurisdictionem in temporalibus ex eo ostenditur, quod utrumque gladium habere dignoscitur. Quod autem gladius materialis quodammodo ad Romanum Pontificem pertineat, patet Joann. 18. ubi dicit Christus Petro: Converte gladium tuum in vaginam, quod verbum pertractans devotissimus Bernardus ad Eugenium Papam sic inquit: Quod te denuo gladium usurpare tentas, quem semel jussus es ponere in vaginam, quem tamen qui tuum negat non satis videtur mihi attendere verbum domini dicentis: Converte gladium tuum in vaginam etc. ... Quod etiam hujus gladii materialis dispositio licet non materialis exercitatio conveniat clericis, S. Thomas in 2. 2. qn. 40. art. 2. declarat dicens: Omnis persona vel ars, vel virtus, ad quam pertinet finis, habet disponere de his, quae sunt ad finem: bella autem carnalia in populo fideli sunt referenda, sicut ad finem ad bonum spirituale divinum, cui clerici deputantur, et ideo ad clericos pertinet disponere et inducere alios ad bellandum bello justo. Haec. S. Thomas.

[5] Ibid. Cap. 115. 116.

Wir finden dieselben Argumentationen bei den Spätern, namentlich auch bei Molina und Bellarmin, wo sie die Erörterung über die verschiedenen Reiche Christi geben¹). Das, was der Letztgenannte hierüber lehrt, dürfte als die vollendetste Darstellung dieses interessanten Gegenstandes gelten.

Immerhin bleibt es nach dieser höchst bedeutenden Schrift Turrecremata's eine ausgemachte Sache, daß die Lehre von der indirecten Gewalt der Kirche in weltlichen Dingen schon zu den Zeiten des Baseler und Constanzer Concils ein wohl ausgearbeitetes System war. Mag es indessen dahingestellt bleiben, ob Barclay²) mit Grund behauptet, daß die Kanonisten in der Mehrzahl die directe Gewalt des Papstes vertheidigten, während die Theologen mit großer Uebereinstimmung die indirecte Gewalt lehrten: jedenfalls steht fest, daß nicht allein zur Zeit Turrecremata's, sondern auch schon lange vor seiner Zeit, und zwar gerade von Gelehrten, welche nichts weniger waren als Anhänger der unbeschränkten päpstlichen Gewalt, dieselbe potestas indirecta in temporalibus dem Papste zugestanden wurde. Hierher ist Gerson zu zählen, welcher der Kirchengewalt jenes dominium regitivum, directivum regulativum et ordinativum in weltlichen Dingen zuerkennt³) und jede Ueberschreitung des göttlichen und natürlichen Gesetzes, mögen die Fürsten oder die Unterthanen die Uebertreter sein, dem Richterspruche der Kirche unterwirft⁴). Wenn Gerson dabei diese Gewalt nicht sowohl eine weltliche oder bürgerliche, als eine directive und ordinative genannt haben will, so ist er darin

---

1) Siehe oben S. 124 ff. Molina de just. et jure Tract. II. Disp. 28. Utrum Christus quatenus homo rex fuerit temporalis et Dominus orbis.

2) Barclay, De potestate Papae. cap. 1. (Goldast Mon. S. R. Imperii III. p. 621.)

3) Siehe oben S. 139, Anm. 4.

4) Gerson, Sermo de pace et unit. Graecorum Cons. V. Omnes homines, Principes et alii, subjectionem habent ad Papam in quantum eorum jurisdictionibus, temporalitate et dominio abuti vellent contra legem divinam et naturalem; et potest superioritas illa nominari potestas directiva et ordinativa potius quam civilis.

vollkommen im Rechte: denn, wie die Theologen — namentlich der späteren Zeit — sagen, die Kirche übt hier die ihr eigenthümliche geistliche Gewalt in Bezug auf das Zeitliche aus. Daß sich Fenelon ganz mit Unrecht auf Gerson bezieht, welchen er zum Urheber der Theorie von der sogenannten directiven Gewalt machen möchte, ist oben schon berührt worden [1]. Das nemliche Zeugniß legt gegen seine Absicht jener Anton von Rosellis ab, welcher den von Eugen IV verweigerten Cardinalshut sich durch ein Libell gegen den apostolischen Stuhl zu ersetzen suchte, das wir in dem Index finden. Der erbitterte Feind des Papstes stellt nichtsdestoweniger dessen indirecte Gewalt nicht in Abrede [2]. Ebenso gibt Occam, dessen Commentator und Anhänger wir in Almanius schon kennen gelernt haben [3], bereits ein Jahrhundert früher zu, daß der Papst in dringendem Nothstande oder zum offenkundigen Vortheile in außerordentlicher Weise in das weltliche Gebiet einzugreifen befugt sei [4]. Fügen wir bei, um das noch frühere Zeugniß eines Anhängers Philipps des Schönen im Streite gegen Bonifacius VIII zu vernehmen, daß der Dominikaner Johannes von Paris, in den unzweideutigsten Worten sich zu der Theorie von der indirecten Gewalt bekannte [5].

---

[1] S. oben Seite 139.
[2] Antonius de Rosellis, Tract. De Monarchia quaest. 1. Fateor, quod Papa habet administrationem temporalium, quatenus ancillantur divinis... Papa necessitat Caesarem ad spiritualia et occasione eorum disponit in consequentiam de temporalibus... Principaliter tamen non disponit Papa de temporalibus ad alios respectus quam ipsius finis, et sic est imperator subjectus Papae in temporalibus ratione spiritualium, non autem mere ratione temporalium... Nec nos de imperatore negamus, quin, si deviet a debito ordine suae administrationis a Pontifice posset regulari et corrigi... Non potest (sc. imperator) ab eo (sc. Summo Pontifice) privari, nisi staret in sua obstinatione et incurreret haeresin.
[3] Siehe oben S. 168.
[4] Occam, quaest. octo decis. qu. 8. c. 5.
[5] Joannis de Parisiis Tractata de potestate regia et papali c. VII. Papa vero, quia est supremum caput, non solum clericorum, sed et generaliter omnium fidelium, ut fideles sunt, tamquam generalis informator fidei et morum, in casu summae necessitatis fidei et morum (in quo casu omnia bona fidelium sunt communia et communicanda, etiam

Auf der andern Seite treten in dem vierzehnten Jahrhunderte Männer wie Durandus von S. Pourçain¹), welcher doctor resolutissimus zubenannt war, und Petrus de la Pallu²) in nicht minder klaren Sätzen für die indirecte Gewalt der Kirche im Zeitlichen ein.

Johannes Andreä, welcher in der ersten Hälfte des vierzehnten Jahrhunderts blühte, und nicht minder wegen seines historischen Sammelfleißes als seines practischen Blickes halber von den Kanonisten gefeiert wird, kann jedenfalls nicht als unbedingter Vertreter der Theorie der potestas directa gelten. In seinem Commentare zu der Decretale Per venerabilem, wo er vielfach dem Hostiensis wörtlich folgt, lassen sich zwar manche Sätze dahin deuten; aber man wird von dieser unbedingten Bedeutung abstehen müssen, wenn man andere damit vergleicht, wo er unzweideutig die Unterscheidung der beiden Gewalten gelten läßt und dem weltlichen Fürsten auf seinem, ihm unmittelbar von Gott zugewiesenen Gebiete die ihm gebührende Unabhängigkeit zuerkennt³). Allerdings geht der

---

calices ecclesiarum) habet bona exteriora fidelium dispensare et exponenda decernere, prout expedit necessitati communis fidei.

¹) Durandus a Sancto Porciano, De origine jurisdictionis. quaest. 3. Quia utraque potestas, temporalis et spiritualis est necessaria, ideo utramque potestatem contulit (sc. Christus) Petro ... Isti sunt veri termini jurisdictionis spiritualis et temporalis a fundatione Ecclesiae, quos transgredi non licet: quia jurisdictio temporalis nullo modo se extendit ad spiritualia, de quibus nihil novit; jurisdictio vero spiritualis se extendit primo et principaliter ad spiritualia; secundario vero et per quandam consequentiam se extendit ad actiones hominum circa temporalia, quae ordinantur ad spiritualia tamquam ad finem.

²) Petrus Paludanus, De caussa immediata ecclesiasticae potestatis, Art. 4. „Papa est superior in spiritualibus, et per consequens in temporalibus, quantum necesse est pro bono spirituali."

³) Novella Joannis Andreae super IV Decret. ad c. Per venerabilem. Qui filii sint legitimi. Imperator praeest temporalibus immediate et constitutum est hoc a Deo...; Tamen et in his subest Papae, sicut episcopus subest Papae. Et nihilominus archiepiscopo differt tamen, quia episcopus deponi non potest sine speciali licentia papae per metropolitanum .... sed imperator per papam sine speciali licentia Dei deponitur .... quia ex generali commissione sequitur, quod omnia specialia specialiter sint commissa... Nec obstat de officio

Glossator von dem Grundgedanken der einheitlich constituirten Christenheit aus¹), wo die beiden Gewalten in entsprechender Unterordnung sich befinden, und der Papst die höchste Autorität bildet²). Die richtigen Principien fehlen nicht; aber sie sind nicht vollkommen durchgearbeitet und geläutert, und ungehörige Nebengedanken und unrichtige Folgerungen schwächen die an sich wahren Grundsätze ab und verwirren sie.

Klarer spricht sich die Glosse selbst zu unserm Capitel aus; und man kann sagen, daß sie wie im unentfalteten

---

legati quoad translationem (bezieht sich offenbar auf c. 3. 4. X De off. leg.) quia in omnibus et singulis specialibus quae occurrunt, necesse fuit saltem per unum reipublicae provideri ... Excusat ergo hic necessitas ... Sed quamvis persona imperatoris subsit papae, et **temporalia per quandam consequentiam**, tamen imperator magis potest in temporalibus, quae immediate tenet a Deo. Et ideo dummodo caveat a peccato, potest de illis disponere, ut sibi placet.

¹) Ibid. ... Ecclesia est multitudo fidelium, vel universitas Christianorum ... habens duo latera, scilicet dexterum clericorum et ministrantium, quae ad spiritualem vitam pertinent, sinistrum laicorum tractantium necessaria terrenae vitae. Item est duplex potestas, sive spiritualis quae caput habet summum pontificem et saecularis, caput habens regem .... Spiritualis autem prior est temporali in tribus: in dignitate vel majoritate, in quantum spiritus major et dignior est quam corpus ... unde Abraam patriarcha, ut minor obtulit Melchisedech decimas ut majori ... benedixit etiam illi Melchisedech ut major ... Secundo prior est institutione; unde sacerdotium Melchisedech praecessit ... item per sacerdotium Deo jubente ordinata fuit regalis potestas — I Reg. 8. in fine, ubi dixit Dominus ad Samuelem: Constitue super eos regem ... Tertio est prior potestate vel auctoritate, quia spiritualis terrenam instituit et judicat ... et ipsa spiritualis, si deviat, a nemine judicatur ... quod de papa omnino verum est ... excepta haeresi.

²) Ibid. Ponere duo principia est haereticum ... sic ponere duos generales vicarios et sibi aequales in terris haereticum videtur, quoad jus pertinet. Ne igitur haereticus videaris, haec sit tua fides, quod sicut unus Deus est immutabilis ... sic et unus est vicarius suus in terris generalis, cujus navis est stabilis. Nam et si quandoque fluctuet, non mergitur. Et sic inferior hierarchia convenit superiori ... Igitur cum sit una ecclesia simul collecta, unum baptisma, unus Deus, una fides ... non potest una sponsa generalis habere nisi unum sponsum generalem ... nec una filia nisi unum patrem, nec unum corpus nisi unum caput.

keime die ganze Theorie in wenigen Worten zusammengefaßt hat ¹).

Der Papst hat eine Jurisdiction auf weltlichen Gebiete; aber er ist dort nicht judex ordinarius, seine Gerichtsbarkeit bildet die Ausnahme, und tritt nur unter gewissen Voraussetzungen in bestimmten Fällen in Wirksamkeit: denn die beiden Gewalten sind von einander verschieden, und jede hat ihr abgegrenztes Gebiet. Nicht so klar spricht die schwankende Glosse in der Decretale Novit zu den Worten, in welchen Innocenz III die geistliche von der weltlichen Jurisdiction mit unzweideutigen Worten scheidet ²). Sie läßt die Controverse zwischen den beiden Richtungen in dieser Materie unentschieden, indem sie gleichsam beide vertritt. Zuerst spricht sie dem Papste den Besitz der beiden Schwerter ab; dann aber räumt sie dem Papste nicht nur den Vorrang ein vor dem Kaiser, sondern auch die beiden Schwerter. Die Handhabung des weltlichen Schwertes aber läßt sie von der Kirche dem Kaiser und den Königen übertragen ³). Nichtsdestoweniger enthält sie wiederum

---

¹) Glossa ad cap. Per venerabilem. Et licet ex certis causis (sc. Papa temporalem jurisdictionem exercet) non ideo est ordinarius quoad temporalia (Supra, de off. ord. c. pastoralis) sed casualiter, ut dicit littera (Supra, de foro comp. c. licet, c. ex tenore et c. ex parte). Et ita est hic argumentum de jurisdictione distincta (supra eod. c. causam, quae, ubi de hoc, et Supra, de judiciis c. novit, et de appell. c. si duobus).

²) c. Novit. X De judiciis. Non putet aliquis, quod jurisdictionem illustris regis Francorum perturbare aut minuere intendamus, cum ipse jurisdictionem nostram nec velit, nec debeat impedire.

³) Glossa in cap. cit. Per hoc quod hic dicitur, patet quod Ecclesia vel Papa non habet utrumque gladium .... Imperium enim, et sacerdotium ab eodem principio processerunt .... Non ergo de temporali jurisdictione debet intromittere se Papa, nisi in subsidium, scilicet cum judex saecularis negligens est; vel cum vacat imperium ... Sed videtur, quod Papa sit major imperatore ... nam jura coelestis imperii et terreni Petro commissa a Deo sunt: ipse enim utrumque gladium habuit, ut dicit evangelista „Ecce duo gladii hic" — quam potestatem suis successoribus transmisit. Verum executionem gladii temporalis imperatoribus et regibus commisit Ecclesia, et tamen jurisdictionem causarum civilium aliquando per sacerdotes exercuit ... Quaedam enim possumus aliis committere, quae nobis non possumus retinere ... nec debet episcopus sibi retinere, quod debet aliis dare.

in dem Satze, daß der Papst sich nur in subsidiärer Weise in die weltliche Jurisdiction einmischen könne, den Kern der ganzen Theorie von der indirecten geistlichen Gewalt der Kirche in weltlichen Dingen. Außerdem erläutert auch die Glosse jene Erklärung des Papstes Innocenz III, daß er nicht beabsichtige, sich zum Richter über das Lehen aufzuwerfen²), damit, daß sie zwar zugibt, in directer Weise stehe dem Papste keine Jurisdiction in der Feudalsache zu, aber beifügt, daß die Competenz des geistlichen Richters durch die Forderungen des christlichen Sittengesetzes und der kirchlichen Disciplin wohl begründet werden können³). Diese Glosse geht, wie wir sehen werden, auf Innocenz IV zurück, welcher in dieser Materie bereits den Unterschied zwischen directer und indirecter Gewalt macht.

§ 11.

Fortsetzung. Das Decretalenrecht.

So sind wir bereits, indem wir uns überzeugt haben, daß die Lehre von der indirecten Gewalt der Kirche in zeitlichen Angelegenheiten, wenn auch nicht dem Namen, doch der Sache nach Jahrhunderte lang vor Bellarmin vertreten war, bei dem dreizehnten Jahrhundert angelangt. Es ist übrigens vielleicht nicht genug gesagt, wenn wir lediglich von einer fortlaufenden und ununterbrochenen Vertretung dieser Lehre sprechen. Denn es springt in die Augen, daß wir es hier mit einer Doctrin zu thun haben, welche mit Bellarmin⁴) als eine allgemeine be-

---

¹) Siehe vorige Note.
²) c. Novit. Non enim intendimus judicare de feudo.
³) Glossa ad h. v. Directe scilicet (non intendimus judicare de feudo) sed tantum ratione peccati et inducendo ad poenitentiam.
⁴) Bellarminus, De potestate Summi Pontificis in temporalibus adv. G. Barclaium, cap. 1. At ego non indignor, neque succenseo, quod a mea opinione vel Barclaius, vel alius quicunque recesserit: sed illud aequo animo ferre non possum, quod a communi Scriptorum sententia in re tam gravi, imo etiam a Conciliorum universalium sensu et consensu ullus recedat.

zeichnet werden muß, wenn auch einzelne Theologen und Kanonisten ihre individuellen Modificationen vornehmen, und andere jener sogenannten Theorie der directen Gewalt huldigen, welche, beim rechten Lichte betrachtet, ebenfalls keinen eigentlichen Gegensatz zu der Theorie von der indirecten Gewalt bildet, sondern nur in einzelnen Momenten von ihr abweicht, weil sie entweder von irrigen Vordersätzen ausgeht, oder nicht klar genug distinguirt.

Das dreizehnte Jahrhundert aber ist die Periode, in welcher die Gesetzgebung des Decretalenrechtes selber zu Stande kam. Wir stehen unzweifelhaft an der Quelle, aus welcher die Doctrin, welche sich von hier an entwickelt hat, geflossen ist: nicht als ob dieselbe der Substanz nach nicht schon vorher in der kirchlichen Ueberlieferung vorhanden gewesen wäre, sondern insoferne sie jetzt erst in diese bestimmte Form gebracht wurde. Unsere Aufgabe, nachzuweisen, daß diese in solchen Ausdruck gebrachte Doctrin ihre wirkliche Grundlage in dieser Sammlung des Decretalenrechtes selber habe, ist aber leicht von uns zu lösen, indem wir einfach auf unsere Erörterung über die Decretale Per venerabilem hinzuweisen brauchen[1]). Innocenz III hat in der That den uns hier beschäftigenden Grundsatz des kanonischen Rechtes zu formuliren begonnen, wenn er in jener Decretale es ausspricht, daß der Papst in der ganzen Christenheit unter gewissen Voraussetzungen seine Jurisdiction auf das weltliche Gebiet erstrecke[2]). Es ist richtig, daß Innocenz III hier den Ausdruck gebraucht „temporalis jurisdictio", und diese zeitliche Jurisdiction für den apostolischen Stuhl in Anspruch nimmt: während die Doctrin der potestas indirecta eigentlich lehrt, daß dem Papste als solchem überhaupt keine jurisdictio temporalis zustehe, sondern lediglich eine jurisdictio spiritualis, welche sich auf die Temporalien unter gewissen Umständen erstreckt. Aber wie wir wissen[3]), kann man unter dem Ausdrucke

---

[1]) Siehe oben §§ 5, 6, 7.

[2]) — non solum in Ecclesiae patrimonio, super quo plenam in temporalibus gerimus potestatem, verum etiam in aliis regionibus, certis causis inspectis, temporalem jurisdictionem casualiter exercemus. c. Per vener.

[3]) Siehe oben S. 98.

jurisdictio spiritualis und jurisdictio temporalis zweierlei verstehen, je nachdem man als Eintheilungsgrund die Quelle oder das Gebiet der beiden Gewalten wählt. Daß hier Innocenz das Letztere thut und eigentlich von einer jurisdictio in temporalibus redet, unterliegt keinem Zweifel. Dieselbe Ausdrucksweise, welche freilich zu manchen Mißverständnissen Anlaß gegeben hat, setzt sich auch noch bis in die Zeit fort, wo man die eben erwähnte Distinction schärfer in's Auge faßte [1]).

Wir haben aber auch einen vollgültigen Gewährsmann nicht nur dafür, daß hier der Ausdruck „jurisdictio temporalis" in dem angedeuteten Sinne gebraucht ist, sondern auch, daß man das von Innocenz III in der Decretale Per venerabilem aufgestellte Princip richtig würdigte: mit andern Worten, daß man dasselbe schon von dort an begann, im Sinne der Doctrin von der potestas indirecta, zu entwickeln. Es ist dies niemand anders, als einer der nächsten Nachfolger des Papstes Innocenz III selbst, Sinibald Fiesco, der nachmalige Innocenz IV, welcher selber einer der ersten und berühmtesten Commentatoren der Decretaliensammlung Gregors IX war. Es ist uns von diesem Papste ein Schreiben aufbewahrt, welches er im Jahre 1245 an das General-Capitel der Cistercienser richtete, um sein Verfahren gegen den auf dem Lyoner Concil kurz vorher seiner kaiserlichen und königlichen Würde entkleideten Friedrich II zu rechtfertigen. Darin hebt er es insbesondere hervor, daß er nicht das weltliche, sondern das geistliche Schwert gegen den Kaiser gebrauche [2]) und betont zugleich, daß in dieser Sache mit der größten Umsicht und Gewissenhaftigkeit vorgegangen worden sei [3]), so daß er bei dem gefällten Urtheile bis

---

[1]) Siehe oben S. 98 Anm. 1. Mannings Erörterung.

[2]) Bréholles, Hist. Dipl. Frid. II, Tom. VI, P. I, p. 347. Nec curabimus de cetero gladio uti materiali, sed tantum spirituali contra Fridericum aliquando Romanorum imperatorem, validum Ecclesiae Christi et obstinatum inimicum. Hefele, Conciliengeschichte V, 1001.

[3]) Non enim meminimus, unquam causam cum tanta deliberatione et diligenti examinatione fuisse excussam et peritorum atque sanctorum menibus libratam exstitisse. Ibid.

in den Tod beharre ¹). Ebenso erließ er zu seiner Rechtfertigung in dieser Angelegenheit im Jahre 1246 eine Encyclica an die Könige und Fürsten der Christenheit, worin er nicht nur für den apostolischen Stuhl im Allgemeinen die Vollgewalt der Kirche auf Erden in Anspruch nimmt, sondern auch insbesondere Friedrich II gegenüber ausdrücklich darauf hindeutet, daß es der Kirche zustehe, die geistliche Jurisdiction in weltlichen Dingen zu üben ²). Bei der Wichtigkeit der obschwebenden Frage über die Rechtmäßigkeit der Absetzung Friedrichs II erhalten diese Aussprüche selber nur um so mehr Gewicht. Aber noch mehr. Innocenz IV, welcher sich in seinem Apparate zu dem Capitel Per venerabilem ganz klar über die Trennung der beiden Gewalten ausspricht ³), scheint auch derjenige Kanonist zu sein, welcher jenen Ausdruck der indirecten Gewalt zum ersten Male gebraucht hat. Bei dem Capitel Novit macht er zu den Worten: de feudo ⁴) die Bemerkung, daß dies von dem directen Einschreiten in eine Feudalsache zu verstehen sei;

---

¹) Parati igitur sumus in hac causa et pro illa usque ad mortem stare, et pro ea et in ea tam omnes fratres nostri quam nos mori, immutabiliter pro causa Dei et ejus Ecclesiae dimicantes. Ibid. Diese Decretale verdient offenbar größere Beachtung, als ihr bisher zu Theil geworden zu sein scheint.

²) Bréholles, l. c., p. 396. Sane, quo spiritu ducatur ad offensionem sanctae matris Ecclesiae, et quanta temeritate feratur proditionis filius, Antichristi similis et praecursor ...... per litteras suas vobis, reges et principes, destinatas post depositionis sententiam, quam in ipsum tulimus ob innumera nefandaque ipsius flagitia, quae nedum in gubernatore imperii, verum etiam tolerari non debent in aliquo Christiani nominis professore, ... quilibet potest sanae mentis advertere. Per ipsas siquidem suam exponendo justitiam juribus rationibusque frustrari, et auctoritatem nostram omni ratione carere, tamquam non intersit Ecclesiae, cui licet immeriti de dignatione tamen praesidemus divina, utpote spiritualiter de temporalibus judicare, vos contra matrem Ecclesiam provocavit etc.

³) Inn. IV, Apparatus super V libr. Decr. — III. Qui filii sint legitimi. c. Per venerabil. Nam temporalia et spiritualia diversa sunt, et diversos judices habent, nec unus judex habet se intromittere de pertinentibus ad alium, licet se ad invicem juvare debeant.

⁴) cap. Novit. X de judiciis (II. 2). Non enim intendimus judicare de feudo etc.

anders aber verhalte es sich bei einem indirecten Eingreifen in eine solche Streitsache, wenn eine Sünde dazwischen trete: denn dann trete die Competenz des geistlichen Gerichtes, welches nicht nur über die Buße, sondern auch über die connexe Frage der Restitution zu entscheiden habe, ein. Das ist die Umschreibung des Sinnes der kurzen aber inhaltsreichen Bemerkung Innocenz IV [1]), welche auch in der Glossa ordinaria benützt ist [2]).

Wir finden also in Innocenz IV nichts weniger als einen Gegner des Systemes der potestas indirecta, wozu man ihn zwar machen wollte [3]); er dürfte vielmehr gerade als jener kanonistische Lehrer bezeichnet werden, bei welchem wir den Ausgangspunkt jener Terminologie finden, worin sich die ausgebildete Doctrin der späteren Zeiten bewegt.

Sein großer Zeitgenosse, Heinrich von Susa, welchen Durantis an seine Seite setzt, wo er sie die beiden größten Kanonisten seines Jahrhunderts nennt [4]), scheint freilich mehr auf die Seite jener zu neigen, welche dem Papste die sogenannte directe Gewalt beilegen. Aber auch bei ihm finden wir wiederum Ausdrücke, welche in der Ansicht bestärken müssen, daß er zwar die Gewaltfülle des Papstes auf geistlichem Gebiete behauptet, aber ebenso gut die von Gott stammenden Rechte des weltlichen Fürsten anerkannt habe. So lehrt Hostiensis die Verschiedenheit der beiden Gewalten, und beider Anordnung durch Gott [5]). Er erklärt, daß der Papst nicht be=

. [1]) Inn. IV, Apparatus II. De judiciis. cap. Novit. (De feudo) directe; secus indirecte, quia non potest agere poenitentiam, si non restituat.

[2]) Glossa in cap. Novit. ad voc. judicare de feudo. Siehe oben S. 177. Anm. 2.

[3]) Siehe oben S. 119.

[4]) Siehe oben S. 148. Anm 1.

[5]) Hostiensis, Summa aurea, Lib. IV. Qualiter et a quo filii illegitimi legitimentur. H(uguccio?) dixit, quod Imperator a solo Deo habet potestatem in temporalibus, Papa in spiritualibus. Et sic jurisdictiones sunt distinctae, ut dicunt primae concordantiae; tamen coronam recipit a Papa et gladium ab altari (93. Dist. Legitimos) et etiam ante fuit imperium quam Apostolatus. Ala(nus) et T(ancredus) dixerunt, quod quamvis im-

fugt sei, sich in weltliche Dinge, in welchen der Kaiser nach Recht gehandelt habe, einzumischen ¹). Aber er hält auch wiederum den Vorrang und die höhere Würde der geistlichen Gewalt fest²), wobei er ein Argument beibringt, welches den gläubigen Geist des Hostiensis und seinen tiefen Einblick in das innerste Verhältniß der beiden Gewalten, welches die Beziehung des Natürlichen zum Uebernatürlichen ist, so recht bekundet³). Keineswegs dürfen wir also diesen großen Kanonisten unbedingt jenen kleinen Doctoren an die Seite setzen, an welchen Torquemada rügt, daß sie den Papst aus lauter Schmeichelei vergöttern⁴). Vielmehr wird es sich mit der Ansicht des Hostiensis mehr oder weniger gerade so verhalten, wie mit jener des hl. Bonaventura, von welchem Bellarmin⁵) nachweist, daß er zwar die höchste Gewalt des Papstes in der

---

perium a solo Deo dicant processisse, executionem tamen gladii temporalis accepit ab ecclesia: quare Papa major est, et utroque gladio uti potest, nam et Dominus utroque gladio usus est, et Moses (ad hoc supra de jud. Novit et de maj. et obed. Solitae). Ego jurisdictiones distinctas assero, et utrumque a Deo processisse etc.

1) Ibid. Verum tamen, quod rite factum est per imperatorem in temporalibus, non debet infringi per Papam, nec debet se intromittere de subditis Imperatoris, nisi forte in casibus.

2) Ibid. Tamen quanto altera (sc. jurisdictio) magis Deo appropinquat, tanto major est: ergo sacerdotium majus, quod probatur etc.

3) Ibid. Ita contra sicut et supra et praeter naturalem et humanam rationem filius Dei incarnatus et natus est, sic jurisdictio spiritualis, quam Ecclesiae relinquit contra et supra et praeter naturam jurisdictionis trahit ad se principalem jurisdictionem temporalem, si id, quod de jurisdictione spirituali est, in ea incidat ... et sic accessorium spirituale fortius est quam etiam temporale principale.

4) Turrecremata in c. 2, causs. XXV, qu. 2. Mirum est, quod Pontifices loquuntur moderate de potestate iis data, et quidam doctorculi sine aliquo vero fundamento volunt adulando eos quasi aequiparare Deo.

5) Bellarminus, De Romano Pontifice, Lib. V; Cap. V. Sanctus quoque Bonaventura in libro de Ecclesiastica hierarchia parte 2, cap. 1, scribit, summum Pontificem posse Imperatorem et Reges deponere, ut qui supremam habeat in orbe Christiano potestatem. Et tamen ipse idem in eodem libro parte I, cap. 3, prope finem dicit, potestatem Episcoporum esse pure spiritualem, potestatem autem regum pure temporalem, et cap 1 partis secundae iterum repetit, potestatem sacerdotalem et ipsius etiam Summi Pontificis esse penitus spiritualem sed majorem temporali, ita ut temporalis sit subjecta spirituali, non contra: quae est sententia et confessio omnium Catholicorum.

Christenheit lehre, aber ebenso behaupte, daß die päpstliche Gewalt rein geistlich, aber größer als die weltliche sei.

Wir stehen bereits bei dem hl. Thomas von Aquin. Es wäre unstreitig von der größten Bedeutung, wenn der englische Lehrer in unserer Frage eine abweichende Ansicht hätte. Aber seine hierhergehörigen Aussprüche vermögen nicht anders gedeutet zu werden als im Sinne der indirecten Gewalt [1]). Was der große Kirchenlehrer von der Superiorität der Kirche überhaupt denkt, spricht er klar aus [2]). An einer Stelle der Summe [3]) wirft er dann den Einwand auf, daß das usurpirte Richteramt um deßhalb nicht schlechthin unerlaubt erscheine, weil auch die mit der geistlichen Gerichtsbarkeit bekleideten kirchlichen Oberen bisweilen in das Gebiet der weltlichen Gewalt übergreifen, obgleich die beiden Gewalten von einander unterschieden sind. Die Antwort lautet allgemein, daß die weltliche Gewalt der geistlichen untergeordnet ist, wie der Leib der Seele, und daß es deßhalb keine Usurpation ist, wenn der geistliche Obere sich in zeitliche Angelegenheiten so weit einmischt, als die weltliche Gewalt ihm untergeordnet ist, oder dieselbe ihm die Gerichtsbarkeit überläßt [4]). Es ist der Grund-

---

[1]) Vergl. die Staatslehre des h. Thomas von Aquin und ihre Bedeutung für die Gegenwart. Histor.-politische Blätter 1876, Heft I, II, IV. In der trefflichen Abhandlung findet sich auch eine eingehendere Beleuchtung der neuesten Literatur über dieses Thema. Feugueray, L'essai sur les doctrines politiques de S. Thomas d'Aquin. Paris, 1857. Contzen, Zur Würdigung des Mittelalters, mit besonderer Rücksicht auf die Staatslehre des h. Thomas von Aquin. Cassel, 1870. Baumann, die Staatslehre des h. Thomas von Aquin. Schätzler, Divus Thomas doctor angelicus, contra liberalismum invictus veritatis catholicae assertor. Thömes, Divi Thomae Aquinatis opera et praecepta, quid valeant ad res ecclesiasticas politicas sociales.

[2]) De reg. princ. lib. I, c. 14. Ei, ad quem finis ultimi cura pertinet, subdi debent illi, ad quos pertinet cura antecedentium finium et ejus imperio dirigi.

[3]) Summa II. II. qu. LX. art. 6. Obj. tert. Potestas spiritualis distinguitur a temporali. Sed quandoque praelati habentes spiritualem potestatem intromittunt se de his, quae pertinent ad secularem potestatem. Ergo usurpatum judicium non est illicitum.

[4]) Ibid. Dicendum, quod potestas saecularis subditur spirituali, sicut corpus animae. Et ideo non est usurpatum judicium, si spiritualis prae-

satz der indirecten Gewalt, welchen der hl. Thomas hier aufrecht erhält, wenn er auch die Fälle, wo eine freiwillige Uebertragung der Jurisdiction von Seiten der weltlichen Gewalt an die geistliche stattfindet, hereinzieht ¹). Aber er erkennt die wesentliche Verschiedenheit der beiden Gewalten an; zugleich aber auch, daß die geistliche Gewalt nicht lediglich durch Uebertragung von Seiten der weltlichen eine Jurisdiction im Weltlichen habe, da sich dieselbe zur weltlichen Gewalt wie die Seele zum Leibe verhalte. An einem andern Orte ²) stellt er den Einwand hin, daß der geistliche Obere stets von dem Gebote der weltlichen Gewalt müsse entheben können, weil die geistliche Gewalt höher stehe, und der höhern Gewalt mehr zu gehorchen sei. Das Irrige dieser Behauptung beweist er dadurch, daß er den beiden Gewalten, wie sie von Gott angeordnet sind, ihr eigenes Gebiet zuweist, in welchem sie unabhängig von einander zu schalten haben, jede als die höchste in ihrer Ordnung. Er bemerkt jedoch dabei, daß der Papst in sich die höchste Gewalt im Geistlichen und im Weltlichen vereinige ³). Bellarmin gibt zwei Erklärungen dieses Ausspruches des hl. Thomas ⁴)

latus se intromittat de temporalibus, quantum ad ea, in quibus subditur ei saecularis potestas, vel quae ei a saeculari potestate relinquuntur.

1) Ueber die betreffende römische Gesetzgebung seit Constantin dem Großen siehe Hergenröther, Katholische Kirche und christlicher Staat. X. Die kirchliche Gerichtsbarkeit, S. 511 ff.

2) S. Thomas in secundum libr. Sent. dist. 44 in fine. Potestas spiritualis est altior quam saecularis. Si ergo majori potestati magis est obediendum, praelatus spiritualis semper absolvere poterit a praecepto potestatis saecularis, quod falsum est.

3) Ibid. Dicendum, quod potestas spiritualis et saecularis utraque deducitur a potestate divina: et ideo in tantum saecularis potestas est sub spirituali, in quantum est ei a Deo supposita scilicet in his, quae ad salutem animae pertinent: et ideo in his magis est obediendum potestati spirituali, quam saeculari. In his autem, quae ad bonum civile pertinent, est magis obediendum potestati saeculari, quam spirituali, secundum illud Matthei: Reddite quae Caesaris Caesari; nisi forte potestati spirituali etiam saecularis potestas conjungatur sicut in Papa, qui utriusque potestatis apicem tenet, scilicet spiritualis et saecularis, hoc illo disponente, qui est sacerdos et rex in aeternum, secundum ordinem Melchisedech, rex regum et dominus dominantium, cujus potestas non aufertur et regnum non corrumpitur in saecula saeculorum.

4) Bellarminus, De Romano Pontifice, cap. V, Lib. V.

und beide haben ihre Gründe für sich. Entweder spricht der heilige Lehrer hier von der weltlichen Gewalt, welche der Papst über den Kirchenstaat ausübt; oder aber wollte er sagen, daß zwar die höchste Gewalt im Geistlichen wie im Weltlichen in dem Primate ruhe, aber dennoch in verschiedener Weise; die höchste geistliche Gewalt übe er direct, die damit verknüpfte höchste Gewalt in weltlichen Dingen indirect [1]). Soviel ist gewiß, daß hier der hl. Thomas so wenig, als an den uns bekannten Stellen [2]) der hl. Bernhard, als Vertreter jener schroffen Theorie der directen päpstlichen Allgewalt angesehen werden darf [3]). Bellarmin macht an demselben Orte die Bemerkung, welcher auch wir uns anschließen, daß es nämlich nicht allzuschwer sein dürfte, die Meinungen mancher Theologen, welche in diesen Fragen auseinander zu gehen scheinen, zu vereinigen,

---

[1]) Bellarminus, C. c. Responderi potest duobus modis. Primo loqui S. Thomam de potestate, quam Romanus Pontifex habet in ditione temporali Ecclesiae Romanae. Dixerat enim paulo antea in iis, quae pertinent ad salutem animae, magis obediendum esse potestati spirituali, quam saeculari; contra vero in iis, quae pertinent ad bonum civile magis obediendum esse potestati saeculari quam spirituali. Deinde subjungit exceptionem; nisi forte potestati spirituali etiam potestas saecularis conjungatur, ut in Pontifice Romano, in quo est apex utriusque potestatis. Quin enim Pontifex Romanus non solum est Pastor ecclesiae, sed etiam est Princeps saecularis multarum provinciarum, ideo in illis provinciis, tum in spiritualibus, tum in civilibus magis obediendum est summo Pontifici, quam ulli alteri potestati, sive spirituali, sive saeculari. Secundo responderi potest, velle S. Thomam in Papa esse apicem utriusque potestatis respectu totius orbis Christiani: sed non eodem modo. Apicem enim spiritualis potestatis esse in eo directe ac per se, apicem vero potestatis saecularis esse in eodem indirecte et consequenter. Neque enim probabile est, sanctum Thomam existimasse, in rebus mere civilibus magis obediendum esse Summo Pontifici, quam proprio Regi, etiam in provinciis, Romanae Ecclesiae temporaliter non subjectis .... Id igitur solum voluit S. Thomas, ut in rebus etiam civilibus magis obediatur summo Pontifici, quam Principi saeculari, si ex rebus illis civilibus pendeat salus animarum, non autem absolute: quoniam potestati spirituali Summi Pontificis amplissimae conjuncta est, saltem indirecte et consequenter, amplissima potestas disponendi de rebus temporalibus omnium Christianorum.

[2]) Siehe oben S. 92 u. S. 117.

[3]) Vergl. Schäzler, D. Thomas contra Liberalismum. Romae, 1874. Cap. VI, pag. 78 seqq.

und weist dabei auf Augustinus Triumphus hin [1]). Dieser, obgleich er als einer der entschiedensten Vertheidiger der directen Gewalt des Papstes im Zeitlichen gilt, stellt in der That auch jenen Satz auf, welcher zur Grundlage der Theorie von der indirecten Gewalt gehört: daß nämlich die Gewalt des Papstes eine geistliche sei, vermittelst deren er jedoch auch in weltlichen Angelegenheiten walte.

Wir sind in der Erörterung unseres Gegenstandes so weit gekommen, daß wir uns, so scheint es, Rechenschaft darüber zu geben haben, wo denn eigentlich der tiefste Grund gewisser irrthümlichen Auffassungen in der uns beschäftigenden Frage zu suchen sei. Wir müssen zweifelsohne ihren eigentlichen Ausgangspunkt darin finden, daß in unstatthafter Weise die natürliche Ordnung der Dinge, welche durch die in der Kirche wiederhergestellte übernatürliche Ordnung nicht aufgehoben ist, zu wenig berücksichtigt, ja gleichsam geleugnet wird. Dann erscheint die weltliche Gewalt nicht mehr als ein Ausfluß der göttlichen Weltordnung auf natürlichem Gebiete, was sie wirklich ist und bleibt, sondern als ein Ausfluß der Machtfülle des Primates in der Kirche. Dann wird der Papst zuletzt zum weltlichen Herrn und die Fürsten seine Statthalter und Beamten. Dies ist eine Uebertreibung, in welche sich wohl mancher verirren mochte; aber in den katholischen Schulen ist eine solche Doctrin wohl nie recipirt, und von der kirchlichen Wissenschaft nie gebilligt worden. Hiedurch wird auch jener andere uns schon bekannte Abweg in ein schärferes Licht gesetzt, auf welchen man geräth, wenn zwischen den Gewalten, welche

---

[1]) Bellarmin, l. c. Neque difficile esset, alios Theologos, qui contrariam sententiam tueri videntur, ad concordiam cum cæteris revocare: nam ipse etiam Augustinus Triumphus, qui apertissime tribuere videtur summo Pontifici temporalem potestatem in orbem universum, explicat so tamen in quæstione I de Potestate Pontificis art. 7 in responso ad ultimum, ubi dicit, potestatem temporalem aliter esse in Pontifice, ac in Rege: in Pontifice enim esse ut in confirmante et corrigente, in Rege vero, ut in administrante. Et clarius art. 8 scribit, **Papam habere spiritualem potestatem, sed per eam disponere etiam de temporalibus,** et art. 9 demonstrat Christum non fuisse Regem temporalem, sed spiritualem.

Christus seiner göttlichen und menschlichen Natur gemäß zukommen, und der Vollgewalt, welche seinem Statthalter auf Erden zur Leitung und Regierung der Kirche übertragen war, nicht unterschieden wird. Es ist klar, daß Petrus und in ihm seine Nachfolger alle Vollmachten erhalten mußten, welche nothwendig sind, um das oberste Hirtenamt in der Kirche zu führen, und dessen Obliegenheiten nach allen Richtungen hin zu erfüllen. Aber eben so klar ist es, daß dazu auf den Papst nicht die ganze Majestät des Gottmenschen überzugehen brauchte, so wenig als ihm jene Gewalten des Sohnes Gottes übertragen werden konnten, welche überhaupt nicht einem Geschöpfe mittheilbar sind. Unterscheidet man aber hierin nicht genau, so wird, besonders wenn jener erste Grundirrthum mitwirkt, alsbald aus dem Papste nicht nur der unbeschränkte Gebieter über die Christenheit, sondern auch der absolute Beherrscher der Ungläubigen, der allgewaltige Herr der Welt. Auch diese Ausschreitung hat die Schule nie gebilligt, und principiell sich nie zu ihr bekannt, wenn auch Theologen und Kanonisten von Ansehen mehr oder minder bestimmt und ausgesprochen diese Doctrin gebilligt haben, wozu jener Mangel der genauen Begriffsbestimmung von jurisdictio temporalis und jurisdictio spiritualis [1]) und die Schwierigkeit der Frage über die unmittelbare Quelle der Fürstengewalt das ihre beigetragen haben mögen.

Derlei Verirrungen finden übrigens gewissermaßen ihre Entschuldigung in der ganzen Lage der mittelalterlichen Dinge, wo die Welt des Glaubens ihr volles Recht geltend zu machen suchte. Wir haben schon Gelegenheit gehabt, es anzudeuten [2]), wie nahe es hier lag, daß man das auf dem Wege der Geschichte zu Stande gekommene mittelalterliche Verhältniß des Staates zur Kirche in seiner positiven Ausgestaltung als die wesentliche göttliche Ordnung der Dinge selber ansah. Man fehlte in dieser Hinsicht sogar in zweifacher, sich steigernder Weise. Denn man legte nicht nur historischen Bildungen, wie dem Kaiserthum des

---

[1]) Siehe oben S. 97.
[2]) Siehe oben S. 123.

heiligen, römischen Reiches, absolute Geltung bei, sondern man verwechselte auch das höhere Ideal mit der einfachen Rechts= ordnung; man hielt sich für berechtigt, an das große Gemeinwesen der Christenheit den Maßstab der Vollkommenheit anzulegen, oder um es mit einem Ausdrucke der Moral zu erklären, man stellte sich bei Beantwortung der Frage, welche Ansprüche und Verbindlichkeiten den beiden Gewalten zuzuerkennen sind, auf den Standpunkt des Rathes, wie er dem idealen Sinne jener Zeiten wohl entsprechen mochte, anstatt sich mit dem freilich niedrigeren und nüchternen Standpunkte der Pflicht und der einfachen Rechtsordnung zu begnügen.

Von jener erstern der beiden so eben erwähnten Verirr= ungen zeugt die vielbesprochene und wenig gelesene Schrift Dante's über die Monarchie[1]), wobei er freilich noch auf ganz andere Abwege geräth. Der kosmopolitische Gedanke, welcher in der Erneuerung des abendländischen Kaiserreichs seinen Ausdruck gefunden hatte, begeisterte den großen Poeten; aber er übersah dabei, daß die Nothwendigkeit einer solchen Weltrepublik schon um deßwillen nicht dargethan zu werden vermag, weil dieser Gedanke in einem Gebilde anderer Ord= nung sich zu verwirklichen hat — in der Kirche.

Dem andern Fehler huldigen jene, welche das, was die christlichen Fürsten der Kirche leisteten, wenn sie von lebendiger Einsicht in die Heilsgeheimnisse des Glaubens beseelt waren, als die wirkliche rechtliche Verbindlichkeit der weltlichen Herrscher gegenüber der Kirche hinstellten. So behaupteten sie, wie unter andern Johann von Salisbury thut [2]), daß sie Diener der Priester im eigentlichen Sinne des Wortes seien, und daß sie in Wirklichkeit erst von deren Altar das Schwert und von den Bischöfen die Krone erhalten: während sich allerdings der christliche Herrscher als Schirmvogt der Kirche ansehen muß, aber sich bewußt ist, daß zwar durch den Segen der Kirche seine Fürstenwürde eine höhere Weihe erhalten hat, er aber nichtsdestoweniger der souveräne Herrscher bleibt, welcher frei=

---

[1]) Siehe oben S. 136.
[2]) Polycratious. Siehe oben S. 116.

lich in christlicher Demuth sich als Diener der Kirche erkennen und bewähren soll.

Nichts lag daher den großen Päpsten des Mittelalters, und insbesondere Innocenz III ferner, als solchen unklaren Begriffen einen Einfluß auf das öffentliche Recht der Kirche zu gestatten. Das beweist uns gerade wieder die Decretale Per venerabilem, in welcher sich der große Gesetzgeber mit klarem unbefangenem Blicke auf das eigentliche Rechtsgebiet beschränkt, und nur die wesentlichen Principien ausspricht, welche in dem Satze eingeschlossen sind: daß die geistliche Gewalt der Kirche unter gewissen Voraussetzungen in außerordentlicher Weise sich auf das weltliche Gebiet erstreckt. Nicht minder ist auch Bonifacius VIII bezüglich der Extravagante Unam sanctam von solchen Ueberschreitungen des eigentlichen kanonischen Rechtsgebiets freizusprechen. Denn er, wie schon lange vor ihm der hl. Bernhard, erkannte es nur für die Aufgabe der Kirche, jener vollkommenen Ausgestaltung der Wechselbeziehungen der beiden Gewalten förderlich zu sein, und den hierin bereits errungenen Standpunkt nicht aufzugeben, sondern festzuhalten. Aber dem heiligen Kirchenlehrer, wie dem großen Papste konnte es nicht in den Sinn kommen, die beiden Gewalten zu verwirren, statt sie zu vereinigen, und die einfachen Forderungen des Rechts mit der freiwillig übernommenen höheren Vollkommenheit zu verwechseln. Bonifacius VIII hat sich darüber bei einer feierlichen Gelegenheit ausgesprochen[1]) und der Schluß der vielgeschmähten Bulle Unam sanctam beweist, daß er die Schranken des Rechtes kennt, wenn er auch — zum letzten Male — die Christenheit daran erinnert, die höhere Concordia inter imperium et sacerdotium, welche zu e i n e r in der Kirche vollkommen ausgestalteten respublica christiana führt, als den eigentlichen Zielpunkt im Auge zu behalten.

Wenn das später nicht mehr geschah, so lag das in dem Gange der Zeiten, welche von dem Aufgeben jenes christlichen Ideals des internationalen Rechtes zur Reformation und von

---

1) Siehe oben S. 94. Anm. 1.

dieser zur Revolution führten. Ward aber auf das Ideal verzichtet, so konnten dennoch die wesentlichen Principien des richtigen Verhältnisses zwischen den beiden Gewalten nicht aufgegeben werden. So entwickelt sich dann um so eingehender und bestimmter die Theorie von der indirecten Gewalt, welche stets, wenn auch unentfaltet die eigentliche Grundlage des Verhältnisses zwischen Staat und Kirche gebildet hatte.

Wenn wir daher unsere Untersuchung jetzt noch bis hinauf zu der Gründung der Kirche fortführen wollen, so werden wir gemäß der Natur der Sache darauf verzichten müssen, aus den Rechtsquellen und den Schriften der Väter Belegstellen beizubringen, welche in den bestimmtesten Ausdrücken jenen Satz von der indirecten Gewalt erhärten. Versteht es sich doch von selbst, daß wir einen Satz des Kirchenrechtes, welcher eigentlich zum ersten Male von Innocenz III in der Decretale Per venerabilem formulirt worden, früher nicht finden können. Es handelt sich ja gerade darum, nachzuweisen, daß das Wesen der Sache stets vorhanden war, wenn es auch noch nicht zu dem spätern Ausdrucke gebracht werden konnte. Das Wesen der uns beschäftigenden Frage liegt aber darin, daß auf der einen Seite die Selbstständigkeit der beiden Gewalten nach Ursprung und Zweck festgehalten, auf der anderen Seite aber die höhere Würde der geistlichen Gewalt in solcher Weise verstanden wird, daß die Ordnung und Einheit des großen Ganzen durch eine, wenn auch nur außerordentliche, höchste Instanz der Rechtsprechung gesichert ist.

§ 12.

Fortsetzung. Das Decret Gratians. Gregor VII.

Bevor wir aber den Gang unserer Untersuchung das erste Jahrtausend hinauf fortsetzen, um zu sehen, wie die Ueberlieferung der Kirche bis zurück zu deren Anfängen in unserer Frage beschaffen sei, ist es erforderlich, daß wir gerade beim Beginne des zweiten Jahrtausends noch bei zwei Gewährsmännern verweilen, deren einer das Recht der Kirche, wie es sich in den ersten zehn Jahrhunderten gestaltet hat, in seiner unsterblichen Arbeit zusammenfaßt, während der andere der Mann der That ist, welcher die Principien mit unbeugsamer Energie zur Anwendung und Geltung bringt: Gratian und Gregor VII. Halten wir die Theorie des Kanonisten mit der gewaltigen Machtentfaltung des Papstes zusammen, so müssen wir, wenn wir anders ohne Vorurtheil an das Werk gehen, zu dem Schlusse gelangen, daß wir es nicht mit Neuerungen zu thun haben, wie sie angeblich die Herrschsucht der Hierarchie und die in ihrem Solde stehende Wissenschaft anstrebte, sondern daß wir vor Principien stehen, welche vom Anbeginne an bezüglich des Verhältnisses von Kirche zu Staat im kirchlichen Bewußtsein dem Wesen nach festgehalten wurden, obgleich dieselben damals noch nicht zu einem bestimmten Ausdrucke gelangt, und noch nicht in eine feststehende Formel gebracht waren.

Ein Blick in das Decret Gratians muß uns überzeugen, daß man zur Zeit des gelehrten Bologneser Mönches und mitten in den Stürmen, welche der mächtige Hohenstaufe[1]) über die Kirche brachte, deren Freiheit seinem Imperatorengelüste wenig zusagte, dem Wesen nach die nämlichen Grundsätze vertrat, welche man später in die Theorie von der indirecten Gewalt der Kirche in zeitlichen Angelegenheiten einkleidete. Das Decret Gratians ist aber für unsern Zweck, wie für alle Forschung auf dem historischen Gebiete des Kirchenrechtes, um so bedeutsamer, weil wir in demselben nicht nur den kanonischen „Rechtsspiegel" des zwölften Jahrhunderts, und zugleich die, wenn auch unvollständige Darstellung der Entwickelung des kanonischen Rechtes während des ersten Jahrtausends haben, sondern auch wissen, daß es ohne Widerspruch des apostolischen Stuhles von der Schule recipirt, und durch die allgemeine Anerkennung, welche es fand, zu einer Autorität gelangt ist, welche an jene des Gesetzgebers selber anstreift.

Wenn aber Gratian auf der einen Seite die Verschiedenheit und die Selbständigkeit der beiden Gewalten gehörig festhielt, und namentlich die Freiheit und Unabhängigkeit der Kirche

---

[1]) Friedrich Barbarossa führte die Sätze im Munde: Ego quidem mundi Dominus. Quod principi placuit legis habet vigorem. Radevicus, De gestis Friederici I, II, 4.

betont, so lehrt er eben so klar die concordia inter sacerdotium et imperium, indem er den Fürsten die Obliegenheit auferlegt, die Kirche zu schützen. Ebenso unzweideutig weist er aber auch wiederum auf die Superiorität der Kirche hin, und erkennt dem apostolischen Stuhle die Vollmacht zu, über die weltlichen Herrscher zu richten. In der zehnten Distinction führt er sein dictum durch, daß im Falle des Gegensatzes die weltlichen Gesetze den kirchlichen nachstehen [1]. Wo jene aber nicht gegen göttliches oder kirchliches Recht verstoßen, sind sie anzuerkennen [2]. In der 63. Distinction lehrt er, daß sich die Laien in die kirchlichen Wahlen nicht einzumischen haben [3]), und wenn auch dem Volke [4]) und dem Fürsten [5]) eine Betheiligung dabei zu Zeiten gestattet worden sei, so seien dies Begünstigungen, welche die Kirche bei veränderten Verhältnissen zurücknehmen könne und zurückgenommen habe [6]); und es stehe das kanonische Princip

---

[1]) Dist. X Gratianus in princ. Constitutiones vero principum ecclestiasticis constitutionibus non praeminent, sed obsequuntur.

[2]) Ibid. Pars II. Gratianus: Ecce quod constitutiones principum ecclesiasticis legibus postponendae sunt. Ubi autem evangeliis atque canonicis decretis non obviaverint, omni reverentia dignae habeantur.

[3]) Dist. 63. Pars I. Gratianus: Laici vero nullo modo se debent inserere electioni ... In fine. Iis omnibus auctoritatibus laici excluduntur ab electione sacerdotum, atque injungitur eis necessitas obediendi, non libertas imperandi.

[4]) Ibid. Pars II Gratianus in fine: Sed quod populus jubetur electioni interesse, non praecipitur advocari ad electionem faciendam, sed ad consensum electioni adhibendum.

[5])·Ibid. Pars III. Gratianus: Principibus vero atque imperatoribus electiones Romanorum Pontificum atque aliorum episcoporum referendas, usus et constitutio tradidit pro schismaticorum atque haereticorum dissensionibus, quibus nonnunquam Ecclesia Dei concussa periclitabatur, contra quos legibus fidelissimorum imperatorum frequenter ecclesia munita legitur.

[6]) Ibid. Pars IV. Gratianus: Verum, quia imperatores quandoque modum suum ignorantes non in numero consentientium, sed primi distribuentium, imo exterminantium esse voluerunt, frequenter etiam in haereticorum perfidiam prolapsi catholicae matris Ecclesiae unitatem impugnare conati sunt, ideo sanctorum Patrum statuta adversus eos prodierunt, ut semet electioni non insererent, et quisquis eorum suffragio Ecclesiam obtineret, anathematis vinculo innodaretur, sicut scriptura quoque divina dicit, quod Ezechias dissipavit excelsa, et contrivit statuas, et succidit lucos et fregit serpentem aeneum, quem fecit Moyses, videlicet, quia illum serpen-

aufrecht, daß die Wahl zu den Kirchenämtern Sache der Kirche verbleibe ¹). In der 96. Distinction wird bewiesen, daß überhaupt der Laiengewalt in kirchlichen Angelegenheiten keinerlei Befugniß zustehe, und daß derlei Usurpationen keine rechtliche Wirkung beizulegen sei ²). Ruft aber die Kirche, so lehrt die 97. Distinction weiter, den weltlichen Arm um Schutz an, so hat derselbe für die Kirche einzutreten ³), was Gratian durch das Schreiben des Papstes Bonifacius I an den Kaiser Honorius um Beschützung des Friedens der Kirche und die kaiserliche Antwort belegt ⁴). In der ersten Quästion der elften Causa behandelt Gratian dann insbesondere die Materie des privilegirten

---

tem Deus fieri jusserat, ne serpentina morte populus interiret, ideo ipse populus colere et venerari eum cooperat et idcirco destruxit iste, quem jubente Deo fecerat ille. At per hoc magna auctoritas ista est habenda in Ecclesia, ut si nonnulli ex praedecessoribus et majoribus nostris fecerunt aliqua, quae illo tempore potuerunt esse sine culpa, et postea vertuntur in errorem et superstitionem, sine tarditate aliqua et cum magna auctoritate a posteris destruuntur. Postremo praesentibus legatis imperatorum et inconsultis electiones Romanorum Pontificum leguntur celebratae, et tandem iidem imperatores religioso mentis affectu praefatis privilegiis renunciaverunt, multa insuper donaria Ecclesiae referentes.

¹) Ibid. in fine. Gratianus. Ex constitutionibus his et pacto Ludovici imperatoris deprehenditur, imperatores illis renunciasse privilegiis, quae de electione summi pontificis Hadrianus Papa Carolo imperatori, et ad imitationem ejus Leo Papa Ottoni I regi Teutonicorum fecerat. Quum ergo praemissis auctoritatibus cunctis liqueat, electionem clericorum tantummodo esse etc.

²) Dist. 96. In exord. Gratianus — Unde quaecunque a principibus in ordinibus vel ecclesiasticis rebus decreta inveniuntur, nullius auctoritatis esse monstrantur. Distinctio 97. Gratianus Pars I. Hoc capitulo (c. 16. Dist. 96) patenter ostenditur, quod nec imperatori, nec cuilibet laico licet decernere vel de electione Pontificis, vel de rebus ecclesiasticis. Quaecunque autem ab eis constituta fuerint pro infectis habenda sunt, nisi subscriptione Romani Pontificis fuerint roborata.

³) Dist. 97. Pars I. Gratianus. Sed sicut ex eodem capitulo (c. 16. Dist. 96) habetur, ecclesiae precibus imperator in praesumtores valet decernere, sicut pro defensione fidei quondam decrevisse leguntur, ne haeretici aliquid nomine Ecclesiae possiderent. Ab ea autem non invitati de rebus ecclesiasticis aliquid disponendi non habent facultatem.

⁴) Ibid. Gratianus. Honorius vero Augustus non sua auctoritate, sed B. Bonifacio supplicante ecclesiasticae quieti consulere et concertantium ambitionem punire curavit.

Gerichtsstandes, wobei er im zweiten Theile den Einwand wider=
legt, als ob sich derselbe nur auf Straffachen beziehe¹). In
der 5. Quästion der 21. Causa führt er aus, daß der Recurs
vom geistlichen an das weltliche Gericht unstatthaft und strafbar
sei²). In der für das Strafrecht überhaupt so reichhaltigen
und bedeutsamen 23. Causa wird endlich untern andern die
Pflicht der weltlichen Gewalt zur Beschützung der Kirche er=
örtert, da es das kanonische Recht namentlich den Hirten der
Kirche nicht gestattet, die Waffen zu ergreifen und Blut zu
vergießen³).

Von den beiden oft von den Kanonisten angeführten Haupt=
stellen des Decretes über das Verhältniß der beiden Gewalten
ist die eine jenem Briefe des Papstes Nicolaus I an den
griechischen Kaiser Michael entnommen. Der Papst schöpfte
selbst wieder in dieser merkwürdigen Urkunde aus einer Schrift
des Papstes Gelasius⁴), auf welche wir zurückkommen werden.
Jener Kanon bezeichnet⁵) in klarer Weise die Trennung der

---

¹) Causa XI. Quaest. I. Gratianus in fine. Ex his omnibus
datur intelligi, quod clericus ad publica judicia nec in civili, nec in criminali causa est producendus, nisi forte civilem causam episcopus decidere
noluerit, vel in criminali sui honoris cingulo eum nudaverit.

²) Caussa XXI. Quaest. V. In exord. Gratianus. Suum vero
episcopum relinquere, et ab officio suo discedere atque ad saecularem judicem confugere nulli licet.

³) Caussa XXIII. qu. VIII. Dist. Grat. post. can. 28. Licet
ergo Prælatis Ecclesiæ exemplo B. Gregorii ab imperatoribus, vel quibus-
libet ducibus defensionem fidelibus postulare. Licet etiam cum B. Leone
quoslibet ad sui defensionem contra adversarios sanctæ fidei viriliter ad-
hortari atque ad vim infidelium procul arcendam quosque excitare. Effu-
sionem vero sanguinis nulli Episcoporum sua vel imperatorum auctoritate
imperare licet.

⁴) Tomus de anathematis vinculo. Migne Patrol., Tom. LIX,
Col. 102 seqq.

⁵) C. 6. Dist. XCVI. Quum ad verum ventum est, ultra sibi nec
imperator jura Pontificum arripuit, nec Pontifex nomen imperatorium usur-
pavit, quoniam idem mediator Dei et hominum, homo Christus Jesus, sic
actibus propriis et dignitatibus distinctis officia potestatis utriusque discrevit,
propria volens medicinali humilitate sursum efferri, non humana superbia
rursus in infernum demergi, ut et Christiani imperatores pro æterna vita
Pontificibus indigerent, et Pontifices pro cursu temporalium tantummodo
rerum imperialibus legibus uterentur, quatenus spiritualis actio carnalibus

Gewalten, und wiederum ihre nothwendige gegenseitige Beziehung, und deutet an, daß es die vom göttlichen Stifter der Kirche bestimmte Ordnung der Dinge sei. Die zweite Stelle ist dem Briefe Gregors VII an Hermann, Bischof von Metz, entlehnt [1]); der Papst selbst aber hatte dabei eine Stelle aus dem Briefe des Papstes Gelasius an den Kaiser Anastasius vor Augen [2]). Hier [3]) werden nicht nur die beiden Gewalten in ihrer Verschiedenheit neben einander gestellt, sondern auch der Vorrang und die höhere Gerichtsbarkeit der Kirche hervorgehoben, und an Beispielen gezeigt, daß sich diese richterliche Gewalt auch über die Fürsten erstrecke.

Fügen wir noch hinzu, indem wir noch andere bemerkenswerthe Stellen des Decretes nur andeuten [4]), was Gra-

---

distaret incursibus, et ideo militans Deo minimo se negotiis saecularibus implicaret, ac vicissim non illo rebus diviniis praesidere videretur, qui esset negotiis saecularibus implicatus. In Dist. X, c. 8 steht dieselbe Stelle mit einigen Abänderungen und Weglassung des Vordersatzes am Anfange. Coll. trium Partium. p. 1, t. 62, c. 6.

[1]) Greg. VII Reg. Lib. VIII, ep. 21.

[2]) Epist. ad Anast. Imper. Migne Patrol. LIX, col. 41 seqq.

[3]) C. 10, Dist. XCVI. Duo sunt quippe, imperator auguste, quibus principaliter hic mundus regitur: auctoritas sacra Pontificum, et regalis potestas. In quibus tanto gravius pondus est sacerdotum, quanto etiam pro ipsis regibus hominum in divino sunt reddituri examine rationem. Et post pauca: Nosti itaque inter haec ex illorum te pendere judicio, non illos ad tuam redigi posse voluntatem. Talibus igitur institutis, talibusque fulti auctoritatibus plerique Pontificum alii reges, alii imperatores excommunicaverunt. Nam si speciale aliquod de personis principum requiratur exemplum, B. Innocentius Papa Arcadium imperatorem (quia consensit, ut S. Joannes Chrysostomus a sua sede pelleretur) excommunicavit. B. etiam Ambrosius licet sanctus, non tamen universalis Ecclesiae episcopus, pro culpa, quae aliis sacerdotibus non adeo gravis videbatur, Theodosium Magnum imperatorem excommunicans ab Ecclesia exclusit; qui etiam in suis scriptis ostendit, quod aurum non tam pretiosius sit plumbo, quam regia potestate sit altior dignitas sacerdotalis, hoc modo circa principium sui pastoralis scribens: Honor, fratres, et sublimitas episcopalis nullis poterit comparationibus adaequari. Si regum fulgori compares et principum diademati, longe erit inferius, quam si plumbi metallum ad auri fulgorem compares, quippe quum videas regum colla et principum submitti genibus sacerdotum, et osculata eorum dextera, orationibus eorum credant se communiri. Coll. Anselmi Luc. Lib. 1, c. 73. Ivonis Panorm. L. 5, c. 109. Polycarpus L. 1, t. 27.

[4]) Dist. X. c. 3. 6. Dist. XCVI. c. 4. 5. 11. 16. (Pseudoisid.) Dist. XXII. c. 1. — C. I. qu. 4. c. 5.

tian¹) über die Gewalt der Päpste, Fürsten ihrer Würden zu entkleiden, lehrt, wobei er die Absetzung des Frankenkönigs Childerich als Beispiel anführt: so können wir wohl sagen, daß wir in dem Decrete das vollständige Material gefunden, aus welchem die Theorie von der indirecten Gewalt der Kirche über weltliche Angelegenheiten abstrahirt werden kann, wenn auch Gratian diese Frage noch nicht so weit geführt hat.

Damit soll nicht im mindesten gesagt sein, daß Gratian sich über die Principien keine Rechenschaft zu geben vermochte, weil er sie noch nicht vollkommen formulirt aussprach. Finden wir doch bei einem seiner bedeutenderen Zeitgenossen, bei Petrus von Blois, einen Ausspruch, welcher, wenn er sich auch zunächst nur auf das Verhältniß der kirchlichen zur weltlichen Gesetzgebung bezieht, dennoch hinlänglich beweist, daß der Verfasser über die Stellung der beiden Gewalten und über die Ausdehnung des Gebietes der geistlichen Jurisdiction sich eine ganz klare und richtige Ansicht angeeignet hatte ²). Das ist nämlich gerade das Naturgemäße und Charakteristische in der Entwickelung und dem Fortschritte der kirchlichen Wissenschaft, daß bevor die Autorität eine dogmatische Definition gegeben oder die Schule eine Formulirung zur allgemeinen Geltung gebracht hat, der vollkommene Ausdruck der Wahrheit nicht sowohl bei dem Einzelnen gefunden, als vielmehr aus der Ueber-

---

¹) Causa XV, qu. 6, Pars II. Gratianus. A fidelitatis etiam juramento Pontifex nonnullos absolvit, quum aliquos a sua dignitate deponit. Unde Gregorius Papa (sc. VII) c. 3. Alius item Romanus Pontifex, Zacharias scilicet, regem Francorum non tam pro suis iniquitatibus, quam pro eo, quod tantae potestati erat inutilis a regno deposuit, et Pipinum, Caroli Magni imperatoris patrem, in ejus locum substituit, omnesque Francigenas a juramento fidelitatis, quod illi fecerant, absolvit. Quod etiam ex auctoritate frequenti agit sancta Ecclesia, quum milites absolvit a vinculo juramenti, quod factum est his episcopis, qui apostolica auctoritate a pontificali gradu deponuntur.

²) Petrus Bles. Speculum juris, c. 16. Canonum enim vigor se extendit ad causas saeculares, ex quibus et in quibus animae periculum versatur. Quantum enim ad hoc, ut animae provideatur, omnes personae spectant ad forum ecclesiasticum, et in talibus judiciis recundum meum judicium videtur per canones legibus et consuetudinibus derogatum.

einstimmung der Gesammtheit erhoben wird. So hebt mit bewegten Worten im 11. Jahrhundert Gottfried von Vendome, welcher als der erste gilt, der das Bild der beiden Schwerter zur Bezeichnung der beiden Gewalten gebraucht hat ¹), die Nothwendigkeit der Freiheit der Kirche hervor ²). Wenn der ehrwürdige Abt hier das Recht der Kirche vertritt, so spricht er dort der Eintracht der beiden Gewalten das Wort. Sein Zeitgenosse Ivo von Chartres, thut beides zugleich in jenem an den König von England geschriebenen Briefe, von welchem Baronius sagt, daß er den Fürsten dringend zur Lecture zu empfehlen sei ³). Wer möchte behaupten, daß der Verfasser eines solchen Schreibens, der große Kenner des Kirchenrechts, nicht über die höchsten leitenden Grundsätze bezüglich des Verhältnisses zwischen den beiden Gewalten sich klar gewesen sei, weil er die Doctrin noch nicht so vortrug, wie die Kanonisten nach dem Zeitalter der Reformation ⁴). Dabei kann die Erscheinung nicht auffallend-

---

¹) Goffredi Vindocin. Opuscula IV. Migni Patr. CLVII, col. 220. Voluit bonus Dominus et magister noster Christus, spiritualem gladium et materialem esse in defensione Ecclesiae. Quod si alter ab altero retunditur, hoc fit contra illius voluntatem. Hac occasione de regno justitia tollitur, et pax de Ecclesia, scandala suscitantur et schismata; et fit animarum perditio simul et corporum. Et dum regnum et sacerdotium unum ab altero impugnatur, periclitatur utrumque.

²) Goffr. Vindocin. Tract. de ordine Episc. Op. VI. Quando vero Ecclesia saeculari potestati subjicitur, quae ante domina erat, ancilla efficitur, et quam Christus Dominus dictavit in cruce et quasi propriis manibus de sanguine suo scripsit chartam, amittit.

³) Annales Eccl. ad ann. 1101. „Epistola digna plane quae regibus omnibus legenda jugitur ingeratur."

⁴) Ivo Carn. Epist. 106. (al. 51.) — Et quoniam res omnes non aliter bene administrentur, nisi cum regnum et sacerdotium in unum conveniant studium: Celsitudinem Vestram observando monemus, quatenus in regno Vobis commisso verbum Dei currere permittatis et regnum terrenum regno, quod Ecclesiae commissum est, subditum esse debere, semper cogitetis. Sicut enim sensus animalis subditus esse debet rationi, ita potestas terrena subdita esse debet ecclesiastico regimini. Et quantum valet corpus, nisi regatur ab animo, tantum valet terrena potestas, nisi informetur et regatur ecclesiastica disciplina? Et sicut pacatum est regnum corporis, cum jam non resistit caro spiritui, sic in pace possidetur regnum mundi, cum jam non resistere molitur regno Dei. Hoc cogitando servum servorum Dei vos esse intelligite, non dominum, protectorem non possessorem: unam de-

sein, daß man den Aussprüchen Einzelner einseitige Deutung gibt, eben weil sie den Gegenstand nicht ganz erschöpfen. Der hl. Petrus Damianus wird in solcher Weise als ein Gegner des hl. Gregor VII angesehen, obgleich er in den Principien zweifelsohne mit dem Papste einig war, wenn er auch, wie das wohl geschehen mag, vielleicht gegen die Art und Weise des Verfahrens manchmal Einwendungen machte. Wo er sich in den bedeutsamsten Ausdrücken für die Einigkeit zwischen Papst und Kaiser ausspricht, thut er es nicht, ohne den Vorrang des Ersteren zu betonen¹). Auch das Decret enthält²) das Bruchstück eines Schreibens des hl. Petrus Damianus, welches durch die Mailänder Synode vom Jahre 1058³) veranlaßt wurde und von Gratian dem Papste Nicolaus II beigelegt ist, in dessen Auftrag Petrus Damianus als Legat geschrieben. Hier finden wir jene, oft wiederholten Worte von der Doppelherrschaft, welche die Schlüsselgewalt in sich fasse⁴). Dem Inhalte des Schreibens nach kann man füglich diese Herrschaft auf das geistliche Gebiet beschränken; aber die Glosse legt es auf die beiden Schwerter aus⁵).

Was Gregor VII betrifft, so zeigt er in seinem Verfahren gegen Heinrich IV wie in andern Fällen⁶), daß ihn die lebendige Ueberzeugung von der Vollgewalt des apostolischen Stuhles

---

bere esse de cedris Libani, quam plantavit Dominus, in qua nidificent passeres, i. e. sub cujus tutela quieti fructificent et conserventur Christi pauperes, quorum orationes pro statu regni Vestri et incolumitate Vestra, quanto quietiores, tanto saniores, quanto saniores, tanto efficaciores etc.

1) Petr. Dam. Opuscula IV. Sublime istae duae personae tanta sibimet invicem unanimitate jungantur, ut quodam mutuae charitatis glutino et rex in Romano pontifice et Romanus pontifex inveniatur in rege, **salvo scilicet suo privilegio Papae**, quod nemini praeter eum usurpare permittitur. Vergl. Hergenröther, **Katholische Kirche und christlicher Staat**, S. 130 ff.

2) Dist. XXII, c. 1.

3) Mansi, tom. 19.

4) L. c. Illam vero (sc. Ecclesiam Romanam) solus ille fundavit et super petram fidei mox nascentis erexit, qui beato aeternae vitae clavigero terreni simul et coelestis imperii jura commisit.

5) Gloss. ad v. coelestis: Argumentum, quod Papa habet utrumque gladium scilicet spiritualem et temporalem.

6) Gfrörer, Papst Gregorius VII und sein Zeitalter. II Band, III

leitete. Davon geben namentlich seine beiden an Herrmann, Bischof von Metz, gerichteten Briefe Zeugniß¹). Man erkennt aus diesen Schreiben, daß er nach reiflicher Erwägung der Sachlage, wohlbewandert in den historischen Thatsachen, auf welche er sich stützt, den entschiedenen Kampf gegen jenen unwürdigen König von Deutschland aufgenommen habe²). Es ist nicht die Sprache eines Innocenz III, welcher seine theologischen und juristischen Studien auf den Hochschulen zu Bologna und Paris vollendet hat: es ist das energische Wort des heiligen Priesters, welcher vom Geiste der Kirche erfüllt, unerschrocken deren Recht vertheidigt³).

Buch, I Capitel. Bauriß der von Gregor VII erstrebten Staatsordnung. S. 432. „Neuere Schriftsteller stellten die Behauptung auf, daß Gregor VII nur gegen den deutschen König Heinrich IV die ganze Schärfe jener kirchlichen Grundsätze geltend gemacht, andern Fürsten dagegen Schonung bewiesen habe. Dies ist ein Irrthum, das Gegentheil war der Fall. Früher als der Salier fühlten andere Könige den strafenden Arm des Papstes, früher als er wurden sie inne, daß eine neue Ordnung der Dinge angebrochen sei". — Uebrigens vermögen wir uns mit Gfrörers „Bauriß", so geistreich die Auffassung ist, nicht völlig einverstanden zu erklären.

¹) Reg. Greg. VII, Lib. IV, ep. 2. Lib. VIII, ep. 21.

²) **Hergenröther, Katholische Kirche und christlicher Staat.** Papst Gregor VII, No. 11 ff.

³) Ep. 2, Lib. IV. cit. Sed forte hoc volunt praedicti viri intelligere, quod quoad Deus Ecclesiam suam ter beato Petro commisit, dicens: Pasce oves meas (Joann. XXI) reges exceperit. Cur non attendunt, vel potius erubescendo confitentur, quia ubi Deus beato Petro principaliter dedit potestatem ligandi et solvendi in coelo et in terra (Matth. XVI) nullum excepit, nihil ab ejus potestate subtraxit? Nam qui se negat non posse Ecclesiae vinculo alligari, restat ut neget non posse ab ejus potestate absolvi. Et qui hoc imprudenter negat, se a Christo omnino sequestrat. Quodsi sancta apostolica divinitus sibi collocata principali potestate spiritualia decernens dijudicat, cur non et saecularia? Reges quidem et principes hujus saeculi, qui honorem suum et lucra temporalia justitiae Dei proponunt, ejus honorem negligendo proprium quaerunt, cujus sint membra, cuive adhaereant, vestra non ignorat charitas. Nam sicut illi, qui omni suae voluntati Deum proponunt, ejusque praecepto plus quam hominibus obediunt, membra sunt Christi; ita et illi, de quibus supra diximus, membra sunt Antichristi. — Si ergo spirituales viri, cum oportet, judicantur, cur non saeculares amplius de suis pravis actibus constringunt? Sed forte putant, quod regia dignitas episcopalem praecellat. Ex eorum principiis colligere possunt, quantum a se utraque differunt. Illam quidem superbia humana reperit, hanc divina pietas instituit, illa vanam gloriam incessanter captat, haec ad caelestem vitam semper aspirat. Et addiscant, quid beatus Anastasius papa Anastasio imperatori de his dignitatibus scripserit, et quid

Aber es fehlt ihm auch wieder nicht die weise Mäßigung und die apostolische Milde, was ihm von seinen stürmischen Anhängern sogar zum Vorwurfe gemacht wurde. Er empfiehlt den excommunicirten König in bewegten Worten vor allem der Hirtensorgfalt der deutschen Bischöfe[1]). Er erkennt es wohl, daß das Verhältniß der beiden Gewalten ein friedlich geordnetes sein müsse, wenn die Wohlfahrt der Christenheit erzielt werden wolle. Schreitet er mit aller Strenge gegen den pflichtvergessenen Kaiser ein, so vergleicht er auch das Priesterthum und Königthum mit den beiden Augen des menschlichen Antlitzes, welche dem Körper zur Leuchte auf seinem Wege dienen[2]) und spricht vor der ganzen Christenheit den Wunsch aus, den Frieden zwischen geistlicher und weltlicher Macht wieder hergestellt und befestigt zu sehen[3]).

Einen höchst befremdlichen Eindruck macht es deßhalb, wenn

---

beatus Ambrosius in suo Pastorali inter has dignitates decreverit. Honor, inquiens, et sublimitas episcopalis, si regnum fulgori compares et principum diademati, longe erit inferius, quam si plumbi metallum ad auri fulgorem compares etc. Ueber den dem Papste Gregor gemachten Vorwurfe, als würdige er die weltliche Gewalt herab, vergl. Hergenröther o. a. a. O., S. 460 ff.

1) Ep. 3. ad Germanos. Sed quia nos contra eum (sc. Henricum) non movit, Deo teste, saecularis superbia, nec vana mundi cupiditas, sed Sanctae Sedis et universalis matris Ecclesiae sollicitudo et disciplina, monemus vos in Domino Deo et rogamus, sicut charissimos fratres, ut cum benigne, si ex toto corde ad deum conversus fuerit, suscipiatis et circa eum non tantum justitiam, quae illum regnare prohibet, sed misericordiam, quae multa delet scelera, ostendatis. Estote, quaeso, memores humanae conditionis et communis fragilitatis, nec vos praetereat pia et nobilis memoria patris ejus et matris, quibus non possunt nostra aestate ad imperii gubernacula invenire aequales. Sic tamen adhibete vulneribus ejus oleum pietatis, ne vino disciplinae neglecto cicatrices ejus in pejus (quod absit) putrescant, et honor sanctae Ecclesiae Romanique imperii nostra negligentia magnae ruina patescat.

2) Greg. VII Reg., Lib. I, ep. 19, ad Rudolph. Duc. Sicut duobus oculis humanum corpus temporali lumine regitur, ita duabus dignitatibus (scil. Sacerdotii et Imperii) in pura religione concordantibus corpus Ecclesiae spirituali lumine regi et illuminari probatur.

3) Ibid. Liber IX, ep. 28. Ad univ. fid. — Quam pacem opitulante Domino, sicut Christiana devotio cupit et postulat, in eodem concilio instaurare et confirmare optamus.

wir sehen¹), wie man sich der vergeblichen Arbeit unterzieht, Gregor VII zu einem Vertreter der sogenannten Theorie der directiven Gewalt zu machen und sich dabei unter anderm auf die Thatsache stützt, daß er sich bei Behauptung seiner päpstlichen Autorität nicht nur auf das göttliche Recht, sondern auch auf menschliche Gesetze berufen habe²). Der große Papst konnte das Letztere im Mittelalter thun, so gut als Innocenz III in der Decretale Per venerabilem zur Begründung seiner Entscheidung neben dem positiven göttlichen Gesetze auch noch andere rechtliche Gesichtspunkte heranzieht. Aber wie wir früher bereits bemerkt haben³), besteht ein großer Unterschied zwischen der Anerkennung eines göttlichen, positiven oder natürlichen, Rechtes durch die menschliche Gesetzgebung und diesem Rechte an und für sich. Denn offenbar wird ein solches Recht de jure, wenn auch nicht de facto fortbestehen, obgleich es nicht mehr durch die menschlichen Gesetze anerkannt wird. So lange man nicht nachweisen wird, daß Gregor VII auf der einen Seite die göttliche Einsetzung der weltlichen Gewalt, und die ihr demgemäß zustehende Selbständigkeit und Unabhängigkeit auf ihrem Gebiete geläugnet, und auf der andern Seite die Gewalt des Papstes in weltlichen Dingen als eine durch das allgemeine Vertrauensvotum der christlichen Völker eingeräumte Befugniß proclamirt habe, erachten wir uns berechtigt daran festzuhalten, daß er allerdings mehr durch seine That und Beispiel, als durch Schriften und Erlasse, für jene außerordentliche Machtvollkommenheit der Päpste eingetreten sei, welche später die indirecte Gewalt benannt, und von seinem großen Nachfolger in dem Capitel Per venerabilem dahin erklärt wurde, daß dem Papst auch in weltlichen Angelegenheiten in gewissen Fällen und unter gewissen Umständen eine Jurisdiction zukomme. Ein Blick übrigens in die Acten der beiden Römischen Synoden, auf welchen die Verurtheilung Heinrichs IV erfolgte⁴), zeigt zur

---

¹) Gosselin, Pouvoir du Pape au moyen age. p. 534 sqq.
²) Siehe oben S. 145 Anm. 1.
³) Siehe oben S. 79 ff.
⁴) Concilium Romanum anno 1077. Conc. Rom. anno 1080. Migne CXLVIII. Col. 790. 814.

Genüge, daß Gregor VII an nichts weniger dachte, als an die Begründung seiner Jurisdiction durch das weltliche Recht[1]). Bei der zweiten Verurtheilung geht außerdem der Sentenz eine ausführliche Darlegung des Thatbestandes voraus; nichtsdestoweniger fehlt auch hier jede Bezugnahme auf das weltliche Gesetz[2]).

§ 13.

Fortsetzung. Das beginnende Mittelalter. Papst Nicolaus I. Papst Gregor II. Papst Symmachus. Papst Gelasius.

Man ist bis heute vielfach der Meinung, daß Gregor VII im elften Jahrhundert der erste unter den Nachfolgern Petri gewesen sei, welcher seine Würde so erhaben aufgefaßt und eine so gewaltige Sprache den Großen der Erde gegenüber geführt habe. Wo immer die Geschichtschreibung sich zur Höhe über die Parteistellung erhebt, gelangt sie zu anderen Ergebnissen ihrer Forschung. Gregor VII hatte seine großen, gleichgesinnten Vorgänger; so in seinem Jahrhundert einen Leo IX und Benedict VIII. „Die Geschichtschreibung hat Benedict VIII (1012 —1024) bisher keinen Denkstein gesetzt, und doch ist er eines solchen vor andern Päpsten würdig. So fragmentarisch auch die über ihn enthaltenen Nachrichten sind, so erkennen wir in ihnen doch das Bild eines Mannes, der seinen Beruf, für das Wohl der ganzen abendländischen Christenheit zu sorgen, aner-

---

[1]) L. c., p. 790. Hac itaque fiducia fretus pro Ecclesiae tuae (scil. Petri) honore et defensione, ex parte omnipotentis Dei Patris et Filii et Spiritus Sancti, per tuam (sc. S. Petri) potestatem et auctoritatem, Henrico regi, filio Henrici imperatoris, qui contra tuam Ecclesiam inaudita superbia insurrexit, totius regni Teutonicorum et Italiae gubernacula contradico et omnes christianos a vinculo juramenti, quod sibi fecere vel facient, absolvo, et ut nullus ei sicut regi serviat, interdico.

[2]) L. c. Quapropter, confidens de judicio et misericordia Dei ejusque piissimae matris semper virginis Mariae, fultus vestra auctoritate (scil. SS. AA. Petri et Pauli), saepe nominatum Henricum, quem regem dicunt, omnesque fautores ejus excommunicationi subjicio et anathematis vinculis alligo, et iterum regnum Teutonicorum et Italiae ex parte omnipotentis Dei et vestra (scil. SS. AA. Petri et Pauli) interdicens ei, omnem potestatem et dignitatem illi regiam tollo, et ut nullus christianorum ei sicut regi obediat interdico, omnesque, qui ei juraverunt vel jurabunt de regni dominatione, a juramenti promissione absolvo etc.

kannte, und der nicht Mühe und Anstrengung scheute, um seiner Würde die verlorene Geltung wieder zu gewinnen. Zwischen den hervorragenden Päpsten der ottonischen Zeit, einem Gregor V und Sylvester II und zwischen ihren größern Nachfolgern Leo IX, Gregor VII und Urban II bildet dieser Benedict das verbindende Mittelglied. Indem man das übersah, erschien der Zusammenhang in der Entwicklung der päpstlichen Macht unterbrochener, als er es in der That war" [1]).

Schreiten wir aber von der ottonischen Zeit ein Jahrhundert aufwärts, so tritt uns die herrliche Gestalt Nicolaus I entgegen, der ein zweiter Elias genannt wurde [2]). Der Brief, oder vielmehr die Denkschrift, welche er an den griechischen Kaiser Michael richtete, der für Photius Partei ergriffen hatte, ist nicht minder von jener heiligen, apostolischen Unerschrockenheit getragen, welche die Päpste zu allen Zeiten, wo es galt, offenbarten [3]). Dabei zeigt er das nemliche Bewußtsein von der Erhabenheit der apostolischen Vollgewalt und den klaren Blick in das von Gott geordnete Verhältniß der beiden Gewalten, wie wir es bei seinen großen Nachfolgern finden. Es kann daher nicht auffallen, wenn die Entscheidungen dieses Papstes und insbesondere der Brief an den Kaiser den späteren Canonensammlungen und zuletzt Gratian reichliche Ausbeute gewährten [4]). Den hier einschlagenden Stellen und namentlich jener Haupt-

---

[1]) Giesebrecht, Geschichte der deutschen Kaiserzeit, II Band, S. 172.

[2]) Reginon, Chronic. Pertz, Scr. I. 579. Lämmer, Papst Nicolaus I und die byzantinische Staatskirche.

[3]) So gleich der Anfang des merkwürdigen Schreibens: „Proposueramus quidem, antequam Michael, gloriosus protospatarius, legatus vester Romam veniens epistolam nobis Claritatis Vestrae detulisset, talia Vobis scripta per missos nostros, quae jam et parata erant, transmittere, qualia gratissimus filius a diligente patre, ac Dei cultores Imperatores a sedis Apostolicae praesulibus soliti erant suscipere. At vero praefato viro perveniente, epistolamque nobis Vestrae Gloriae, quae tota blasphemiis, tota erat injuriis plena, porrigente, mutata est in luctum cythara nostra, et organum nostrum in vocem flentium: quoniam expectavimus tamquam de bona vite uvas, suscepimus autem labruscas. Ideoque mutavimus stylum, et ostenso vulneri congrua praevidimus adhibere medicamenta."

[4]) Rescripta Nicolai Papae, hujus nominis primi, ex Gratiani volumine in unum collecti per Joannem Cochlaeum, et in viginti titulos dispartita. Conc. omnia, Coloniae, 1576. Tom. III, p. 512.

stelle¹) sind wir bereits begegnet; die letztere werden wir bald in ihrer Quelle²) wiederfinden. Mehr als die einzelnen Stellen des Briefes, deren viele für unsere Aufgabe sehr bezeichnend sind³), ist es aber gewiß das Gepräge des Ganzen selber, welches davon Zeugniß gibt, wie sehr sich der Papst nicht nur des Unterschiedes der Gewalten, sondern auch der höheren Jurisdiction der Kirche bewußt war.

Wie tief in jenen Zeiten die richtige Auffassung des Verhältnisses der beiden Gewalten in den christlichen Völkern wurzelte, und wie lebendig sie das öffentliche Leben durchdrang, geht sodann in bezeichnender Weise aus den Acten der Synode hervor, welche gegen vierzig Jahre (829) früher, als jenes Schreiben des Papstes Nicolaus I nach Constantinopel erging und zugleich mittelst einer Encyclica zur Veröffentlichung kam, zu Paris abgehalten wurde. Die Kaiser Ludwig und Lothar hatten dieses Concil zugleich mit drei andern in Mainz, Lyon und Toulouse veranstaltet, und als Zweck desselben die Erneuerung und Wiederherstellung der christlichen Zucht angezeigt, weil die Hand Gottes schwer auf den Nationen lag⁴). Die Synode

---

¹) Dist. LXIII, c. Cum ad verum.
²) Gelasii Papae Tomus de anathematis vinculo.
³) So die Worte, welche der Stelle vorhergehen, die zu jenem Canon Gratians geworden ist. Vos autem quaesumus, nolite praejudicium Dei Ecclesiae irrogare. Illa quippe imperio Vestro praejudicium infert, cum magis pro stabilitate ipsius aeternam divinitatem exoret, et pro incolumitate Vestra et perpetua salute jugi devotione precetur. Nolite quae sua sunt, usurpare: nolite quae ipsi soli commissa sunt, velle surripere, scientes, quia tanto nimirum a sacris debet omnis mundanarum rerum administrator esse remotus, quanto quemlibet ex catalogo clericorum et militantium Deo nullis convenit negotiis saecularibus implicari. Denique hi, quibus tantum humanis rebus et non divinis praeesse permissum est, quomodo de his, per quos divina ministrantur, judicare praesumant, penitus ignoramus.
⁴) Concil. Parisiense (829). In epistola Caesarea. — „ut primo omnium Archiepiscopi cum suis Suffraganeis in locis congruis tempore opportuno convenirent, et ibi tam de sua, qua de omnium nostrum correctione et emendatione, secundum divinam autoritatem, quaerendo invenirent, et nobis secundum ministerium sibi commissum annuntiarent. Quis enim non sentiat, Deum nostris pravissimis actibus esse offensum et ad iracundiam provocatum, cum videat tot annis multis variisque flagellis iram illius in regno nobis ab eo commisso desaevire, videlicet in fame continua, in mortalitate animalium, in pestilentia hominum, in sterilitate paene omnium

legte ihre Beschlüsse in zwei Bücher nieder, wovon das erste von kirchlichen und geistlichen Personen und Dingen, das zweite von den Pflichten des christlichen Königs und des christlichen Volkes handelt. Die Principien des christlichen Staatsrechtes, auf deren Fundament sich die Gesellschaft des Mittelalters erbaute, sind darin erörtert. Gleich im zweiten und dritten Capitel des ersten Buches wird die Kirche als der eine mystische Leib hingestellt, dessen Haupt Christus ist und dem anzugehören das Heil der Seele erfordert[1]). In dieser Einen Kirche sind zwei Träger der Gewalt, das Priesterthum und das Königthum, und von diesem Lehrsatze sagen die Väter des Concils, daß er der kirchlichen Ueberlieferung angehöre. Dann beziehen sie sich auf jene Worte des Papstes Gelasius an den Kaiser Anastasius, welche auch ihren Platz im Decrete erhalten haben, und berufen sich auf einen Ausspruch des hl. Fulgentius[2]). Hier wird der Unterschied der beiden Gewalten ebenso hervorgehoben, als der Vorrang der geistlichen. Die Auffassung von der Kirche, als

---

frugum, et ut ita dixerim, diversissimis morborum cladibus, atque ingentibus pluviis, populum istius regni miserabiliter vexatum et afflictum, atque omni abundantia rerum quodammodo exinanitum. Nec illud etiam dubitamus ex justa vindicta illius evenire, quod saepe scandala per tyrannos in hoc regno exsurgant, qui pacem populi Christiani et unitatem Imperii sua pravitate nitantur scindere" etc.

[1]) Conc. Paris., cap. 2. Primum igitur, quod universalis sancta Dei Ecclesia unum corpus manifeste esse credatur ejusque caput Christus, Apostolicis oraculis approbamus.... Quisquis ergo per aliqua illicita ex membro Christi se fecit membrum diaboli, noverit se non in corpore Christi, sed in corpore esse diaboli. Proinde necesse est, ut corpori Christi, qui astu diabolico separatus est, se incunctanter, dum tempus poenitentiae in promptu habetur, restituere non negligat.

[2]) Ibid., cap. 3. Principaliter itaque totius sanctae Dei ecclesiae corpus in duas eximias personas, in sacerdotalem videlicet et regalem, sicut a sanctis patribus traditum accepimus, divisum esse novimus. De qua re Gelasius Romanae Sedis venerabilis Episcopus ad Anastasium Imperatorem ita scribit: Duo sunt quippe, inquit, Imperator Auguste, quibus principaliter mundus hic regitur, autoritas sacrata pontificum et regalis potestas. In quibus tanto gravius pondus est sacerdotum, quanto etiam pro ipsis regibus hominum in divino reddituri sunt examine rationem. Fulgentius quoque in libro de veritate praedestinationis et gratiae, ita scribit: Quantum pertinet (inquit) ad hujus temporis vitam, in Ecclesia nemo Pontifice potior et in saeculo Imperatore nemo celsior invenitur. Cum haec quippe ita se habeant, primum de sacerdotali, post de regali persona dicendum statuimus.

des einen allgemeinen christlichen Gemeinwesens, in welchem die beiden Gewalten sich befinden, beweist klar genug, daß der leitende Gedanke des Papstes Bonifacius VIII in der Bulle Unam sanctam kein von ihm zuerst ausgesprochener oder von Gregor VII entlehnter war. Hier steht er in einer sehr bedeutsamen kirchlichen Urkunde, deren Aussprüche auch in den fränkischen Kapitularen wiederkehren [1]), bereits in jener Zeit, wo der christliche Staat des Mittelalters eben durch die Erneuerung des abendländischen Kaiserthums sich auszubilden begann.

Dem aufmerksamen Blicke kann es jetzt schon nicht entgangen sein, daß die Aussprüche des Papstes Gelasius in unserer Frage eine hervorragende Stellung einnehmen, indem sie nicht nur von dem eben besprochenen Pariser Concil und von Papst Nicolaus I nach vierhundert Jahren wiederholt werden, sondern abermals nach Verlauf einiger Jahrhunderte im Decrete Gratians, sowie in einigen anderen Kanonensammlungen dieser Zeit erscheinen. Offenbar verdienen sie auch die ihnen zuerkannte Bedeutung, wie uns alsbald klar werden wird. Ehe wir aber darauf eingehen, verzeichnen wir zunächst aus dem achten Jahrhundert das Wort, welches Papst Gregor II an den bilderstürmenden Kaiser Leo richtete [2]). Mit einer gewissen Schärfe sind hier die beiden Gewalten auseinander gehalten, und man fühlt es aus dem Schreiben des Papstes heraus, daß er sich auf seinem Throne der Ebenbürtigkeit mit dem Kaiser

---

[1]) Capit. Liber V, 318. 319. Siehe oben S. 64. Anm. 3.
[2]) Gregor II epist. I. 2. (Migne Tom. 89, col. 511). Scis, Imperator, sanctae Ecclesiae dogmata non imperatorum esse, sed pontificum, qui tuto volunt dogmatizare. Idcirco Ecclesiis praepositi sunt pontifices, a reipublicae negotiis abstinentes, et imperatores ergo similiter ab ecclesiasticis abstineant et quae sibi commissa sunt, capessant.... Ecce tibi palatii et Ecclesiarum scribo discrimen, imperatorum et pontificum: agnosce illud, et salvare, nec contentiosus esto.... Quemadmodum pontifices introspiciendi in palatium potestatem non habet, ac dignitates regias deferendi, sic nec imperator in Ecclesias introspiciendi et electiones in clero peragendi, neque consecrandi, nec symbola sanctorum sacramentorum administrandi, sed neque participandi absque opera sacerdotis; sed unusquisqua nostrum, in quo vocatione vocatus est a Deo, in eo maneat. Siehe oben S. 64. Anm 4. den griechischen Text.

wohl bewußt war. Wenn aber auch Gregor II hier die beiden Gewalten einfach einander gegenüber stellt und die beiderseitigen Gebiete mit Entschiedenheit abgrenzt, so ist derselbe ohne Frage dennoch kein Vertreter der modernen Lehre von der völligen Scheidung beider Gewalten. Die Worte des Papstes bezeichnen eben die eine Seite jenes Verhältnisses, die gewöhnliche Ordnung; die Ausnahme, welche durch die höhere Stellung der Kirche bedingt ist, muß ja nicht immer betont werden, so lange kein besonderer Anlaß vorliegt. Nichtsdestoweniger weist auch der Ausspruch Gregors II auf die indirecte Gewalt der Kirche mit Nothwendigkeit hin, wenn man anders nicht die Meinung noch länger zu vertreten gedenkt, welche beide Gewalten, die eine unberührt von der andern, neben einander bestehen lassen will, ohne deren unlösbaren Conflict zu befürchten. Man erkennt leicht, daß eine Ordnung schlechterdings nicht denkbar ist, wenn zwei so große Gewalten neben einander sich bewegen, und die eine von der andern nicht in einem gewissen Verhältnisse der Unterordnung steht, wodurch der übergeordneten die Befugniß zusteht, wenigstens in gewissen Fällen den Ausschlag zu geben. Bonifacius VIII hat in der Bulle Unam sanctam wiederholt auf diese Wahrheit hingewiesen [1]).

Mit den unzweideutigsten Worten [2]) macht dagegen Papst Symmachus, der zweite Nachfolger des Papstes Gelasius, beim

---

[1]) Non autem ordinata essent, nisi gladius esset sub gladio, et tanquam inferior reduceretur per alium in suprema.... Quicunque igitur huic potestati a Deo sic ordinatae resistit, Dei ordinationi resistit, nisi duo, sicut Manichäus, fingat esse principia, quod falsum et haereticum judicamus, quia testante Moyse non in principiis, sed in principio caelum Deus creavit et terram. c. Unam Sanctam, Extrav. comm. I. 8.

[2]) Symmachi Papae Epistola apologetica ad Anastasium Migne Patrol. Tom. LXII, col. 66 seqq. An, quia imperator es, divinum putas contemnendum esse judicium? An, quia imperator es, contra Petri niteris potestatem? .... Conferamus autem honorem imperatoris cum honore pontificis, inter quos tantum distat, quantum ille rerum humanarum curam gerit, iste divinarum. Tu imperator, a pontifice baptismum accipis, sacramenta sumis, benedictionem speras, paenitentiam rogas. Postremo tu humana administras, ille tibi divina dispensat. Itaque, ut non dicam superior, certe aequalis honor est.... Fortassis dicturus es, scriptum esse, omni potestati nos subditos esse debere. Nos quidem potestates humanas suo

Beginn des sechsten Jahrhunderts den Vorrang der geistlichen Gewalt dem Kaiser Anastasius gegenüber geltend, welcher sich zum Patron der Eutychianer aufgeworfen hatte [1]). Er räumt dem Träger der weltlichen Gewalt zwar gleiche Ehre ein, aber er nimmt dennoch für die geistliche Gewalt den Vorrang und die höhere Machtfülle in Anspruch. Er erkennt in der weltlichen Obrigkeit die göttliche Ordnung an, aber er weist nichtsdestoweniger auf die Grenzlinie hin, bei deren Ueberschreitung die geistliche Gewalt befugt ist, ihre höhere Jurisdiction auszuüben. Wenn wir diesen Gedanken in den Worten des Papstes Symmachus wiederfinden, so tragen wir sicherlich nichts Ungehöriges und Fremdartiges hinein. Wir haben vielmehr einen neuen Beweis gefunden, daß die Lehre von der indirecten Gewalt keine Erfindung der Reformationsperiode oder des Mittelalters sei, sondern von jeher das leitende Princip der Kirche in Bezug auf Verhältniß von Staat und Kirche gewesen sei.

Aus demselben Zeitalter besitzen wir von Kaiser Justinian eine Novelle [2]), welche von der Wahl und Residenzpflicht der Bischöfe, von der Aufnahme in den geistlichen Stand und der Zulassung zu dem Dienste der Diaconissen handelt, und deßhalb unerachtet der wiederholten Berufung auf die kirchlichen Gesetze dennoch einen Uebergriff in das Gebiet der kanonischen Legislatur in sich befaßt. Der Eingang der Novelle beweist aber, daß in der Theorie die Verschiedenheit der beiden Gewalten vollkommen von dem weltlichen Fürsten anerkannt war, so gut als dies später in der fränkischen Gesetzgebung geschah [3]). Die von den Glossatoren oft angeführte Novelle beginnt damit, daß sie das Priesterthum und das Königthum als die größten Geschenke Gottes bezeichnet, wovon jenes zum Dienste der göttlichen Dinge bestimmt sei, dieses in den menschlichen Angelegen-

---

loco suscipimus, donec contra Deum suas erigant voluntates. Caeterum, si omnis potestas a Deo est, magis ergo quae rebus est praestituta divinis. Defer Deo in nobis, et nos deferemus Deo in te. Caeterum si tu Deo non deferas, non potes ejus uti privilegio, cujus jura contemnis.

[1]) Baronius, Ann. Eccl. ad ann. 492. XLIV.
[2]) Nov. VI.
[3]) Capit. Franc. V. 119. Siehe oben S. 64 u. S. 206.

heiten schalte und walte; beiden aber sei ein und derselbe Ursprung gemein. Dann wird der Zustand des Gemeinwesens gepriesen, wo die sittenreine und glaubenstreue Priesterschaft einträchtig Hand in Hand geht mit der rechtschaffenen weltlichen Herrschaft [1]).

Das weitaus bedeutendste Zeugniß bleibt aber hier jenes des Papstes Gelasius aus dem Ende des fünften Jahrhundert. Die hohe Würde und das Alterthum des Zeugen vereinigen sich mit der klaren Fassung des Gedankens, um seine Aussprüche zu den merkwürdigsten zu machen, welche unter den Autoritäten in unserer Frage zu finden sind. In dem einen [2]) räumt er

---

[1]) Nov. cit. Προοίμιον. Μέγιστα τῶν ἐν ἀνθρώποις ἐστὶ δῶρα θεοῦ παρὰ τῆς ἄνωθεν δεδομένα φιλανθρωπίας ἱερωσύνη τε καὶ βασιλεία, ἡ μὲν τοῖς θείοις ὑπηρετουμένη, ἡ δὲ τῶν ἀνθρωπίνων ἐξάρχουσά τε καὶ ἐπιμελουμένη, καὶ ἐκ μιᾶς τε καὶ τῆς αὐτῆς ἀρχῆς ἑκατέρα προϊοῦσα, καὶ τὸν ἀνθρώπινον κατακοσμοῦσα βίον, ὥστε οὐδὲν οὕτως ἂν εἴη περισπούδαστον βασιλεῦσιν, ὡς ἡ τῶν ἱερέων σεμνότης, εἴγε καὶ ὑπὲρ αὐτῶν ἐκείνων ἀεὶ τὸν θεὸν ἱκετεύουσιν. Εἰ γὰρ ἡ μὲν ἄμεμπτος εἴη πανταχόθεν, καὶ τῆς πρὸς θεὸν μετέχοι παρρησίας, ἡ δὲ ὀρθῶς τε καὶ προσηκόντως κατακοσμοίη τὴν παραδοθεῖσαν αὐτῇ πολιτείαν, ἔσται συμφωνία τις ἀγαθή, πᾶν εἴ τι χρηστὸν τῷ ἀνθρωπίνῳ χαριζομένη γένει. Ἡμεῖς τοίνυν μεγίστην ἔχομεν φροντίδα περί τε τὰ ἀληθῆ τοῦ θεοῦ δόγματα, περί τε τὴν τῶν ἱερέων σεμνότητα, ἧς ἐκείνων ἀντεχομένων πεπιστεύκαμεν, ὡς δὶ αὐτῆς μεγάλα ἡμῖν ἀγαθὰ δοθήσεται παρὰ θεοῦ, καὶ τά τε ὄντα βεβαίως ἕξομεν, τά τε οὔπω καὶ νῦν ἀφιγμένα προσκτησόμεθα. Καλῶς δὲ ἂν ἅπαντα πράττοιτο καὶ προσηκόντως, εἴπερ ἡ τοῦ πράγματος ἀρχὴ γένοιτο πρέπουσα καὶ φίλη θεῷ. Τοῦτο δὲ ἔσεσθαι πιστεύομεν, εἴπερ ἡ τῶν ἱερῶν κανόνων παρατήρησις φυλάττοιτο, ἣν οἵ τε δικαίως ὑμνούμενοι καὶ προσκυνούμενοι καὶ αὐτόπται καὶ ὑπηρέται τοῦ θεοῦ λόγου παραδεδώκασιν ἀπόστολοι, καὶ οἱ ἅγιοι πατέρες ἐφύλαξάν τε καὶ ὑφηγήσαντο. Vergl. Nov. XLII im Eingange — ὥστε τὰ θειότερά τε καὶ ἀνθρώπινα συνδραμόντα μίαν συμφωνίαν ταῖς ὀρθαῖς ποιήσασθαι ψήφοις.

[2]) S. Gelasii Papae Epist. ad Anast. Aug. Duo sunt, Imperator Auguste, quibus principaliter mundus hic regitur, auctoritas sacra pontificum et regalis potestas, in quibus tanto gravius est pondus sacerdotum, quanto etiam pro ipsis regibus in divino reddituri sunt examine rationem. Nosti enim, fili clementissime, quod, licet praesideas humano generi dignitate,

zwar dem Kaiser Anastasius gegenüber, welcher in jenen dogmatischen Streitigkeiten für die Irrlehre Partei ergriffen hatte, die Verschiedenheit der beiden Gewalten und deren Selbstständigkeit auf dem eigenen Gebiete ein. Aber ebenso bestimmt nimmt er für die kirchliche Gewalt den Vorrang in Anspruch, und betont es, daß vor allem dem Papste, welcher nach der Anordnung Christi der ganzen Kirche vorgesetzt ist, zu gehorchen sei. Es hat natürlich nicht an Versuchen gefehlt, diese Worte des heiligen Papstes abzuschwächen [1]). Freilich ist es nicht zu leugnen, daß der Papst weder von einer directen noch indirecten Gewalt der Kirche in zeitlichen Angelegenheiten spreche. Aber es ist auch zu viel verlangt, am Ende des fünften Jahrhunderts, Ausdrücke zu finden, welche erst nach einem Jahrtausend später die Wissenschaft formulirt hat. Aber das Wesen der Sache ist schon vorhanden; das ganze Schreiben gibt davon Zeugniß, wie sehr Gelasius von dem Bewußtsein der Machtfülle des apostolischen Stuhles überzeugt war. Ueber die Gewalt desselben in weltlichen Dingen sich hier eingehender zu verbreiten, war gar

---

rerum tamen praesulibus divinarum devotus colla submittis, atque ab eis causas tuae salutis expetis, inque sumendis coelestibus sacramentis, eisque, ut competit, disponendis, subdi te debere cognoscis, religionis ordine, potius quam praeesse. Nosti itaque inter haec illorum te pendere judicio, non illos ad tuam velle redigi voluntatem. Si enim, quantum ad ordinem pertinet publicae disciplinae, cognoscentes, imperium tibi superna dispositione collatum, legibus tuis ipsi quoque parent religionis antistites, ne vel in rebus mundanis exclusae videantur obviare sententiae, quo, rogo, te decet affectu eis obedire, qui praerogandis venerabilibus sunt attributi mysteriis? Proinde sicut non leve discrimen incumbit pontificibus, siluisse pro divinitatis cultu, quod congruit: ita his (quod absit) non mediocre periculum est, qui, cum parere debeant, despiciunt. Et si cunctis generaliter sacerdotibus, recte divina tractantibus, fidelium convenit corda submitti: quanto potius sedis illius praesuli consensus est adhibendus, quem cunctis sacerdotibus et divinitas summa voluit praeeminere et subsequens Ecclesiae generalis jugiter pietas celebravit? Ubi pietas tua evidenter advertit, nunquam quolibet penitus humano consilio elevare se quemquam posse illius privilegio vel confessioni, quem Christi vox praetulit universis, quem Ecclesia veneranda confessa semper est et habet devota primatem. Impeti possunt humanis praesumptionibus, quae divino sunt judicio constituta, vinci autem quorumlibet potestate non possunt.

[1]) Baronius, Ann. Eccl. ad annum 496. XXIII. Gosselin, Pouvoir du Pape. I Part., Chap. I, p. 201.

kein Grund vorhanden; denn es handelte sich lediglich darum, die unbefugte Einmischung des Kaisers in die Lehrgewalt der Kirche zurückzuweisen.

Der zweite Ausspruch[1]) ist im Grunde noch viel merkwürdiger. Gelasius lehrt zwar auch hier gegenüber der kaiserlichen Anmaßung bezüglich der kirchlichen Strafgewalt[2]) zunächst die Scheidung der beiden Gewalten; aber er fügt auch den Ursprung derselben und deren Zweck hinzu. Der Ursprung der Trennung der geistlichen und weltlichen Gewalt ist in der Anordnung des göttlichen Stifters der Kirche zu suchen, welcher

---

[1]) Gelasii Papae Tomus de anathematis vinculo. Fuerint haec ante Christi adventum, ut quidam figuraliter, adhuc tamen in carnalibus actionibus constituti, pariter reges existerent et pariter sacerdotes. Quod sanctum Melchisedech fuisse sacra prodit historia. Quod in suis quoque diabolus imitatus est, utpote qui semper, quae divino cultui convenirent, sibimet tyrannico spiritu vindicare contendit, ut pagani imperatores iidem et maximi pontifices dicerentur. Sed quum ad verum ventum est eundem regem atque pontificem, ultra sibi nec imperator pontificis nomen imposuit, nec pontifex regale fastigium vindicavit. Quamvis enim membra ipsius, id est veri regis atque pontificis, secundum participationem naturae, magnifice utrumque in sacra generositate sumpsisse dicantur, ut simul regale genus et sacerdotale subsistant: attamen Christus memor fragilitatis humanae, quod suorum saluti congrueret, dispensatione magnifica temperans, sic actionibus propriis dignitatibusque distinctis officia utriusque discrevit; suos volens medicinali humilitate salvari, non humana superbia rursus intercipi: ut et Christiani Imperatores pro aeterna vita Pontificibus indigerent, et Pontifices pro temporali cursu rerum imperialibus dispositionibus uterentur; quatenus spiritualis actio a carnalibus distaret incursibus, et ideo militans Deo, minime so negotiis saecularibus implicaret: ac vicissim non ille rebus divinis praesidere videretur, qui esset negotiis saecularibus implicatus: ut et modestia utriusque ordinis curaretur, ne extolleretur utroque suffultus, et competens qualitatibus actionum specialiter professio aptaretur. — Aehnlich nicht viel später im Morgenlande Facundus, Bischof von Hermiane, der hartnäckige Vertheidiger der drei Kapitel: Pro defens. trium cap. lib XII. c. 3 . . . . . . Christi solius esse regnum cum sacerdotio simul habere: quoniam etsi quidam reges in ejus venturi figuram sacerdotio functi sunt, tamen cum manifesta lux veniret in mundum, umbras removens futurorum, nulli alteri dedit, quod sibi singulare servavit; sed in diversos sua distribuens, sic quae propria sunt sacerdotii, regibus interdixit.

[2]) L. c. Quibus omnibus rite collectis, satis evidenter ostenditur, a saeculari potestate nec ligari prorsus nec solvi posse pontificem. Quo manifestius approbatur, Alexandrinum Petrum per imperialem tantummodo sententiam nullo modo potuisse prorsus absolvi.

dabei in seiner Weisheit die Absicht hatte, die höhere geistige Aufgabe der Kirche der Last der irdischen Angelegenheiten zu entledigen und die Quelle der verderblichen Ueberhebung für das Geschöpf abzuschneiden, welchem die vereinigte Machtfülle der beiden Gewalten allzu gefährlich würde. So lehrt der hl. Papst in einer Sprache, welche zwar nicht mehr die klassische Latiums ist, aber der römischen Würde und Hoheit keineswegs entbehrt: daß zwar vor der Ankunft Christi bisweilen Priesterthum und Königthum vereinigt gewesen seien, wie in Melchisedech. Das habe auch durch dämonischen Einfluß, welcher stets das, was der Gottesverehrung entspreche, in ein Afterbild verkehre, im Heidenthume stattgefunden, wo der Imperator zugleich Pontifex maximus gewesen. Aber — fährt der hl. Papst fort — nachdem der Herr im Fleische erschienen war, welcher der wahre König und zugleich der wahre Hohepriester ist, da legte sich nicht ferner der Imperator den hohenpriesterlichen Namen bei, noch machte der Hohepriester Anspruch auf die königliche Würde. Denn wenn auch die Christen durch die Wiedergeburt den heiligen Adelsbrief eines königlichen und zugleich priesterlichen Geschlechtes empfangen haben, so sorgte dennoch Christus, eingedenk der menschlichen Schwäche, dafür, daß die beiden Gewalten getrennt seien und jede ihr eigenthümliches Gebiet zugewiesen erhalte; wollte er doch die Erlösten durch das Heilmittel der Demuth gerettet, nicht abermals von der Hoffahrt dahingerafft sehen. So sollten die christlichen Fürsten bezüglich des ewigen Heiles des Priesterthumes bedürfen, und die Priester hinwieder bezüglich der zeitlichen Angelegenheiten auf die Anordnungen des Fürsten hingewiesen sein, damit der Streiter Gottes sich nicht in weltliche Händel mische und der König nicht in Sachen der Religion das Wort führe. Wenn dann jede Gewalt sich bescheidet, ist dafür gesorgt, daß keine durch allzugroße Machtvollkommenheit sich überhebe, sondern vielmehr in dem ihr zugewiesenen Kreise ihrem eigenthümlichen Berufe gemäß walte.

Es kann uns nicht mehr auffallen, wenn wir sehen, wie diese Lehre des hl. Gelasius in der Folgezeit oft und öfter wiederholt wurde. Denn wir finden in ihr offenbar den einen Fundamentalsatz des christlichen öffentlichen Rechtes mit solcher

Klarheit ausgedrückt und so wohl begründet, daß nichts zu wünschen übrig bleibt. Wie Papst Gelasius hinwieder Zeugniß für den Vorrang der geistlichen Gewalt gibt, wissen wir aus seinem Schreiben an den Kaiser Anastasius [1]). Wenn aber auf der einen Seite durch diese damals vom apostolischen Stuhle ausgesprochenen Grundsätze der Beweis geliefert wird, mit welcher Erleuchtung derselbe die Principien des wahren Verhältnisses zwischen den beiden Gewalten festhielt und verkündete, so ist es auf der andern Seite sehr bedeutsam, wie dieses gerade in jener Epoche geschieht, wo das altrömische Kaiserreich zusammenbricht, und die germanischen Nationen von der Vorsehung berufen werden, um in die Kirche einzutreten und eine neue Weltordnung herzustellen. Sie legen Hand an das Wort, indem sie von der Kirche in der klarsten Weise über jene Grundwahrheit des christlichen öffentlichen Rechtes belehrt werden, daß die priesterliche und die königliche Gewalt getrennt ist, und daß jener der Vorrang der Jurisdiction über diese gebührt. Das war dann die überlieferte Lehre, von welcher im neunten Jahrhundert die Synode zu Paris sprechen konnte [2]).

§ 14.

Fortsetzung. Die Zeit der Väter. Das Argument der geschichtlichen Thatsachen. Die Autorität der hl. Schrift.

Wir sind nunmehr in unserer aufwärts nach den Anfängen der Kirche steigenden Untersuchung bereits bei der Zeit der Kirchenväter angelangt. Daß dieselben nicht nur die Trennung

---

[1]) Baronius l. c. XXIV. At qui ita voluit utramque potestatem ab invicem omnino esse discretam, numquid negavit civilem potestatem Ecclesiasticae subjiciendam? Minime gentium: nam ad eundem Anastasium Imperatorem idem (ut vidimus) Gelasius scribens, haec de regia potestate Christi sacerdotibus subjicienda: „Nosti enim fili clementissime, quod licet praesideas humano generi dignitate, rerum tamen Praesulibus divinarum devotis colla submittis." Siehe oben S. 209, Anm. 2.

[2]) Conc. Par. 829. „Principaliter itaque totius sanctae Dei Ecclesiae corpus in duas eximias personas, in sacerdotalem videlicet et regalem, sicut a sanctis Patribus traditum accepimus, divinum esse novimus." Siehe oben S. 204.

der beiden Gewalten, sondern auch den Vorrang der geistlichen ausgesprochen haben, ist eine anerkannte Thatsache. Der hl. Isidor von Pelusium, der Schüler des hl. Chrysostomus, spricht nicht nur im Wesentlichen den Unterschied der beiden Gewalten und die höhere Würde der geistlichen aus, sondern ihm schwebt auch bei der Betrachtung der israelitischen Theokratie die Bedeutung und der Segen des großen christlichen Gemeinwesens in der concordia inter imperium et sacerdotium vor Augen, wie sie sich im Mittelalter in einem gewissen Grade verwirklichte [1]). Wie der Schüler, so lehrt dessen Lehrer, Chrysostomus, daß die Kirche ebenso weit über dem Staate stehe, als die Seele über dem Leibe [2]). Anderswo sagt der Letztere, daß

---

[1]) Isid. Pelus. Lib. III, ep. 249. Ἐξ ἱερωσύνης καὶ βασιλείας ... τὰ πράγματα συνέστηκεν. Εἰ γὰρ καὶ πολλῷ ἀλλήλων διαφέρουσιν· ἡ μὲν γὰρ ὡς ψυχή ἐστιν, ἡ δὲ σῶμα· ἀλλ' εἰς ἓν ὁρῶσι τέλος, τὴν τῶν ὑπηκόων σωτηρίαν. Διὰ τοῦτο καὶ ἡνίκα τὰ Ἰουδαϊκὰ πράγματα ἀρχὴν ἐλάμβανεν, ἡ ἱερωσύνη ἀναγκαιοτέρα ἐθεσμοθετήθη, καὶ ἐπὶ πολὺ διήρκεσεν· ἐπειδὴ δὲ σαρκικώτεροι ὄντες καὶ παχύτεροι καὶ βασιλείαν ἐξεζήτησαν καὶ αὐτὴ ἐδόθη, χρησιμωτάτη οὖσα καὶ ἀναστέλλουσα τὰ πταίσματα τῶν τῇ ἱερωσύνῃ μὴ πειθομένων. Ἐπεὶ τοίνυν πῇ μὲν τὴν ἱερωσύνην ἔχοντες διέλαμπον, πῇ δὲ, τὴν βασιλείαν κτησάμενοι διεσώζοντο, ἀμφοτέρων δ'ἀναιρουμένων, οὐδεμία αὐτοῖς ὑπελείπετο σωτηρίας ὑπόθεσις. Βουλόμενος δεῖξαι ὁ προφήτης Δανιὴλ τὴν παντελῆ τῶν Ἰουδαϊκῶν πραγμάτων μετὰ τὸν σταυρὸν καθαίρεσιν καὶ ὡς οὐδέ τις προσδοκία αὐτοῖς ἀμείνων φανεῖται, ἔφη· Ἐξολοθρευθήσεται χρῖσμα καὶ κρῖμα οὐκ ἔσται ἐν αὐτῇ. Διὰ μὲν τοῦ χρίσματος τὴν ἱερωσύνην μηνύων· διὰ δὲ τοῦ κρίματος τὴν βασιλείαν καὶ τὴν πολιτικὴν κατάστασιν. Μάλιστα μὲν γὰρ διὰ τῆς ἀναιρέσεως τῆς ἱερωσύνης καὶ τὴν τῆς βασιλείας καὶ τῶν ἄλλων ἁπάντων συνανέφηνεν. Τοῦ γὰρ κεφαλαιωδεστέρου καὶ κυριωδεστέρου παντάπασι καταλυομένου οὐδ' ἄλλο τι συστῆναι ἠδύνατο· ἐπεὶ καὶ τῆς βασιλείας ἡ κρηπίς ἡ πρὸς τὸ θεῖον ἐτύγχανεν εὐσέβεια, ἥτις ἐν τῇ πρὸς Θεὸν ἐκρίνετο λατρείᾳ. Πλὴν ἀλλὰ καὶ τὴν βασιλείαν ἔφη τελευτήσειν παντελῆ, προαναφαίνων τῆς Ἰουδαϊκῆς πολιτείας τὴν ἀναίρεσιν. Καὶ μαρτυρεῖ τὰ πράγματα, ἐπὶ βελτίονα πολλῷ καὶ θειοτέραν θρησκείαν ἐπαναχθέντα.

[2]) Chrys. de sacerd. III. 1. τοσοῦτον ἀνωτέρω βασιλείας, ὅσον πνεύματος καὶ σαρκὸς τὸ μέσον.

zwischen der Kirchengewalt und der weltlichen ein Abstand sei, wie zwischen Himmel und Erde [1]). Er spricht hier, wie auch an einem dritten Orte [2]) von einer wirklichen obrigkeitlichen Gewalt der Kirche. Ebenso und mit dem größten Nachdrucke Gregor von Nazianz an jener uns bereits bekannten Stelle, wo er den hohen Beamten gegenüber die Gewalt der Bischöfe eine größere und vollkommenere nennt, als jene der weltlichen Obrigkeit [3]). „Oder soll etwa der Geist dem Fleische, das Himmlische dem Irdischen untergeordnet sein", fügt der Kirchenvater hinzu [4]).

Von der größten Bedeutung aber ist es, daß die apostolischen Constitutionen, welche zwar der Hauptsache nach im dritten Jahrhundert abgefaßt wurden, aber offenbar das, was schon längst Recht und Sitte in der Kirche war, verzeichneten, denselben Vorrang für das Priesterthum in Anspruch nehmen [5]).

---

[1]) Chrys. Hom. 15. in II. Cor. ὅσον οὖν ψυχῆς καὶ σώματος τὸ μέσον, τοσοῦτον πάλιν αὕτη διέστηκεν ἐκείνης ἡ ἀρχή.

[2]) Chrys. Hom. 3. in Coloss. — εἰ γὰρ ἐν τοῖς ἔξωθεν ἀξιώμασι, κἂν μυρία τις κατηγορῆται, οὐ πρότερον εἰς δικαστήριον ἄγεται, ἕως ἂν ἀπόθηται τὴν ἀρχήν, ἵνα μὴ καὶ ἐκείνη μετ᾽ αὐτοῦ ὑβρίζηται· πολλῷ μᾶλλον ἐπὶ τῆς ἀρχῆς τῆς πνευματικῆς, κἂν ὑστισοῦν ᾖ κ. τ. λ.

[3]) Greg. Naz. Or. XVII. Καὶ ὁ τοῦ Χριστοῦ νόμος ὑποτίθησιν ὑμᾶς τῇ ἐμῇ δυναστείᾳ καὶ τῷ ἐμῷ βήματι. Ἄρχομεν γὰρ καὶ αὐτοί· προσθήσω δ᾽ ὅτι καὶ τὴν μείζονα καὶ τελεωτέραν ἀρχήν —

[4]) Ibid. — ἢ δεῖ τὸ πνεῦμα ὑποχωρῆσαι τῇ σαρκὶ καὶ τοῖς γηΐνοις τὰ ἐπουράνια, δέξῃ τὴν παρρησίαν.

[5]) Const. Apost. II. 34. Ὅτι τῶν ἀρχόντων καὶ βασιλέων εἰσὶ κρείττους οἱ ἱερεῖς. Τούτους ἄρχοντας ὑμῶν καὶ βασιλεῖς ἡγεῖσθαι νομίζετε, καὶ δασμοὺς ὡς βασιλεῦσι προσφέρετε· ἐξ ὑμῶν γὰρ αὐτούς τε καὶ τοὺς συνοίκους αὐτῶν τρέφεσθαι χρή. Ὡς Σαμουὴλ διετάξατο πρὸς τὸν λαὸν περὶ τοῦ βασιλέως ἐν τῇ πρώτῃ τῶν Βασιλειῶν, καὶ Μωσῆς περὶ τῶν ἱερέων ἐν τῷ Λευιτικῷ· οὕτω καὶ ἡμεῖς ὑμῖν περὶ τῶν ἐπισκόπων διατασσόμεθα. Εἰ γὰρ ἐκεῖ πλῆθος τηλικούτου βασιλέως ἀναλόγως τὰς ὑπηρεσίας ἐδίδου, πόσῳ μᾶλλον οὐχὶ καὶ νῦν ὁ ἐπίσκοπος λαμβάνειν ὀφείλει παρ᾽ ὑμῶν τὰ ἐκ τοῦ Θεοῦ αὐτῷ ὡρισμένα πρὸς δι-

Wenn daher selbst die strengste Kritik den apostolischen Constitutionen ihre Bedeutung für die Urzeit der Kirche nicht abzusprechen vermag ¹), so ist es höchst bezeichnend und vom größten Gewichte, wenn wir aus denselben lernen, wie im Morgenlande in den ersten Zeiten der Kirche die Hierarchie aufgefaßt wurde, welche nicht nur als die wirkliche geistliche Obrigkeit neben, sondern auch über das weltliche Königthum gesetzt wird. Nicht minder belehrend erscheinen in dieser Hinsicht jene Aussprüche der apostolischen Väter ²), welche keinen Zweifel darüber lassen, daß vom Anbeginne die Kirche sich ihres eigenthümlichen, selbstständigen Organismus als Reich Christi wohl bewußt war, wodurch sie neben die irdischen Staaten und zunächst in der römischen Weltmonarchie als eine nicht lediglich geistige, sondern als sichtbare mit eigener Autorität ausgestattete Gesellschaft höherer Ordnung auftrat, welche das Recht ihres Daseins nicht vom Staate hat, sondern von Gott unmittelbar ableitet.

Es bleibt eben eine geschichtliche Wahrheit, welche auch die protestantische Geschichtsforschung bestätigt hat ³), daß bereits in jener ersten Periode der Kirche das „Hildebrandische Princip" ausgesprochen ist, d. h. daß der Unterschied der bei-

---

ἀτροφὴν αὐτοῦ τε καὶ τῶν σὺν αὐτῶν κληρικῶν; Εἰ δὲ δεῖ καί τι προσθεῖναι τῷ λόγῳ, πλεῖον οὗτος λαμβανέτω, ἢ ἐκεῖνος τὸ παλαιόν· ὁ μὲν γὰρ στρατιωτικὰ μόνα διεῖπε, πόλεμον καὶ εἰρήνην ἀναδεδεγμένος εἰς φυλακὴν σωμάτων, ὁ δὲ τὴν εἰς Θεὸν ἱερωσύνην σῶμα καὶ ψυχὴν παραιτούμενος κινδύνων. Ὅσῳ τοίνυν ψυχὴ σώματος κρείττων, τοσούτῳ ἱερωσύνη βασιλείας· δεσμεύει γὰρ αὐτὴ καὶ λύει τοὺς τιμωρίας ἢ ἀφέσεως ἀξίους. Διὸ τὸν ἐπίσκοπον στέργειν ὀφείλετε, ὡς πατέρα, φοβεῖσθαι ὡς βασιλέα, τιμᾶν ὡς κύριον, τοὺς καρποὺς ὑμῶν καὶ τὰ ἔργα τῶν χειρῶν ὑμῶν εἰσ εὐλογίαν ὑμῶν προσφέροντες αὐτῷ, τὰς ἀπαρχὰς ὑμῶν καὶ τὰς δεκάτας ὑμῶν, καὶ τὰ ἀφαιρέματα ὑμῶν καὶ τὰ δῶρα ὑμῶν διδόντες αὐτῷ ὡς ἱερεῖ Θεοῦ, κ. τ. λ.

¹) Drey: Neue Untersuchungen über die Constitutionen und Canones der Apostel.
²) Siehe oben S. 63, Anm. 4.
³) Siehe oben S. 151, Anm. 5.

den Gewalten erkannt und die Superiorität der Kirche festgehalten wird.

Wenn aber diese Zeugnisse der kirchlichen Tradition über die Trennung der beiden Gewalten und über den Vorrang der geistlichen zu unbestimmt erscheinen sollten, um daraus die Theorie der indirecten Gewalt abzuleiten, so ist wiederholt darauf aufmerksam zu machen, daß sobald der Unterschied der beiden Gewalten feststeht, und der Vorrang der geistlichen Gewalt zugegeben wird, dieser letzteren auch eine wirkliche jurisdictionelle Macht über die erstere eingeräumt werden muß. Denn wenn eine Ordnung zwischen den beiden Gewalten bestehen soll, was doch vorauszusetzen ist, so muß in allen Fällen des Conflicts die eine den Ausschlag geben, indem sie als die höhere und höchste Instanz anerkannt wird. Geschieht das nicht, so stehen sich die beiden Gewalten gegenüber wie zwei Mächte, welche zuletzt zum Schwerte greifen, um ihr wirkliches oder vermeintliches Recht geltend zu machen. Da jedoch der einen dieser Mächte, der Kirche nemlich, keine weltliche Waffe unmittelbar zu Gebote steht, so wird stets Verfolgung und Knechtung ihr Loos sein, wenn der weltliche Arm sich ihr gegenüber stellt und ihr höchstes Richteramt nicht anerkennt. Den Beweis hievon führt die Geschichte.

Ist man dagegen über den Grundsatz einig, daß die beiden Gewalten in Eintracht mit einander zum ewigen Heile und zur irdischen Wohlfahrt des Menschengeschlechtes zu gehen haben, so ergibt sich aus der Unabhängigkeit beider Gewalten auf ihrem Gebiete und aus dem Vorrange der Kirche mit Nothwendigkeit das Princip der sogenannten indirecten Gewalt der Kirche im Weltlichen.

So müßte auch an und für sich das Zeugniß, welches die kirchliche Ueberlieferung des ersten Jahrtausends für die Trennung der beiden Gewalten und für die Unterordnung der weltlichen bietet, hinreichen, um zu dem Schlusse zu gelangen, daß auch damals schon die später ausgesprochene Theorie von der indirecten Gewalt im Bewußtsein der Kirche und der christlichen Völker lebendig gewesen ist: was namentlich durch die Art und Weise, wie die Päpste Gelasius und Nicolaus I sich aussprachen, bestätigt wird. Aber die Geschichte der Kirche gibt uns zur Vervollständigung des Traditionsbeweises weitere Argumente an die Hand. Die schriftlichen Zeugnisse der Ueberlieferung des ersten Jahrtausends werden durch eine Reihe von geschichtlichen Thatsachen unterstützt und gleichsam ergänzt, welche, im rechten Lichte betrachtet, keinen Zweifel darüber bestehen lassen, daß schon längst vor Gregor VII und vor Innocenz III die von ihnen behauptete Machtfülle des apostolischen Stuhles anerkannt und von den Päpsten im nämlichen Geiste ausgeübt war.

Daß diese Thatsachen überhaupt die Ausnahme bilden und nicht die Regel, dies kann nicht befremden, wenn wir der bisherigen Erörterung mit Aufmerksamkeit gefolgt sind. Sie beschließen die Ausübung einer außerordentlichen Jurisdiction in sich und es liegt in der Natur der Sache und entspricht ganz dem Wesen der indirecten Gewalt, wie wir dieselbe bestimmt haben, daß sie nur in bestimmten dringenden Fällen — casualiter — zur Anwendung komme. Es ist übrigens hier nicht unsere Absicht, diesen Gegenstand allseitig zu erörtern, welcher wichtig genug ist, um für sich besonders in eingehender Weise behandelt zu werden [1]). Auch ließen sich diese historische Beweise, welche sich namentlich aus dem jeweiligen Verfahren des apostolischen Stuhles ergeben, leicht bis auf unsere Zeit herabführen [2]). Wir heben aber für die uns gestellte Aufgabe aus der Reihe dieser dem ersten Jahrtausend der Kirche angehörenden Thatsachen nur drei hervor, von welchen zwei tief in die Geschichte des Abendlandes eingreifen und neue Epochen bezeichnen, während die dritte keine solche historische Bedeutung hat, aber der sie begleitenden Verhältnissen wegen merkwürdig genug erscheint.

Die eine Thatsache ist die Uebertragung der abendländischen Kaiserwürde an Karl den Großen durch Papst Leo III. Der

---

[1]) Siehe die erschöpfende Darstellung bei Bianchi, Della Potesta dolla Chiesa, tom. I. Vergl. Mamachi, Origines et Antiquitates Christianae, tom. IV.

[2]) Holtgreven, Verhältniß zwischen Staat und Kirche, nach den Quellen des kanonischen Rechtes. Berlin, 1875. S. 11 ff.

politische Act steht in der Geschichte fest¹); alle Versuche, denselben anders zu deuten, wie es unter andern von Flaccus Illyricus, Mainbourg, Hugo Grotius, (Pseudo) Bossuet und Natalis Alexander geschehen ist, dürfen als mißglückt bezeichnet werden²).

Das zweite Factum ist jener Spruch des Papstes Zacharias, wodurch die Merovinger in Chilperich der fränkischen Königskrone verlustig gingen und die Karolinger in Pipin den erledigten Thron bestiegen. Wie auch die späteren Vertheidiger der weltlichen Gewalt dieses geschichtliche Ereigniß darstellen mögen, die gleichzeitigen Annalisten³), welche hier doch den Ausschlag geben müssen, treten dafür ein, daß der Papst es gewesen, welcher im Frankenreich die königliche Würde von dem Geschlechte der Merovinger auf jenes der Karolinger übertrug⁴).

Den dritten thatsächlichen Beweis bietet uns jene Urkunde des Papstes Gregor I vom Jahre 602, laut welcher er dem von der Königin Brunhildis und ihrem Enkel Theoderich zu Autin gestifteten Hospital nebst Kirche und Kloster gewisse Privilegien ertheilt und die Strafandrohung beifügt, daß wer immer, sei es König oder Priester oder Richter oder sonst eine weltliche Person, diese Privilegien antaste, seiner Gewalt oder Würde verlustig gehe⁵). Die Urkunde, soviel auch darüber gestritten wurde, ist als ächt anerkannt⁶); ist sie aber dies, so

---

¹) Hergenröther, Kathol. Kirche und christl. Staat. IV. Die Päpste und die römisch-deutschen Kaiser. S. 151 ff.

²) Bellarminus, De translatione Imperii Romani. Bouix, de Papa, tom. III, Pars IV, Sect. III, Cap. VI. Bianchi, l. c.

³) Hergenröther, Kathol. Kirche und christl. Staat. S. 126. Anm. 2.

⁴) Bianchi, Della Potesta della Chiesa, T. I, L. II, § 11. Mamachi, Antiq. Christ., tom. IV, p. 224. Annales Baronii, ann. 751 et 752. Bouix, De Papa, l. c., cap. 4.

⁵) Si quis vero regum, sacerdotum, judicum personarumque saecularium hanc constitutionis nostrae paginam agnoscens contra eam venire tentaverit, potestatis honorisque sui dignitate careat reumque se divino judicio existere de perpetua iniquitate cognoscat. Greg. M. Epist. Lib. XIII, ep. 8, 9, 10.

⁶) Gosselin, Pouvoir du Pape au moyen age. Pag. 474. Hergenröther, Kathol. Kirche und christl. Staat. S. 127.

fällt sie schwer ins Gewicht, wenn man den hohen klaren Geist des Papstes ins Auge faßt, welcher sie erlassen hat, und die Zeit in Erwägung zieht, wo sie erlassen wurde. Ein Gregor der Große konnte eine solche Strafandrohung nicht ergehen lassen, wenn er nicht von jener höchsten Gewalt des apostolischen Stuhles überzeugt war, welche die Schule später die indirecte nannte. Er muß außerdem sicher darüber gewesen sein, daß man jene Gewalt im Frankenreiche anerkenne, sonst würde er in so stürmischen Zeiten, wie beim Beginne des siebenten Jahrhunderts, ein solches Verbot nicht in solcher Weise ausgesprochen haben.

Was übrigens diese beiden letzteren Zeugnisse um so bedeutender erscheinen läßt, ist der Umstand, daß gerade Gregor VII unter andern sich auf dieselben beruft, um sein Verfahren gegen Heinrich IV zu rechtfertigen [1]). Wenn aber in solcher Weise für das erste Jahrtausend das nachgewiesen ist, was von Gregor VII an wiederholt in der Kirchengeschichte wiederkehrt, daß nämlich die Päpste in gewissen Fällen von ihrer Gewalt in Bezug auf weltliche Angelegenheiten Gebrauch machten, sogar weltliche Fürsten ihres Thrones verlustig erklärten: so ist klar, daß diese Thatsachen gleichsam ergänzen, was an den schriftlichen Zeugnissen als unvollständig erscheinen mag, und erläutern, was mehr oder weniger unentfaltet in der Ueberlieferung fortgepflanzt wurde. Kann man ja doch selbst von den frühesten Zeiten der Kirche, wo sie ihrem äußeren Bestande nach ganz der Willkür der Imperatoren — heidnischer und dann christlicher — anheimgegeben war, im gewissen Sinne sagen, daß schon damals nicht nur die Kirche sich jener Gewalt wohl bewußt war, sondern sie auch ausgeübt hat.

---

[1]) Greg. VII, Regesta Liber VI, ep. 2. Ad Hermannum Episcopum Metensem. — Considerent, cur Zacharias papa regem Francorum deposuerit; et omnes Francigenas a vinculo juramenti, quod sibi fecerant, absolverit. In registro beati Gregorii addiscant, quia in privilegiis, quae quibusdam ecclesiis fecit, reges et duces contra sua dicta venientes, non solum excommunicavit, sed etiam ut dignitate careant, judivicavit.

„Es ward" — sagt Hergenröther[1]), indem er bei Darstellung dieser Theorie hier Mamachi und Bianchi folgt[2]) — „eine indirecte Gewalt über das Zeitliche schon in den ersten Zeiten der Kirche geübt. Oder was war es anderes, wenn die Kirche ihren Gläubigen die Uebernahme und Ausübung bestimmter Geschäfte und Aemter verbot, die ihrem Seelenheile nachtheilig waren[3]), und später, als beim Aufhören der Verfolgungen die Gefahr sich verringert hatte, die kirchliche Gutheißung zur erlaubten Führung und Uebung solcher Aemter und Gewerbe erheischte[4])? Christen, die das städtische Duumvirat übernahmen und so mit heidnischen Einrichtungen in nächste Berührung kamen, sollten für das Jahr der Amtsführung von der Kirche fern bleiben[5]). Unter Constantin aber verordnete die Synode von Arles (314), daß christliche Präsides in ihre Provinz kirchliche Gemeinschaftsbriefe von ihrem Bischofe mitbringen und erst, wenn sie gegen die Kirchengesetze handelten, von dem Bischofe ihres Amtssitzes der Gemeinschaft beraubt werden sollten[6]). Dahin gehörte es auch, daß öffentliche Bußen sowohl von Civil- als von Militärämtern (militia togata et paludata) ausschloß und auch nach Vollendung derselben diese Aemter bei Strafe der ständigen Ausschließung nicht wieder aufgenommen werden durften[7]). Offenbar hatte die Kirche von jeher die Befugniß, den Christen, welche Würde sie immer be-

---

[1]) A. a. O. S. 425.
[2]) Bianchi, Della potesta della Chiesa. Tom. I, L. III. Mamachi, Antiq. Christ. Tom. IV.
[3]) Tertullian, De idololatria, c. 17, 18. Apologeticus c. 46. Minucius Felix, in seinem Dialog: Octavius. Mamachi, t. IV, p. 46, wo andere Belege mehr.
[4]) Bianchi, T. I, Lib. III, § 2, n. 3. Hergenröther führt noch an: Benetti, Vindiciae privilegiorum, S. Petri t. VI, p. 627 seq. Mamachi, l. c., p. 186.
[5]) Conc. Eliber., c. 56. Hefele, Conciliengeschichte, I Band, S. 151.
[6]) Conc. Arelat. I, c. 7. Hefele, I Band, S. 177.
[7]) Joh. Morinus, Comm. hist. de discipl. in admin. Sacr. Poenitontiae olim observata. L. V, c. 24, n. 2. Bianchi l. c., n. 4. Mamachi, l. c., p. 187 seq. Frank, Bußdisciplin der Kirche. IV Buch, IV Cap. Die öffentlichen Büßer im häuslichen und bürgerlichen Leben.

kleideten, eine öffentliche Buße aufzuerlegen; durch sie kam es, daß solche ihrer Ämter und Würden verlustig wurden. Auf indirecte Weise entzog sie ihnen damit ihre weltliche Macht. Das Wohl der Privaten stand der Kirche nicht höher, als das der christlichen Fürsten; sie legte diesen ebenso Bußen auf, wie jenen, auch wenn sie dieselben nicht freiwillig übernahmen. **Hierin liegt eine der ältesten Formen der Ausübung der indirecten Gewalt.** Indem ferner die Kirche zur Zeit der Verfolgung ihrer Gläubigen die Flucht, das völlige Entweichen vom Umgang mit der heidnischen Welt anbefahl, und diese Flucht, auch wenn sie die heidnische Obrigkeit verbot, erlaubt war, obschon man sich damit den Lasten des Staates entzog, griff sie ebenfalls indirect in das Gebiet der letztern ein. War das auch nur eine provisorische Maßnahme, so gilt doch das Gleiche von den andern Arten des indirecten Eingreifens, das ja eben nur Bestand hat, so lange die Gefahr dauert, so lange der Sünder sich nicht gebessert hat, so lange es der bringende Zweck des Seelenheiles erheischt." So weit Hergenröther.

Demgemäß kann es kaum bestritten werden, daß wir jene Wahrheit, an welche uns in jüngster Zeit der Syllabus der Encyclica vom 8. December 1864 erinnert hat [1]) bis hinauf in die Anfänge der Kirche verfolgen können. Ueberblickt man das ganze Gebiet, welches wir durchwandert haben, mit unbefangenem Auge, so muß es als ein in der That befremdendes Unternehmen erscheinen, jene Gewalt der Kirche im Weltlichen als etwas historisch erst Gewordenes, durch menschliches Recht der Kirche Uebertragenes zu erklären oder am Ende gar jede derartige Jurisdictionsgewalt der Kirche als eine Usurpation zu bezeichnen. Nirgendswo leiten die Päpste diese ihre Gewalt aus dem menschlichen Rechte ab, wenn sich auch Gregor VII selbst auf dieses Recht bezieht [2]); in keinem Jahrhundert finden

---

[1]) Syllabus, § V, 24. Ecclesia vis inferendae potestatem non habet, neque potestatem ullam temporalem directam vel indirectam.

[2]) Reg. Greg. VII. Pars II, ep. 26 ad Germ. Propter quae (scelera) non solum excommunicari usque ad dignam satisfactionem, sed etiam ab omni honore regni eum absque omni spe recuperationis debere destitui, divinarum et humanarum legum testatur et jubet auctoritas. Stehe oben S. 145. 200.

wir von einem kirchlichen Lehrer den Satz vertheidigt, daß diese Gewalt eine Usurpation sei, es treten vielmehr, wie wir gesehen haben, selbst ausgesprochene Gegner des Primates, für dieses göttliche Recht wenigstens seinem Wesen nach ein.

Der Schluß muß vielmehr gerechtfertigt erscheinen, daß wir die Ausgangspunkte dieser Lehre bis in die Schriften des neuen Testamentes verfolgen können [1]), wo die Apostel zwar die Pflicht des Unterthanen gegen die von Gott gesetzte Obrigkeit einschärfen, aber sich auch ungescheut zu der Wahrheit bekennen, daß es ein höheres Gesetz als das menschliche gebe, das göttliche, und daß im Falle des Conflicts diesem zu folgen sei. Christus, der Herr selber aber führt uns mit seinen Worten über den Ursprung seines Reiches [2]) und über die Verschiedenheit der Gebiete der beiden Gewalten darauf hin [3]), daß er es selber ist, welcher die Scheidung der beiden Gewalten angeordnet, aber auch zugleich die höhere Machtvollkommenheit der geistlichen Gewalt gelehrt habe.

§ 15.

Leitende Grundsätze.

Wenn wir uns endlich noch mit den tiefer liegenden Grundsätzen des öffentlichen Rechtes der Kirche beschäftigen wollen, um einen klaren Einblick in unsere Frage zu gewinnen, so werden wir vorerst feststellen müssen, was denn eigentlich unter der „Gewalt" zu verstehen sei, welche wir sowohl dem Staate als der Kirche beilegen. Denn davon scheint vor allem der Gang einer solchen Untersuchung bedingt, welche, wenn sie von unbe-

---

[1]) Röm. XIII. 1, 2, 7. I Petr. II, 17. Apostelg. IV, 19; V, 29.

[2]) Joannes XVIII, 36. Regnum meum non est de hoc mundo (ἐκ τοῦ κόσμου τούτου) Si ex hoc mundo esset regnum meum, ministri, mei utique decertarent, ut non traderor Judaeis: nunc autem regnum meum non est hinc (οὐκ ἔστιν ἐντεῦθεν).

[3]) Math. XXII, 21; Marc. XII, 17; Luc. XY, 25. Reddite ergo quae sunt Caesaris Caesari, et quae sunt Dei Deo.

stimmten, unsicher umschriebenen Begriffen ausgeht, niemals zu einem gedeihlichen Ergebnisse führen kann.

Die Gewalt, um welche es sich handelt bei Erörterung des Verhältnisses zwischen Staat und Kirche, ist aber nicht schlechthin jede Gewalt, sondern diejenige, welche man wenigstens früher als die jurisdictionelle Gewalt zu bezeichnen pflegte, indem man ihr die dominative entgegensetzte[1]). Diese letztere ist in der Regel, wie Suarez lehrt, privatrechtlicher Natur, wie die väterliche Gewalt, die Gewalt des Ehemannes über das Eheweib, die Gewalt des Gebieters über den Sclaven, des Herrn über den Diener u. s. w. Die jurisdictionelle Gewalt dagegen betrifft zunächst die gesellschaftliche Ordnung und das politische Regiment, weßhalb sie auch die politische Gewalt im Gegensatze zu der sogenannten canonischen genannt wird[2]).

---

[1]) Suarez, De legibus, Lib. I, cap. VIII. 5. Inter illas duas potestates, ut in personis versantur, cum multae aliae differentiae assignari possint, tres sunt, quae ad praesentem causam faciunt. Una est, quod potestas dominativa regulariter est circa privatas personas, seu inter partes imperfectae communitatis, et interdum est ex jure naturae per naturalem originem tantum, et ex vi illius, ut est patris potestas in filium: interdum est etiam a natura supposito tamen pacto humano, ut est potestas viri in uxorem in ordine ad gubernationem domus et personae: aliquando est ex jure gentium, vel civili, ut potestas domini in servum bello captum, interdum ex humano contractu, ut dominium in servum, qui so vendidit; et huc spectat potestas, quae per votum obedientiae confertur ei, cui obedienta promittitur. At vero potestas jurisdictionis per se primo respicit communitatem perfectam: nam pertinet ad politicam gubernationem, quae in tali communitate est necessaria, nam ad imperfectum sufficit prior potestas. Atque hinc sequitur secunda differentia, quia in potestate jurisdictionis multo major vis ad coercendum et cogendum invenitur, quam in potestate dominativa; tum quia major est potestas communis quam privata; tum etiam quia ad communitatem perfectam tuendam major coercitio necessaria est, quam in privata domo, vel inter privatas personas: et ita non licet domino saevire in servum, ut dicunt jura civilia, expeditque reipublicae, ut severior correctio non nisi auctoritate publica fiat. Unde est etiam, notanda tertia differentia, quia dominativa potestas ordinario magis est in commodum habentis illam, quam ejus in quem habetur, licet aliquando possit contrarium inveniri, maxime quando confertur ex pacto voluntario in eum finem ordinato, ut in obedientia ex voto debita frequentius servatur: posterior autem potestas per se et ex primaeva institutione sua est propter bonum communitatis, in quam datur....

[2]) Suarez, ibid. 4. Potestas ergo praeceptiva quasi generica est, quae in duas species distinguenda est, quas potestatem oeconomicam et politicam, vel potestatem dominativam et jurisdictionis appellare possumus.

Sonach ist diese Gewalt dahin zu bestimmen, daß sie demjenigen, welcher sie besitzt, die Befugniß gibt, an der Spitze der öffentlichen Ordnung zu stehen, und dieselbe zu wahren und zu leiten [1]). Es ist die Autorität, welche in jeder geordneten menschlichen Gesellschaft unentbehrlich ist, deren Einheitsprincip bildet, und nothwendiger Weise in sich das Recht beschließt, die Untergebenen zu verpflichten [2]). Es ist jene Machtvollkommenheit des Herrschenden, welcher von Seite derer, welche ihr unterworfen sind, die Unterthanenpflicht entspricht [3]). Sowie sie einerseits aus der Natur der Sache als ein unerläßliches Erforderniß jeder geordneten menschlichen Gesellschaft erscheint [4]), so setzt sie dennoch nach dem wirklichen Gange der Geschichte des Menschengeschlechtes, um anerkannt zu werden und sich entfalten zu können, ein positives religiöses Moment voraus [5]).

---

[1]) Molina, De justitia. Tract. I, Dispat 20. Est facultas alicujus auctoritatem et eminentiam super alios habentis ad eorum regimen et gubernationem.

[2]) Taparelli, Saggio theoretico di dritto naturale. Vol. I, Dissert I, Cap. V, 427. L'autorità dunque è un principio di unità, maneggiato da un essere intelligente avente diritto di obligare individui intelligenti a ben commune.

[3]) Zachariä, Vierzig Bücher vom Staate. III Buch, I Hauptst. Begriff der Machtvollkommenheit, S. 82.

[4]) Taparelli, l. c. 426. I membri di una società riuniti per l'intento di un fine commune da ottenersi con mezzi varii son dotati d'intelligenza e di libertà, epperò possono fra questi mezzi scegliere variamente. Or la varietà nel adoprar i mezzi toglierebbe la cospirazione sociale, essenza della società; è dunque necessario alla essenza della società un principio intelligente coordinatore delle intelligenze associate, e capace di legarne la tendenza ossia la volontà. Questa capacità di legare le libere volontà è cio che dicesi autorità; è dunque l'autorità un principio essenziale della societa.

[5]) Zachariä a. a. O., S. 85. „Man darf nach dem Zeugnisse der Geschichte vielleicht behaupten, daß kein Volk zur Erkenntniß der Idee der Machtvollkommenheit ursprünglich gelangt, ohne daß ihm diese Idee durch eine Offenbarung oder durch ein göttliches Recht kund gemacht wurde; und umgekehrt, daß die Idee der Machtvollkommenheit von allen den Völkern wenigstens in einem gewissen Grade erkannt, und ebenso dem Staatsverein zu Grunde gelegt wurde, bei welchen ein göttliches Recht in Kraft war. Mit andern Worten: Die Religion hat allein, wenn auch nicht in einer jeden ihrer Einkleidungen, den Menschen das innerste Wesen des Staates aufgeschlossen." — Der scharfsinnige

Zieht man die Art und Weise in Betracht, wie diese Gewalt sich bethätigt, so kann von einer gesetzgebenden und einer vollziehenden Gewalt geredet werden. Wir glauben, daß bei dem hier gewählten Eintheilungsgrunde diese Eintheilung genüge, indem sich alle übrigen Thätigkeiten, welche man der öffentlichen Gewalt beilegt, auf diese beiden zurückführen lassen ¹). Fragt man aber nach den Gebieten, über welche sich die Gewalt erstreckt, so ist die erste und hauptsächlichste Eintheilung jene, welche zwischen den Angelegenheiten scheidet, die sich auf das Verhältniß des Menschen zu Gott, und jenen, welche sich auf das Verhältniß der Menschen zu einander beziehen. Denn diese sind die beiden Hauptgebiete, worauf sich die Autorität bewegt, welche an der Spitze jeder menschlichen Gesellschaft steht, um deren Glieder in der Erreichung ihres Zieles zu fördern. Keine gesellschaftliche Ordnung kann auf Erden bestehen, ohne Religion ²), ohne Frieden mit Gott, und keine hinwieder ohne den Rechtsfrieden im Innern und nach Außen ³).

Will man hier vorerst von dem Vorhandensein einer übernatürlichen Ordnung absehen, so dürfte gesagt werden, daß die menschliche Gesellschaft in der natürlichen Ordnung der Dinge

---

Jurist hätte diese Wahrheit noch bestimmter ausgesprochen, wenn er bezüglich der Urgeschichte der Menschheit den richtigen Standpunkt eingenommen hätte.

¹) Taparelli, l. c. Tom. II, Disert. V, cap. II.

²) Aristoteles, Polit. l. VII, c. 8.... πέμπτον δὲ καὶ πρῶτον (sc. ὑπάρχειν δεῖ) τὴν περὶ τὸ θεῖον ἐπιμέλειαν, ἣν καλοῦσιν ἱερατείαν. — Hugo Grotius, de jure belli et pacis, II, 20, § 44. Montesquieu, Esprit des lois III, 9. Haller, Restauration der Staatswissenschaft B. I, Cap. 15, S. 439 ff. (2. Auflage), wo weiterhin neben Plato und Cicero der schöne Ausspruch Plutarchs in seiner Schrift gegen Kolotes (31) aufgeführt wird: daß eher eine Stadt ohne Grund und Boden gebaut werde, als ein Staat ohne alle Religion zu Stande komme — „ἀλλὰ πόλις ἄν μοι δοκεῖ μᾶλλον ἐδάφους χωρὶς, ἢ πολιτεία τῆς περὶ θεῶν δόξης ὑφαιρεθείσης παντάπασι σύστασιν λαβεῖν ἢ λαβοῦσα τηρῆσαι."

³) Kaiser Justinianus, Nov. IV im Eingang: Μέγιστα τῶν ἐν ἀνθρώποις ἐστὶ δῶρα θεοῦ παρὰ τῆς ἄνωθεν δεδομένα φιλανθρωπίας ἱερωσύνη τε καὶ βασιλεία, ἡ μὲν τοῖς θείοις ὑπηρετουμένη, ἡ δὲ τῶν ἀνθρωπίνων ἐξάρχουσα τε καὶ ἐπιμελουμένη καί ἐκ μιᾶς τε καὶ τῆς αὐτῆς ἀρχῆς ἑκατέρα προϊοῦσα καὶ τὸν ἀνθρώπινον κατακοσμοῦσα βίον.

dieser immerhin ihrem Wesen nach zu unterscheidenden Ge=
walten ¹) nicht bedürfe, daß dieselben vielmehr als **eine** Macht=
vollkommenheit in **einer** Hand vereinigt sein können²). Dem
scheinen auch die Thatsachen der Geschichte zu entsprechen³).
Denn auch den mit den letzten Erinnerungen an die Uroffen=
barungen über die Erde zerstreuten Völkern bleibt das Be=
dürfniß der Religion, und wir sehen das Königthum und
Priesterthum bei ihnen bald getrennt, bald vereinigt⁴). Doch
zu ihrer politischen Ausgestaltung einer äußerlichen Trennung

---

¹) Pignatelli, Consultationes canonicae, Tom. II, consult LVI,
No. 23. Demus, potuisse hominem creari ad solum finem naturalem. Tunc
quoque ad consequendum hunc finem necessaria erat potestas ecclesiastica,
distincta a saeculari et civili. Nam in eo statu opus fuisset Deum pie et
religiose colere, ut supremum omnium rerum conditorem, omnium bonorum
largitorem. Et hic cultus futurus erat publicus solemni aliquo ritu ab
Ecclesia instituendus. Honestas enim morum in Republica non posset conservari nisi ratio divini cultus in ea principem locum obtineret, ut constat
ex B. Augustino lib. 19 contra Faustum cap. 11. Et hoc naturale dictamen
de cultu Dei etiam cum oblatione sacrificii oritur ex subjectione et re-
cognitione, quam homo debet Deo propter supremum dominium.... Unde
D. Thomas 2. 2. q. 85, art. 1 absolute inquit, offerre sacrificium esse de
lege naturae. Igitur in statu naturae admittenda est potestas Ecclesiastica
omnino distincta a civili.

²) Molina, l. c. Potestas duplex est, laica videlicet et ecclesiastica.
Quo loco animadvertendum est, esto, homo conditus non esset in finem
supernaturalem per media supernaturalia comparandum, sed in solum finem
naturalem, adhuc tamen distingui posset ejusmodi duplex potestas. Tametsi utraque tunc esset naturalis, faciliusque posset conjungi in uno et
eodem supremo principe ac capite, a quo in alium aut alios derivari possit
potestas, quae suo modo esset ecclesiastica.

³) Vergl. übrigens oben die Auffassung des Papstes Gelasius, S. 211 f.

⁴) Molina, ibid. Quod in hunc modum explicatur. Esto, homo fuisset a
Deo conditus in solum finem naturalem, adhuc homines agnoscerent, esse unum
primum principium summe bonum, a quo esse et cetera bona acceperunt et
exspectant, ac proinde dignum esse, cui famulatum et honorem exhibeant.
Quare sicut congregati ad rempublicam unam constituendam eligere sibi
possent communem principem, qui eos in pace et justitia contineret, eosque
defenderet, et commune temporale eorum bonum curaret: sic etiam eligere
possent alium qui ad cultum debitumque famulatum Deo exhibendum
praeesset, quique in eo munere principe saeculari esset superior. Possent
etiam pro arbitratu eligere unum communem principem, qui in regimine
utroque esset supremus, quique vel utrumque regimen per se ipsum exer-
ceret, vel si utrique muneri unus non sufficeret, aut minus decenter ab
eodem posset exerceri, eo quod alii mores et alius habitus muneri utrique

wir müssen auf die eingehendere Erörterung dieses Gegenstandes hier verzichten, so wie wir uns auch anderseits nicht weiter auf die Frage einlassen, in wie ferne, wenn man sich auf den Standpunkt der übernatürlichen Ordnung stellt, und festhält, daß die Kirche die menschliche Gesellschaft in dieser höhern Ordnung darzustellen bestimmt sei — schlechthin behauptet werden könne, daß in ihr nothwendiger Weise die priesterliche Gewalt von der königlichen getrennt sein müsse [1]); oder ob nicht vielmehr zuzugeben sei,

---

decere videantur, substitueret sibi aliquem alteri eorum munerum exercendo, qui per potestatem ab eo acceptam illud exsequeretur. Unde memoria proditum est, quondam apud gentes fuisse sacerdotes et ministros idolorum, a regibus et principibus saecularibus distinctos et interdum sacerdotium supremum cum munere regio fuisse conjunctum. Vergleichen wir damit die Auffassung von Suarez, Def. fidei Cath. advers. Angl. Sectae errores. Lib. III. C. IX. 3 .... admissa illa antiqua consuetudine (sc. conjungendi duas potestates) quae non solum inter fideles, sed etiam inter gentiles viguisse videtur, negamus illam esse de jure naturali, id est, lege naturali praeceptum, licet, mediante ratione et voluntate humana, a generalibus principiis juris naturalis orginem duxerit. Quia licet sacrificium sit aliquo modo de jure naturali, et consequenter etiam sacerdotium, quod autem tali modo sit institutum et his vel illis personis attributum, non est jure naturali praescriptum, sed jure aliquo positivo definiri necesse est. Et hoc modo ante legem Moysi, vel jure gentium, vel moribus populorum introductum est, ut dignitas sacerdotalis praecipua cum regali esset conjuncta. Qui mos sicut in lege veteri mutatus fuit, etiam in lege nova mutari potuit. Imo ita factum esse, et ad perfectionem legis gratiae hoc pertinere docuit Nicolaus Papa etc.

[1]) **Philipps Kirchenrecht** II Bd. § 105. Nothwendigkeit zweier Gewalten. Seite 492 ff. Suarez, Defensio fidei catholicae Lib. III. Cap. V. 17. Dices, quamvis Christus non habuerit temporale regnum caducum et imperfectum, habuisse tamen etiam in humanitate sua propter gratiam unionis dominium quoddam excellentius, per quod poterat sua voluntate uti quibuscunque rebus vel regnis temporalibus et consequenter per illud etiam potuisse dare Vicario suo temporalia regna et directam jurisdictionem temporalem. Respondemus, non negari, quin id facere potuerit, sicut etiam potuit sibi assumere, sed colligimus, non dedisse, cum illud non assumpserit, quia non reliquit in terris nisi vicarium illius regni, quod ipse assumpsit, quod regnum spirituale est, ut ostendimus, et perfecte quidem consummatur in gloria, in hoc vero mundo inchoatur in Ecclesia militante. Item quia Christus habuit perfectam spiritualem potestatem sine jurisdictione temporali directa: ergo etiam potuit communicare Vicario suo perfectam seu sufficientem jurisdictionem spiritualem sine altera directa temporali. Ac denique, quia sicut fuit expe-

daß, an und für sich betrachtet, sobald man die Kirche als eine selbstständige, in sich abgeschlossene und alle Mittel zur Erreichung ihres Zweckes in sich tragende Gesellschaft erkennt[1]), derselben auch jene vollkommene Jurisdictionsgewalt zukommen müsse[2]), ebenso gut als man dies, abstract gesprochen, auch dem Staate zugestehen muß.

Aber die concreten Verhältnisse sind anders gestaltet; wir sind auf dieselben angewiesen und bleiben bei ihnen stehen. Die natürliche Ordnung der Dinge ist nicht nur von dem Schöpfer angelegt, um in einer übernatürlichen ihr Ziel zu haben und ihre wahre Vollendung zu finden, sondern sie ist zugleich in ihrer gegenwärtigen Lage in einem Zustande des Verfalles, wie uns der Glaube lehrt und die Erfahrung bestätigt. In diesem Zustande, an welchem auch die menschliche Gesellschaft

---

dicns, Christum ipsum non assumere temporalem jurisdictionem, ita etiam conveniens fuit, ut Vicario suo illam non communicaret, ne aut reges terrac perturbaret, aut spiritualia saecularibus miscere viderentur. Vergl. Bellarmins Theorie der drei Reiche Christi S. 124 ff. Dagegen scheint die von Philipps a. a. O. angezogene Stelle aus Isidors Sentenzen, welche in das Decret (Can. Principes 20. Caus. XXIII. qu. 5) übergegangen ist, nicht hierher zu gehören; sie ließe sich fast als Gegenargument gebrauchen.

[1]) Tarquini, Juris eccles. publici institutiones Lib. I. Sect. II, Art 1. Ecclesia Christi societas est perfecta. Vergl. das höchst lehrreiche Pastoralschreiben des Episkopates der Kirchenprovinz Quebeck in Canada vom 22. Sept. 1875. (Stimmen aus Maria Laach, 1875, Zehntes Heft.)

[2]) Taparelli. L. c., Vol. II, Dissert VII, Cap. II, No. 1449, 1450. Conchiudo, che la Chiesa ha i dritti e doveri di società umana, ma sostenuti in faccia ai suoi associati dall' autorità del Dio suo istitutore. Che se la Chiesa ha coi suoi associati tutti e dritti e doveri di ogni altra società, egli è evidente, come, agli occhi della sola filosofia (i teologi e canonisti vedranno, se questo natural diritto sia limitato da leggi o divine o ecclesiastiche: io parlo qui di dritto naturale) essa può e adoprar la forza per difendersi, e usar le richezze per sostentarsi, e posseder beni e case per abitare — in somma ella puo tuttociò che è necessario. E se questo suo dritto venga in collisione coi dritti altrui, ella potrà sostenerlo a norma delle leggi di collisione. Ma dunque, direte, la Chiesa e una vera associazione pubblica ed assorbirà in sè sola tutte le altre autorità anche politiche materiali. — No: la Chiesa e associazione pubblica, ma non materiale: l'esser publica nasce dalla estentione, l'essere materiale dal fine prossimo, il quale nella Chiesa è spirituale.

theilnimmt, ist die öffentliche Gewalt des Staates schlechterdings außer Stand gesetzt, die religiösen Interessen ihrer Angehörigen in die Haud zu nehmen und sie nach allen Seiten hin entsprechend zu vertreten. Um nämlich eine gewisse Gottesverehrung vorzuschreiben, müßte die Staatsgewalt nicht nur das Privilegium der Unfehlbarkeit besitzen, sondern auch die Macht haben, die Unterthanen im Gewissen zu verpflichten. Denn ohne gewisse Wahrheiten, welchen man innerlich beipflichtet, so wie man sie äußerlich durch irgend einen Cultus bekennt, gibt es keine Religion [1]). Wenn dabei die Wahrheit unbestritten bleibt, daß die religiöse Einheit das tiefste Fundament der wahren und dauernden politischen Einheit ist, und daß dem Staate ein gewisses Recht innewohnt, nach dieser Einheit in religiösen Dingen zu streben, weil er eben darin die eigentliche Grundlage seiner Wohlfahrt erblickt [2]), so steht der Staat eben vor

---

[1]) Taparelli. Vol. I, Diss. IV, Cap. IV, 874. E pure non è meno evidente essere assurda la dottrina, che concede alla politica autorità il diritto di regolare la società in materia di religione: dottrina promulgata (chi il crederebbe?) dai sostenitori della piena libertà di ragione, da molti protestanti. Proviamone in pochi cenni l'assurdità. La religione è un volontario aderire a Dio, sommo Vero, un volontario tendere a Dio, sommo Bene, un volontario assoggettarsi a Dio, sommo Essere. Questo triplice volontario ossequio è dunque proporzionale alle idee che ci formiamo di quell' essere infinito e del suo operare verso di noi. Se io sono persuaso che egli abbia rivelato il tal domma, ch'egli possegga la tal perfezione, ch'egli esiga il tal sacrifizio — credere questo domma, amar questa perfezione, sacrificare questo interesse è un atto di religione. Ma se non ne sono persuaso, anzi credo il contrario: il mio ossequio potra essere esterna finzione di politica, ma non interno atto di religione; la religione suppone una interna adesione. Dunque chi dice, che l'autorità ha dritto a stabilire unità di religione, dice in sostanza ch'essa ha dritto a ottenere adesione da tutte le menti a cio ch'ella vuole stabilir per vero. Il che, se Ella fosse infallibile, sarebbe guistissimo; poiche in tal caso non l'Autorità, ma la Verità, dominatrice legitima dell umano intelletto, c'imporrebbe la legge. Ma sicome niuno saggio Governo si è mai arrogata la infallibilità, la legge politica di unita religiosa può ridursi in costanza al formolario seguente: Fedeli miei sudditi, dice per essa un sovrano, sapendo ben io, che la tal dottrina può essere falsa, ordino che sia tenuta per vera, affinehe tutti la pensiamo alla stesso modo, e colla perfetta armonia del credere siam più fermi nella verità di affetto e di opera. Si può dare più assurda legge e ridicola?

[2]) Tapar. ibid. 873. Ma che vale il trattenerci più a lungo nel

einer unabweisbaren Aufgabe, welche er gleichwohl mit seinen Mitteln zu lösen unfähig ist ¹). Er mag wohl, und muß der Selbsterhaltung wegen gewisse religiöse Wahrheiten, welche zur Ordnung unumgänglich nothwendig sind, aufrecht erhalten, aber auch dies vermag er eigentlich nur negativ zu thun ²); eine positive Religion vermag er nicht anzuordnen ³). Wo eine solche irgendwo in der Geschichte außer der mosaischen Religion und dem Christenthume auftritt, ist sie entweder ein klarer Beweis für eine Uroffenbarung, oder es ist ein Cultus, welcher von der Nation frei gewählt oder derselben durch die Willkür eines Despoten auferlegt wurde ⁴).

---

dimostrare la ragionevolezza di quell' intimo sentimento che rende l'uomo affezionata a chi con lui consente in materia religiosa, di che parlano diffusamente tanti e si dotti autori apologetici? Gli stessi politici ormai sono costretti e a confessare il fatto e ad averlo almeno come una conseguenza necessaria del principio di utilità e però come ragionevole. Or ammesso il fatto egli è evidente che la perfezione sociale non si ottiene senza l'unità di credenza; giacchè perfezione di associazione vuol dire perfetta unione d'animi, d'interessi, di sforzi. Lo stabilire dunque che la società non ha diritto ad unire gli uomini in una stessa religione, vale altrettanto che stabilire gli uomini destinati ad una natural perfezione di società senza il sommo dei mezzi per arrivarvi compiutamente.

¹) Siehe die weitere Ausführung bei Taparelli a. a. O.

²) Taparelli, ibid. 883. II. Poichè certe verità religiose sono naturalmente necessarie all'ordine, ed evidenti, la società naturale potrebbe e dovrebbe esigere che nulla si dicesse contro queste verità, e specialmente contro quelle sopra cui poggia tutto l'ordine sociale, come l'esistenza di una Providenza rimuneratrice, l'immortalità dell' anima ecc. La religione sociale nello stato puramente naturale sarebbe dunque per se una religione negativa ossia proibitrice.

³) Ibid. Poichè la società (e per essa l'Autorità) non è per se infallibile, ella non può aver dritto per sè ad esigere assenso alle sue decisioni: dunque neppure ad esigere alcun atto, che presupponga questo assenso, giacché niuno ha dritto ad esigere una menzogna. La religione sociale nell' ordine di natura non è dunque una religione positiva cioè di forme o rito determinato, giaché l'unità di rito sociale non può nascere se non da un' autorità, ossia dritto di obbligare ad un medesimo rito: il qual dritto nella società naturale non esiste, non essendovi chi possa legare gl' intelletti ad assentire ad una verità determinata da esso rito rappresentata.

⁴) Ibid. Onde quella religione positiva che si ravvisa in certe società nelle prime età del mondo anteriori à Mosè, é una evidente dimostrazione di una rivelazione primitiva, ovvero è un culto voluntaria-

Wenn wir in solcher Weise erkennen, daß die Herstellung eines vollkommenen Staates in der Ordnung der natürlichen Dinge, wie sie die Geschichte des Menschengeschlechtes aufweist, eine Unmöglichkeit ist, indem der Staatsgewalt die Mittel fehlen, das religiöse Gebiet zu beherrschen [1]): so tritt uns in

---

mente consentito dalla società rispettive, o ad esse tirannicamente imposto. Vergl. damit die Erörterung, welche Suarez (Def. fid. Lib. III, c. IX. 4.) zu den beiden Sätzen gibt: In lege naturae nulla fuit potestas supernaturalis ordinis. — In lege naturae nulla jurisdictio spiritualis extitit. Deinde si sermo sit de sacerdotio quoad potestatem ordinis, manifesta est differentia; nam in lege naturae non erat propria et supernaturalis potestas ordinis, sed erat solum ministerium sacrificandi et intercedendi pro populo, ad quod poterat aliquis sua sponte vel per consensum populi deputari, quia Deus eo tempore nihil in particulari de sacerdotio vel sacrificio praescripserat; et sic Anacletus Papa epist. 2. negat, Melchisedech vel Abraham vel alios illius temporis viros sacrificium obtulisse sacerdotali autoritate, utique a Deo peculiariter instituta. In lege autem veteri sicut determinavit Deus sacrificia, ita et sacerdotium seu pontificatum, absque interventu populi vel consensu ejus. Quod etiam altiori et excellentiori modo in nova lege Christus instituit. Si autem sit sermo de sacerdotio quoad potestatem jurisdictionis, supponit inprimis illa objectio vel falsum vel valde incertum, nimirum, sacerdotem vel pontificem in lege naturae habuisse jurisdictionem spiritualem. Quod vel falsum vel incertum est, quia talis potestas neque a Deo specialiter data est in illo statu, ut per se notum est, nec jure naturali potest hominibus convenire, quia potestas gubernativa humana non transcendit ordinem humanum et principaliter instituitur ad ordinandum homines ad invicem, ita ut, licet curam etiam habere possit divini cultus, semper in modo ac determinatione illius respiciat commune bonum reipublicae humanae, ut in simili dixit D. Thomas 1. 2. quaest. 99. art. 3. Quapropter non recte fit comparatio inter legem naturae et gratiae, quia in lege naturae omnis potestas gubernativa sub temporali sufficienter comprehendebatur, quum illa eadem posset disponere de iis, quae pertinent ad cultum Dei, prout expediret communi bono humanae reipublicae; secus vero est in lege gratiae, quae est lex divina, quae principaliter ordinat homines ad Deum et bonum ipsius reipublicae refert ad amicitiam hominum cum Deo. Ideoque sacerdotalis potestas in hac lege spiritualis est et altioris ordinis et non potest esse ab ipsis hominibus, vel eorum communitate, sed ab ipsomet Christo manare debuit, sicut de facto manavit etc. Hierher gehört auch: Wiedemann: Das Verhältniß von Kirche und Staat auf rein natürlichem Standpunkt. (Stimmen aus Maria=Laach, 1876, erstes Heft.)

[1]) Tapar. ibid. 881. E siccome in fisica, in morale, in metafisica la impossibilità di appagar col puro lume naturale pienamente la ragione ci dimostra il bisogno che abbiamo di ordine soprannaturale; cosi nello scienze

der Kirche eine andere Erscheinung entgegen. Wir müssen sie nothwendig als die menschliche Gesellschaft auf dem Gebiete der übernatürlichen Ordnung anerkennen, sobald wir sie als eine societas perfecta anerkannt haben. Denn als solche — als societas perfecta — hätte sie offenbar in der natürlichen Ordnung der Dinge neben dem Staate keinen Platz mehr, da gerade dieser die menschliche Gesellschaft in der natürlichen Ordnung der Dinge darstellt. In dieser societas perfecta in der übernatürlichen Ordnung, könnte man aber meinen — und manche waren in diesem Irrthume befangen — müßte der Staat völlig aufgehen. Dieses ist aber keineswegs der Fall. Die Heilsökonomie Gottes hat es anders gefügt; und es besteht hierin offenbar eine Analogie zwischen den einzelnen Menschen und der menschlichen Gesellschaft. Sowie der Mensch, obwohl in den Stand der übernatürlichen Gnade aufgenommen, seine Natur weder verliert, noch sofort durch die Gnade transformirt wird, ähnlich verhalten sich die beiden vollkommenen Gesellschaften. Die Kirche steht neben dem Staate und besteht als ein vollkommen ausgestalteter, gesellschaftlicher Organismus. Nichtsdestoweniger hat die Kirchengewalt auf die Thätigkeit in jenem weitem Bereiche, welche wir unter dem Namen des weltlichen Gebietes zusammenfassen, zu verzichten; obgleich, wie wir erkannt haben werden, der Grund hievon nicht wie beim Staate bezüglich des religiösen Gebietes, in einem Unvermögen der Kirche gesucht werden darf, da nicht schlechthin behauptet werden kann, daß die Kirchengewalt auch bezüglich jenes Gebietes der Temporalien ihrer Aufgabe nicht zu genügen vermöchte.

Der Grund zu dieser bestimmt abgegrenzten Stellung der Kirche dem Staate gegenüber muß wo anders liegen. Wir finden ihn, entsprechend jener Heilsökonomie der Erlösung, in einer positiven Anordnung des göttlichen Stifters der Kirche. Daß dieses die Anschauung der Kirche sei, dürfte aus jenen

---

pubbliche la impossibilità di stabilire con puri elementi naturali una società perfetta, come puro la natura stessa desidera, ci dimostra necessario alla società l'ordine soprannaturale.

Worten des Papstes Gelasius klar genug hervorgeht¹). Christus selbst hat es so gewollt und bestimmt²). Ein eigentliches Vorbild war in den Zeiten vor Christus nicht vorhanden, weder in den antiken heidnischen Staaten, noch in der mosaischen Gesetzgebung. Denn es handelte sich nicht etwa darum, die Grenzen zwischen der priesterlichen und königlichen Gewalt innerhalb eines und desselben Reiches zu ziehen, sondern die Gewalten, welche der Gesellschaft nach natürlicher Ordnung und jener nach übernatürlichen Ordnung vorgesetzt sind, dergestalt an= und ineinander zu fügen, daß sie in Frieden neben einander bestehen, und zum Heile des großen Ganzen der Gesellschaft einträchtig wirken können. Daß mit diesem Endzwecke ein anderer bedeutsamer Zweck erreicht wurde, die Abwendung der Gefahren nämlich, welche in der allzugroßen Ausdehnung menschlicher Machtvollkommenheit liegen, entspricht ganz der göttlichen Weisheit³).

Nach dieser in herrlicher Ordnung und mit weisem Maaße vollzogenen Scheidung der beiden Gewalten⁴) erkennt der christliche Staat vor allem sein Unvermögen an, das Priesterthum zu verwalten und in Sachen der Religion als Gesetzgeber oder Lehrer aufzutreten. Er sieht, daß die Kirche im vollkommenen, unantastbaren Besitze des Priesterthumes ist, und alle Vollmachten hat, welche erforderlich sind zur Pflege und Weihe des wahren religiösen Lebens. Aber deßwegen verliert der christliche Staat keineswegs den höchsten Zweck aus den Augen, welchen auch er

---

¹) Gelasius P. Tomus de anathematis vinculo. Siehe oben S. 211.

²) A. a. O. Attamen Christus, memor fragilitatis humanae, quod suorum saluti congrueret, dispensatione magnifica temperans, sic actionibus propriis dignitatibusque distinctis officia utriusque discrevit: etc.

³) A. a. O. Suos volens (sc. Christus) medicinali humilitate salvari, non humana superbia rursus intercipi; ut et Christiani Imperatores pro aeterna vita Pontificibus indigerent et Pontifices pro temporali cursu rerum imperialibus dispositionibus uterentur, quatenus spiritualis actio a carnalibus distaret incursibus: et ideo militans Deo minime se negotiis saecularibus implicaret, ac vicissim non ille rebus divinis praesidere videretur, qui esset negotiis saecularibus implicatus: ut et modestia utriusque ordinis curaretur, ne extolleretur utroque suffultus, et competens qualitatibus actionum specialiter professio aptaretur.

⁴) A. a. O. Dispensatione magnifica temperans, sic actionibus propriis dignitatibusque distinctis officia potestatis utriusque discrevit —

im Bereiche des Uebernatürlichen gefunden hat¹). Er beschränkt sich jedoch, im Bewußtsein seiner Unzulänglichkeit, und weil er die Kirche jenes Ziel mit vollkommen ausreichenden Mitteln erstreben sieht, auf die Unterstützung und Beschützung derselben in dieser Aufgabe, und bleibt auf seinem Machtgebiete hauptsächlich dabei stehen, sich mit um so größerem Erfolge seinem nächsten Zwecke zu widmen, der kein anderer ist, als die gemeinsame Wohlfahrt der irdischen menschlichen Gesellschaft²).

Die Kirche hingegen entbehrt leicht der Machtentfaltung gerade auf jenen Gebieten, welche der Staat nach dem eben

---

¹) Suarez de legibus, Lib. III, c. XI. 4. Dices: ipsa hominis natura ordinatur ad supernaturalem felicitatem ut ad finem ultimum: ergo etiam potentiae omnes naturales hujus naturae ordinantur ad eundem finem: ergo etiam potestas civilis. Respondeo dupliciter posse aliquid ordinari in illum finem ultimum: uno modo per intrinsecam habitudinem: alio modo per solam relationem vel imperium extrinsecum. Priori modo ordinatur fides infusa verbi gratia ad supernaturalem beatudinem, posteriori modo fides vel alia virtus acquisita. Dico ergo potestatem civilem per relationem extrinsecam, vel Dei vel hominis habentis illam, posse ordinari ad supernaturalem felicitatem ut ad finem ultimum: et hoc ad summum probat ratio facta. Nam ex parte Dei verum est, omnia bona data hominibus, etiam naturalia, data esse propter felicitatem supernaturalem adipiscendam, et hoc modo etiam haec potestas data est propter illum finem. Ex parte vero hominis non potest ipse referre actus hujus potestatis in illum finem per solum naturale lumen, sed oportet, ut supernaturaliter cognoscat illum finem; ideoque stando in pura natura non posset lex civilis etiam hoc modo ordinari ad finem supernaturalem.

²) Ibid. 7. Addo: .... potestatem civilem legislativam etiam in pura natura spectatam non habere pro fine intrinseco et per se intento felicitatem supranaturalem vitae futurae, imo nec propriam felicitatem naturalem vitae praesentis, quatenus ad singulos homines, ut particulares personae sunt, pertinere potest, sed ejus finem esse felicitatem naturalem communitatis humanae perfectae, cujus curam gerit, et singulorum hominum, ut sunt membra talis communitatis, ut in ea scilicet in pace et justitia vivant, et cum sufficientia bonorum, quae ad vitae corporalis conservationem et commoditatem spectant, et cum ea probitate morum, quae ad hanc externam pacem et felicitatem reipublicae et convenientem humanae naturae conservationem necessaria est. Haec est mens Aristotelis in locis supra citatis (Eth. Lib. I, c. 2. 4. et Lib. V. c. i.) et D. Thomae, (Summ. I. 2. qu. 90. art. 2. junctis qu. 95. art. 1 et 4 qu. 96. art. 2 et 3 et qu. 99. art. 3.) In quibus docet et declarat, finem humanarum legum esse commune bonum civitatis et illa tantum prohibere et praecipere, quae huic fini consentanea sunt.

Gesagten sich zu seinem Wirkungskreise ausersehen hat. Indem sie hierin einem ihr von ihrem göttlichen Stifter selbst auferlegten Gebote nachkommt, dem Cäsar zu geben, was des Cäsars ist, wird sie nicht nur mancherlei Verwicklungen enthoben, welchen sie nicht zu entgehen vermöchte, wenn sie sich allzusehr in das Zeitliche verlöre; sondern sie wird auch in den Stand gesetzt, ihrem eigentlichen und nächsten Zwecke, welches der übernatürliche ist, ausschließlich zu leben, und den Staat in seiner Aufgabe mittelbar, aber um so wirksamer und nachhaltiger zu unterstützen [1]). Nichtsdestoweniger verzichtet sie aber nicht völlig auf alle Gewalt im zeitlichen Gebiete, theils um das eigentliche priesterliche Amt und die Mission der Kirche zu sichern, und daher die persönlichen und dinglichen Immunitäten; theils um in Fällen des Conflictes oder der Saumseligkeit und Verirrung der weltlichen Gewalt eine außerordentliche Jurisdiction zu üben, welche, wenn sie auch weltliche Angelegenheiten zum Gegenstande hat, doch die Jurisdiction der Kirche, die geistliche Jurisdiction bleibt, die der übernatürlichen Ordnung angehört.

Daß aber von diesen beiden Gewalten die kirchliche die

---

[1]) Bellarmin, de Potestate S. Pontif. in rebus temporalibus, c. V. 4. De conjunctione et separatione ecclesiasticae potestatis et politicae duplex potest esse quaestio, una: an potestas ecclesiastica possit esse sine politica, ita ut nullus in Ecclesia sit princeps politicus; et contra: an possit potestas politica inveniri in aliqua gente, ubi nullus sit praelatus ecclesiasticus. Et hoc modo concedimus posse inveniri has potestates omnino separatas. Primis enim temporibus Ecclesiae fuit in terris Ecclesia sine ullo principe temporali Christiano, et fuerunt tempore eodem, et sunt etiam nunc aliqua regna regna infidelium, ubi nulli sunt praelati ecclesiastici... Altera quaestio esse potest: an possit dari summa potestas ecclesiastica, sive spiritualis, quae non habeat aliquo modo annexam potestatem disponendi de temporalibus in ordine ad spiritualia: et hoc modo negamus posse dare potestatem summam ecclesiasticam sive spiritualem, quae non habeat annexam potestatem temporalem aliquo modo, id est, in ordine ad spiritualia. Nam etiam illo tempore, quo nulli erant in Ecclesia principes temporales, potuit princeps ecclesiasticus jubere fidelibus, ut de bonis temporalibus alerent ministros sacramentorum; item ut fideles dirimerent inter se lites civiles et non adirent pro his rebus tribunalia infidelium, quorum utrumque docet Apostolus in priore ad Corinth., cap. 6 et 9.

höhere ist, was die Glossatoren in ihrer Weise begründen[1]), geht schon aus dem Ursprunge der beiden Gewalten hervor. Beide sind von Gott angeordnet; aber die weltliche Gewalt ist nur in so weit göttlicher Anordnung, als es das Naturgesetz erfordert, in jeder menschlichen Gesellschaft eine Autorität bestellt zu sehen[2]). Dagegen ist die höchste kirchliche Gewalt im Primate Petri von Gott unmittelbar eingesetzt. Ebenso erscheint die Kirchengewalt höher als die weltliche Gewalt, wenn wir die Ausdehnung ihrer Gebiete in Betracht ziehen. Die weltliche Gewalt hat ihre bemessenen Grenzen in der sichtbaren äußern Ordnung, und vermag auf dem geistigen Gebiete nur mit Unsicherheit aufzutreten, um alsbald ihr Unvermögen zu erkennen, auf diesem Boden zu schalten. Die Kirchengewalt dagegen, welche sich an die geheimnißvolle potestas ordinis anlehnt, und aus ihr gleichsam die Fähigkeit schöpft, die Kirche zu regieren, herrscht auch über die Gewissen, **allerdings nur dadurch und in so weit, als sich die Gewissen ihr freiwillig unterwerfen**; sie fügt zu dem Forum externum noch das Forum internum hinzu, und ergänzt hiedurch den Mangel der weltlichen Gewalt. Endlich steht aber die kirchliche Gewalt über der weltlichen ihres Endzweckes wegen, der ein übernatürlicher ist, welchen zu erreichen sie mit allen Mitteln ausgestattet ist, während die weltliche Gewalt aus sich nur einen natürlichen Zweck zu erreichen vermag. So weit das Gebiet des Uebernatürlichen das Gebiet des Natürlichen überragt, ebenso weit muß auch die kirchliche Gewalt höher stehen als die weltliche[3]).

---

[1]) Hostiensis, Summa aurea, Lib. IV. Qui filii sint legitimi. Qualiter est a quo filii illegitimi legitimentur. Quin quanta differentia est inter solem et lunam, tanta est inter sacerdotalem et regalem dignitatem.

[2]) **Hergenröther, Kathol. Kirche und christlicher Staat.** IX. Der Ursprung der weltlichen Gewalt und das Recht des Widerstandes gegen dieselbe. S. 460 ff.

[3]) Molina, De just. et jure, Tract. II, Disp. 21, n. 4. Quum nobilitas hujus facultatis ex objecto et fine potissimum pensanda sit, sane pro quantitate excessus supernaturalis finis ad naturalem, salutisque spiritualis animae ad temporalia commoda pacificumque ac tranquillum hujus

So wird es klar, wie sich eigentlich die Temporalien von den Spiritualien unterscheiden. Die geistliche Gewalt verzichtet auf die Herrschaft im Bezug auf alles, was nicht unmittelbar den übernatürlichen Zweck angeht, oder zu den unumgänglich nothwendigen Mitteln gehört, jenen Zweck mit der entsprechenden Selbstständigkeit und Unabhängigkeit ungehindert zu verfolgen. Die weltliche Gewalt dagegen macht, wenn sie christlich geworden ist, keinen weiteren Anspruch auf das religiöse Gebiet, auf welchem sie die geistliche Gewalt frei walten läßt. Die übrigen, weit ausgedehnten Gebiete, deren Beherrschung für den Bestand der menschlichen Gesellschaft nothwendig erscheinen, erkennt sie als die ihrigen. Sie entfaltet aber auf diesen ihre Macht zuletzt stets im Hinblicke auf das höchste, ewige Ziel, welches der Staat mittelbar gemeinschaftlich mit der Kirche hat. Auf der Grenzscheide zwischen beiden Gewalten werden dann jene Gegenstände liegen, welche man „gemischte" zu nennen pflegt: entweder weil sie unter Umständen besser der einen oder andern Gewalt anheimfallen, oder eine

---

vitae statum judicanda erit nobilitas et eminentia potestatis ecclesiasticae supra potestatem laicam. — Suarez, Defensio fid., Lib. III, c. VI. 17. Atque ex his constat manifeste, hanc potestatem spiritualem esse omnino distinctam a temporali. Primo quidem et principaliter in fine; nam temporalis potestas ordinatur ad servandam reipublicae pacem et moralem honestatem, juxta illud Pauli I ad Timoth. 2. Ut quietam et tranquillam vitam agamus in omni pietate et castitate. Potestas autem ecclesiastica ad aeternam salutem consequendam ordinatur, juxta illud Pauli ad Ephes. 4. Ad consummationem Sanctorum etc.; et illud ad Hebraeos 13. Obedite praepositis vestris, ipsi enim pervigilant, tanquam rationem pro animabus vestris reddituri. Alia differentia est in origine, quia potestas temporalis trahit originem a Deo auctore naturae media ratione naturali, et ita per se spectata est de jure naturali, prout vero est in rege, vel senatu, est de jure humano; potestas autem ecclesiastica est de jure divino positivo et speciali promissione et concessione Christi: Tibi dabo claves; Pasce oves meas, Sicut misit me Pater, et ego mitto vos. Sicut enim finis, ad quem ordinatur haec potestas, et actus ac media, quae illi subsunt, sunt supra naturam et vires humanas, ita et potestatem ipsam habere originem supra jus naturae vel humanum necesse est. Et ideo tandem hae potestates differunt, tanquam materialis et spiritualis, naturalis et supranaturalis, terrestris et coelestis. Turrecremata, Summa de Ecclesia, Lib. I, cap. 90. De multiplici eminentia, qua potestas spiritualis supereminet potestati saeculari.

gemeinschaftliche Thätigkeit beider in Anspruch nehmen. In diesem Lichte scheint die Frage über den Ursprung der kirchlichen Immunität, und jene, jetzt so viel besprochene, Controverse über das Recht auf die Schule leicht zu lösen.

Ebenso wird es klar geworden sein, daß sich die indirecte Gewalt der Kirche auf alle weltlichen Angelegenheiten beziehen kann, wie viele nur immer mit dem übernatürlichen Zwecke der Kirche in Berührung kommen. Immer bleibt aber vorausgesetzt, daß, um die Ordung zu wahren und den Frieden zwischen den beiden Gewalten nicht zu stören, jenes Eingreifen der geistlichen Gewalt nur im Nothfalle — casualiter, in subsidium, ex jurisdictione non ordinaria, wie die Quellen sich ausdrücken — eintreten kann: denn sonst wäre das richtige Verhältniß zwischen den beiden Gewalten vernichtet, und die weltliche Gewalt sänke zu einem leeren Scheine herab, was der göttlichen Anordnung nicht entspricht. Eben deßwegen wird die causa ardua, eine wichtige und schwierige Sache, verlangt, und das peccatum, von welchem die Decretale Novit handelt, muß ein mortale sein, wenn der höchste geistliche Richter seine Jurisdiction auf das weltliche Gebiet ausdehnen soll. Sind aber diese Voraussetzungen gegeben, so erstreckt sich diese Jurisdiction welche übrigens nur dem Papste zukommen kann, da es sich um eine causa major im eminenten Sinne des Wortes handelt, auf das ganze weltliche Gebiet, wie einstimmig die Kanonisten und Theologen lehren. Dann besteht kein Unterschied, ob es sich um eine Frage des öffentlichen oder des Privatrechtes handelt, ob es die gesetzgebenden oder die vollziehenden Gewalten, ob es den Fürsten oder den Unterthanen betrifft.

Endlich wird es einleuchten, daß diese indirecte Gewalt, obwohl sie eine von Gott übertragene und keineswegs von irgend einer irdischen Gewalt eingeräumt ist, wenn sie ausgeübt werden soll, gewissermaßen die Anerkennung von Seiten der christlichen Völker voraussetzt. Denn es ist ein großer Unterschied zwischen dem Rechte und der Möglichkeit es auszuüben [1]).

---

[1]) Bellarmin adv. Barclaium, cap. V. Denique illo tempore (in dem ersten Jahrhundert) deerat usus potestatis hujus in Principes,

Jene Gewalt ist dem Primate übergeben zur Handhabung der Ordnung und zur Wahrung des Friedens in der Christenheit. In Zeiten, wo die Verhältnisse so liegen, daß die Anwendung dieser Gewalt nur zur Verwirrung und zu gesteigerter Zwietracht führen würde, ist es, wie wir gehört haben[1]), für das Oberhaupt eine moralische Unmöglichkeit, davon Gebrauch zu machen, obschon das Recht besteht. Nur in so weit enthält die gallicanische Theorie von der Uebertragung jener Gewalt an den Papst durch das öffentliche Recht der christlichen Nationen eine gewisse Wahrheit. Allerdings ist jene Gewalt des Papstes durch das öffentliche Recht der christlichen Völker anzuerkennen und ist auch anerkannt worden. Aber die Quelle dieser höchsten Jurisdiction des apostolischen Stuhles in weltlichen Angelegenheiten, ist nicht der gesetzgebende Wille der christlichen Nationen und Fürsten, und noch weniger die Usurpation der Hierarchie, sondern einzig und allein die göttliche Anordnung.

Das beweist auch die Geschichte. Die Kirche, diese vollkommene Gesellschaft auf dem Gebiete des übernatürlichen Daseins, trat als solche in die Welt ein, als der civilisirte Erdkreis dem römischen Imperator gehorchte. Sie war sich ihres Zweckes und ihrer Gewalten wohl bewußt; aber das Senfkorn war noch nicht zum Baume herangewachsen, in dessen Schatten alle Völker des Erdkreises Frieden finden sollen. Die Kirche war in dem Kaiserreiche, das Kaiserreich nicht in der Kirche, wie Optatus schrieb[2]), dessen Wort soviel Mißdeutung erhielt, während der heilige Kirchenvater nur sagen will, daß sie unter

---

quia nulli erant (weil es keine christlichen Fürsten gab). Sed potestas ipsa non deerat: aliud enim est potestas, aliud usus potestatis.

[1]) Manning, The vatican decrees etc. pag. 80.
[2]) S. Optatus, Lib. III. De Schismate Donatistarum. „Jam tum meditabatur Donatus (Dieser hatte das vom Kaiser für Dürftige gespendete Almosen mit Undank und Lästerung gelohnt.) potestatibus et regibus injuriam facere, pro quibus, si apostolum audiret, quotidie rogare debuerat. Sic enim docet beatus Apostolus Paulus: Rogate pro Regibus et Potestatibus ut tranquillam vitam cum ipsis agamus. Non enim Respublica est in Ecclesia sed Ecclesia in Republica est, id est imperio Romano . . . . ubi et sacerdotia sancta sunt et pudicitia et virginitas, quae in barbaris gentibus non sunt, et si essent, tuta esse non possent."

dem Schutze des civilisirten römischen Reiches stehe, welches offenbar die göttliche Vorsehung selber dazu bestimmt hatte, die Kirche in sich aufzunehmen. Die Kirche bedurfte zu ihrer Ausbreitung in gewissem Sinne des Schutzes der römischen Civilisation und genoß ihn, so hart und blutig auch die Verfolgung war, welche ihr von der Willkür der Cäsaren bereitet wurde. Nachdem sie aber ihre Fundamente mitten unter vielen Stürmen gelegt hatte, und sie wiederum zum Fundamente einer neuen Civilisation, der christlichen, geworden war, trat sie selber an die Spitze der Völker, welche sie nunmehr in ihren Schooß aufnahm, um das große christliche Gemeinwesen zu gründen, welchem sie äußerlichen Ausdruck in der Wiederherstellung des Kaiserthumes im Abendlande gab. Die christlichen Völker aber erkannten die kirchliche Gewalt — davon ist das ganze Mittelalter Zeuge, und selbst seine Irrlehrer bestätigen es wider Willen — in ihrer Machtvollkommenheit an, und jene Reihe von großen Päpsten erfüllten ihr erhabenes Amt als höchste Richter der Christenheit. Als aber mit der großen Glaubensspaltung der Glaube abnahm und gerade die päpstliche Gewalt die Zielscheibe der feindseligsten und erbittertsten Angriffe während Jahrhunderten ward, mußte der apostolische Stuhl von der Ausübung jener Jurisdiction absehen, wenn er nicht die Verwicklungen noch vermehren und die Mißverständnisse noch unseliger machen wollte. Er that es; aber er verzichtete nicht auf das Recht, welches dem Primat bleibt, weil es göttlicher Anordnung ist und mit der von Gott gegebenen Constitution der Kirche und deren Stellung der weltlichen Gewalt gegenüber enge zusammenhängt.

Das ist die Lage der Gegenwart: was die nähere oder fernere Zukunft bringen wird, bleibt dem Rathschlusse Gottes vorbehalten. Wer die Zustände der Gegenwart jener großen heiligen Gottesordnung, in welche Kirche und Staat harmonisch eingegliedert sind, vorzieht, mit dem vermögen wir nicht zu streiten. Wem das bis an die Zähne bewaffnete, Tag und Nacht sich auf den Krieg rüstende, von den geheimen Gesellschaften gegängelte, von den Socialisten unterwühlte Europa besser behagt, als eine christliche Republik, welche einen obersten inter=

nationalen Gerichtshof besitzt, der zugleich das Recht des ärmsten Unterthanen wahrt, und der gleißenden Ungerechtigkeit die Larve vom Gesichte zieht, mag zusehen, welche Früchte solche Vorurtheile bringen.

Die Kirche wird stets bestehen, als Heilsanstalt für den Einzelnen, und das kann uns genügen. Daß sie ihre secundäre, die sociale Aufgabe, unter solchen Verhältnissen nicht zu lösen vermag, ist klar; ebenso aber auch, daß davon, welche Stellung die Kirche in Zukunft dem Staate gegenüber einnehmen wird, das Wohl und Wehe des letztern und die Geschicke der Nach= kommen abhängen.

Anhang*).

Innocentius III nobili viro, Willelmo, Domino Montispessulani.

Per venerabilem fratrem nostrum, Arelatensem archiepiscopum, ad sedem apostolicam accedentem, tua nobis nobilitas supplicavit, ut filios tuos legitimationis dignaremur titulo decorare, quatenus eis, quo minus tibi succederent, natalium objectio non noceret.

Quod autem super hoc Apostolica Sedes plenam habeat potestatem, ex illo videtur, quod quum, diversis causis inspectis, cum quibusdam minus legitime genitis, non naturalibus tantum, sed adulterinis etiam dispensavit, sic ad actus spirituales ipsos legitimans, ut possent in episcopos promoveri, verisimilius creditur et probabilius reputatur, ut eos ad actus legitimare valeat saeculares, præsertim si præter Romanum pontificem inter homines superiorem alium non agnoscunt, qui legitimandi habeat potestatem; quia cum major in spiritualibus tam prudentia quam auctoritas et idoneitas requiratur, quod in majori conceditur, licitum esse videtur etiam in minori. Per simile quoque idem videtur posse probari, quum eo ipso quod aliquis ad apicem episcopalis dignitatis extollitur, eximitur a patria potestate. Præterea, si etiam simplex episcopus scienter servum alterius in presbyterum ordinaret, licet ordinator satisfacere domino juxta formam canonicam teneretur, ordinatus tamen jugum evaderet servitutis. Videretur siquidem monstruosum, ut qui legitimus ad spirituales fieret actiones, circa sæculares actus illegitimus remaneret. Unde, cum quo in spiritualibus dispensatur, consequenter intelligitur in tem-

---

*) Registrum Innocentii III. Broquigny, V. p. 128. Migne CCXIV. p. 1130.

poralibus dispensatus. Id autem in patrimonio beati Petri libere potest Apostolica Sedes efficere, in quo et summi pontificis auctoritatem exercet et supremi principis exsequitur potestatem.

Quum ergo videatur ex his legitimandi auctoritas non tantum in spiritualibus, sed in temporalibus etiam penes Romanam Ecclesiam residere, ut super hoc filiis tuis gratiam faceremus ob tua et progenitorum tuorum merita, qui semper in devotione Sedis Apostolicæ perstitistis, humiliter ex parte tua idem archiepiscopus requirebat.

Videbatur autem ex eo trahere majorem audaciam postulandi, quod non longe petere cogebatur exemplum, sed in favorem petitionis hujusmodi, quod nos ipsos in causa simili fecisse dicebat, poterat allegare. Cum enim clarissimus in Christo filius noster Philippus, rex Francorum illustris, carissimam in Christo filiam nostram, Ingeburgem, Francorum reginam illustrem, dimiserit et ex alia postmodum superducta puerum susceperit et puellam, et tu similiter exclusa legitima superduxeris aliam, ex qua filios suscepisti, sicut cum filiis regis ejusdem, sic cum tuis credebatur de benignitate Sedis Apostolicæ dispensandum; præsertim, cum major id necessitas suaderet, et tu nobis specialius sis subjectus. Siquidem rex Francorum ex inclitæ recordationis Isabella, regina Francorum, legitimum olim suscepit hæredem, qui ei optatur et creditur in regni solio successurus. Tu vero ex legitima conjuge masculinum non habes hæredem, qui tibi et in devotione nostra et propria hæreditate succedat. Insuper, cum rex ipse in spiritualibus nobis subjaceat, tu nobis et in spiritualibus et in temporalibus es subjectus, cum partem terræ tuæ ab Ecclesia Magalonensi possideas, quam ipsa per Sedem Apostolicam temporaliter recognoscit. Quare, Magalonensi Ecclesia mediante, te nobis idem archiepiscopus asserebat temporaliter subjacere.

Verum si veritas diligenter inspicitur, res non similis sed valde dissimilis invenitur. Nam rex ipse a prædicta regina per bonae memoriae archiepiscopi Remensis, Apostolicae

Sedis legati, fuit sententiam separatus. Tu vero uxorem tuam a te, sicut dicitur, temeritate propria separasti. Ipse quoque, priusquam ad eum prohibitio de non contrahendo cum altera perveniret, aliam superduxit, ex qua prolem geminam noscitur suscepisse. Tu in contemptum Ecclesiæ aliam superinducere attentasti; propter quod ipsa in te gladium exercuit ecclesiasticae ultionis. Præterea, rex ipse praedictae reginae contra matrimonium affinitatem objecit, et coram præfato archiepiscopo testes induxit, cujus sententia quia cassata fuit solummodo propter judiciarium ordinem non servatum, nos ei, post restitutionem praefatae reginæ, super hoc venerabilem fratrem nostrum, Octavianum, Hostiensem episcopum et dilectum filium, Joannem, tituli Sanctae Priscae presbyterum cardinalem, cognitores duximus concedendos. Tu vero, uxori tuæ nihil quod divortium induceret, sicut asseritur, objecisti; quum, etsi fides tori sit unum de tribus bonis conjugii, non tamen ipsius violatio conjugale vinculum violasset. De filiis quoque regis ejusdem, utrum legitimi an illegitimi fuerint, quamdiu pendet quæstio affinitatis objectæ, potest non immerito dubitari. Nam, si affinitas fuerit comprobata, prædictam reginam non esse regis conjugem apparebit, et per consequens alia videretur sibi legitime copulata, et filios ei legitimos peperisse. De tuis vero, quod sint legitime nati, nec tu ipse proponis, nec ulla praesumitur ratione. Insuper, cum rex ipse superiorem in temporalibus minime recognoscat, sine juris alterius laesione in eo se jurisdictioni nostræ subjicere potuit et subjecit, in quo forsitan videretur aliquibus, quod per se ipsum, non tanquam pater cum filiis, sed tanquam princeps cum subditis, potuerit dispensare. Tu autem aliis nosceris subjacere. Unde, sine ipsorum forsan injuria, nisi praestarent assensum, nobis in hoc subdere te non posses, nec ejus auctoritatis existis, ut dispensandi super his habeas potestatem.

Rationibus igitur his inducti, regi gratiam fecimus requisiti, causam tam ex Veteri quam ex Novo Testamento tenentes, quod non solum in Ecclesiæ patrimonio, super quo plenam in temporalibus gerimus potestatem, verum etiam in aliis regionibus, certis causis inspectis, temporalem jurisdictionem casualiter exercemus; non quod alieno juri praejudicare velimus, vel potestatem nobis indebitam usurpare, cum non ignoremus Christum in Evangelio respondisse: Reddite quae sunt Caesaris Caesari et quae sunt Dei Deo — propter quod postulatus ut haereditatem divideret inter duos: Quis, inquit, constituit me judicem super vos? — sed quia sic in Deuteronomio continetur: Si difficile et ambiguum apud te judicium esse perspexeris, inter sanguinem et sanguinem, causam et causam, lepram et lepram, et judicium intra portas tuas verba videris variari, surge, et ascende ad locum quem elegerit Dominus Deus tuus, veniensque ad sacerdotes Leviticae generis et ad judicem qui fuerit illo tempore, quaeresque ab eis, qui indicabunt tibi judicii veritatem et facies, quaecunque dixerint qui praesunt loco, quem elegit, et docuerint te juxta legem ejus, sequerisque sententiam eorum, nec declinabis ad dexteram vel ad sinistram. Qui autem superbierit nolens obedire sacerdotis imperio, qui eo tempore ministraverit Domino Deo tuo, decreto judicis morietur, et auferes malum de Israel (Deut. XVII, 8—12). Sane, cum Deuteronomium lex secunda interpretetur, ex vi vocabuli comprobatur in hoc ut, quod ibi decernitur, in Novo Testamento debeat observari. Locus enim quem elegit Dominus Apostolica Sedes esse cognoscitur sic, quod eam Dominus in se ipso lapide angulari fundavit. Cum enim Petrus urbem fugiens exiisset, volens cum Dominus ad locum, quem elegerat, revocare, interrogatus ab eo: Domine, quo vadis? respondit: Venio Romam iterum crucifigi. Quod intelligens pro se dictum, ad locum ipsum protinus est reversus. Sunt autem sacerdotes Levitici generis fratres nostri, qui nobis jure Levitico in exsecutione sacerdotalis officii coadjutores existunt. Is vero super eos sacerdos sive judex existit, cui Dominus inquit in Petro: Quodqunque ligaveris super terram, erit ligatum et in coelis, et quodcunque solveris super terram, erit solutum et in coelis (Matth. XVI, 19); — ejus vicarius, qui est sacerdos in aeternum secundum ordinem Melchisedech, constitutus a Deo judex vivorum et mortuorum. Tria quippe distinguunt ju=

dicia; primum inter sanguinem et sanguinem, per quod criminale intelligitur et civile; ultimum inter lepram et lepram, per quod ecclesiasticum et criminale notatur; medium inter causam et causam, quod ad utrumque refertur tam ecclesiasticum quam civile; in quibus cum aliquid fuerit difficile vel ambiguum, ad judicium est Sedis Apostolicæ recurrendum, cujus sententiam qui superbiens contempserit observare, mori præcipitur, et auferri malum de Israel, id est, per excommunicationis sententiam velut mortuus a communione fidelium separari. Paulus etiam, ut plenitudinem potestatis exponeret, ad Corinthios scribens ait: Nescitis quoniam angelos judicabimus; quanto magis saecularia? (I Cor. VI, 3.) Porro saecularis officium potestatis interdum et in quibusdam per se, nonnunquam autem et in nonnullis per alios exsequi consuevit. Licet igitur cum filiis saepedicti regis Francorum, de quibus an fuerint legitimi ab initio dubitatur, duxerimus dispensandum, quia tamen tam lex Mosaica quam canonica sobolem susceptam ex adulterio detestatur, testante Domino, manzer et spurius usque in decimam generationem in Ecclesiam non intrabunt, canone vero vetante tales ad sacros ordines promoveri; saecularibus quoque legibus non solum repellentibus eos a successione paterna, sed negantibus ipsis etiam alimenta, supersedendum adhuc duximus petitioni praedictae, nec ad praesens super hoc tuis precibus annuendum, donec, si fieri poterit, et culpa levior et jurisdictio liberior ostendatur; licet personam tuam specialis dilectionis brachiis amplexemur, et in quibus cum Deo et honestate possumus, specialem tibi velimus gratiam exhibere.

Druck der Actien-Gesellschaft „Vereins-Druckerei zu Speyer".